Escritos literarios

TECNOS/ALIANZA

Director: José Jiménez

Leonardo da Vinci
Escritos literarios

Traducción de
Giovanna Gabriele Muñiz

Edición de
Augusto Marioni

Alianza Editorial

Título original:
Scritti Letterari

Diseño de cubierta:
Ángel Uriarte

Reservados todos los derechos. El contenido de esta obra está protegido por la Ley, que establece penas de prisión y/o multas, además de las correspondientes indemnizaciones por daños y perjuicios, para quienes reprodujeren, plagiaren, distribuyeren o comunicaren públicamente, en todo o en parte, una obra literaria, artística o científica, o su transformación, interpretación o ejecución artística fijada en cualquier tipo de soporte o comunicada a través de cualquier medio, sin la preceptiva autorización.

© 1952, 1974 RCS Rizzoli Libri S.p.A., Milano
© 1997 R.C.S. Libri & Grandi Opere S.p.A., Milano
© 2001 RCS Libri S.p.A., Milano
© EDITORIAL TECNOS (GRUPO ANAYA, S. A.), 2005
Juan Ignacio Luca de Tena, 15 - 28027 Madrid
ISBN: 84-309-4248-3
Depósito Legal: M. 17.916-2005

Printed in Spain. Impreso en España por Fernández Ciudad

Índice

	Pág.
CRITERIOS DE TRADUCCIÓN	9
ESCRITOS LITERARIOS	11
Introducción	13
I. *Arte y ciencia en Leonardo da Vinci*	13
II. *Para una edición de los manuscritos leonardianos*	30
III. *Sobre el contenido del presente volumen*	34
Pensamientos	49
Fábulas	59
Bestiario	69
Profecías	81
Facecias	97
Proemios	103
Dos obras de arte y un descubrimiento	109
Discurso contra los compendiadores	111
Contra el nigromante y el alquimista	113
Disputa «pro» y «contra» la naturaleza	119
Esbozo para una demostración	121
El primer vuelo	125
El diluvio	127
Caverna	133
El monstruo marino	135
La morada de Venus	137
El gigante	139
Al Diodario de Soría	143
Cartas	149
Traducciones y transcripciones	163
APÉNDICE	167
I. Los libros de Leonardo	167
II. Leonardo y Euclides	183
TABLA DE LOS MANUSCRITOS	191
TABLA DE REFERENCIAS	193

Criterios de traducción

La sintaxis de Leonardo da Vinci adolece de numerosos solecismos y a menudo de una estructura gramaticalmente incorrecta que hace reiterativo, cuando no embarullado, su discurso, e incluso —especialmente por el carácter de apuntes fragmentarios— de difícil y dudosa comprensión.

Se ha tratado de conjugar, pues, la fidelidad al estilo original con su fluencia e inteligibilidad, adaptando la lengua del original a las exigencias de la nuestra allí donde la tosquedad del italiano, demasiado fielmente reproducida, habría hecho incomprensible su contenido e indigesta su lectura (así, por ejemplo, se ha reducido el número de gerundios y copulativas —muchas de ellas parahipotácticas—, más tolerables en italiano que en castellano). Sin embargo, nos hemos mantenido lejos de las altas cotas de normalización a las que la escritura leonardiana ha venido siendo sometida en anteriores traducciones. El objetivo ha sido, en suma, preservar la frescura de la lengua de Leonardo, su carácter de apunte y de fragmento.

Los lugares dudosos del manuscrito que han sido aclarados por el autor de la edición quedan casi siempre implícitamente resueltos en el texto traducido, por lo que se da cuenta en nota sólo de los casos que requieren alguna demostración o explicación supletoria.

Cuando el editor ha integrado sílabas en palabras incompletas mediante corchetes, éstos se han conservado siempre que lo ha permitido la equivalencia formal entre el vocablo italiano y el castellano (ej. corv[o]→ cuerv[o]).

Por ello, al presentar aquí un Leonardo en lengua española, resultaba impropia la sección del estudio introductorio dedicada a detallar las características de la grafía y la ortografía del texto original, así como sus anomalías sintácticas, casos que no se correspondían ni con todos los usos del castellano ni con la apariencia del texto traducido (se han mantenido, en cambio, las referencias a esas anomalías en el aparato de notas, cuando el ejemplo lo hacía posible y aun aconsejable). Por la misma razón se ha prescindido del Apéndice sobre los apuntes gramaticales y léxicos de Leonardo, que habría perdido todo sentido al traducirse los términos italianos o latinos en castellano.

El traductor ha añadido asimismo notas indispensables al pie para aclarar e integrar acepciones de términos o bien noticias poco familiares al lector español cuando su omisión hubiera podido imposibilitar la comprensión del texto.

En fin, se ha intentado mantener con la mayor aproximación posible la estructura de los versos citados por Leonardo, aunque optando por la fidelidad al sentido cuando el respeto de la métrica imponía desviaciones demasiado grandes.

GIOVANNA GABRIELE

ESCRITOS LITERARIOS

Introducción

I

ARTE Y CIENCIA EN LEONARDO DA VINCI

La vida

Leonardo nació en Vinci el 15 de abril de 1452. Su padre fue un notario llamado ser Piero, y su madre, una cierta Caterina de la que se sabe sólo que más tarde contrajo nuevas nupcias con un tal Acattabriga di Pietro del Vacca. También su padre pasó por cuatro matrimonios, de los que sólo los dos últimos tuvieron descendencia, y poco se sabe igualmente de los años juveniles del artista. En 1467, o al menos en 1469, estaba en Florencia y frecuentaba el taller de Verrocchio, que no abandonó hasta 1472, cuando ya figura inscrito en la compañía de los pintores florentinos. Este primer período de tirocinio y de actividad artística que produjo, entre otros cuadros, la *Anunciación* de la Galería de los Uffizi, la *Adoración de los Reyes Magos*, y el *San Jerónimo*, finalizó en 1482 con el traslado de Leonardo a Milán, a las órdenes de Ludovico el Moro.

Las obras a las que se dedicó Leonardo en Milán son muy variadas, pero junto con sus trabajos de arquitectura e ingeniería militar, la gran estatua ecuestre de Francesco Sforza, la *Virgen de las Rocas* del Louvre y la *Última cena*, iba creciendo en él un interés por problemas específicos que lo llevó al cabo a estudiar, o a volver a estudiar (aunque superficialmente), el latín, a buscar libros de ciencia y a proyectar otros suyos.

La invasión de Milán por parte de las tropas francesas de Luis XII no perjudicó a Leonardo de forma inmediata, pero dio comienzo a la inestabilidad de su lugar de residencia. Se trasladó a Venecia en 1500, y por encargo de los venecianos visitó la frontera oriental del Isonzo para estudiar sus posibilidades defensivas; volvió ese mismo año a Florencia, donde pintó la *Santa Ana*; en 1502 realizó sucesivos viajes entre Urbino y las ciudades de Roma para estudiar sus fortificaciones por encargo de César Borgia. Gozó también de la estima de Niccolò Machiavelli, y tuvo encargos de la República Florentina, tales como el proyecto de desvío del Arno, que no se llevó a efecto, y la representación de la *Batalla de Anghiari*, trágicamente destruida antes de haber sido acabada.

Regresó a Milán en 1506 para trabajar a las órdenes del gobernador francés Carlos d'Amboise, y pronto, ya en 1507, el mismo Luis XII logró de la República Florentina que Leonardo pasase directamente a su servicio como *peintre et ingénieur ordinaire*.

La caída del dominio francés en Italia y la elección de León X como papa lo llevaron a Roma, donde hasta 1516 trabajó a las órdenes del hermano del pontífice, Giuliano de Médicis.

Su producción artística en todo este periodo fue decreciendo a medida que cobraban mayor intensidad sus intereses científicos. No se sabe con exactitud cuáles fueron los problemas que lo alejaron de Roma y cómo reanudó sus relaciones con la corte de Francia. Lo cierto es que el nuevo rey, Francisco I, lo quiso a su lado, y puso a su disposición su residencia del Palacio de Cloux en Amboise. Allí transcurrieron serenamente los últimos tres años de la vida de Leonardo, confortados por la admiración y las frecuentes visitas del rey, como atestigua Cellini; y allí le llegó la muerte, el 2 de mayo de 1519, en los brazos del fidelísimo Francesco Melzi, a quien había legado todos sus manuscritos.

El tirocinio

Tales son las fechas y los acontecimientos esenciales que marcaron la vida y la obra de Leonardo. Si se quiere esbozar su historia interior, o al menos indicar las principales características de su pensamiento, convendrá remontarse a su ingreso en el taller de Verrocchio.

Quien piense que en los talleres de los pintores se aprendía sólo a dibujar y a pintar, se preguntará incrédulo y admirado cómo pudo Leonardo reunir tantos intereses y habilidades que parecen alejarse de la pintura, e incluso diverger de ella. En efecto, gran parte del público no especialista celebra a Leonardo sobre todo por estas contrastantes habilidades que se resumen en el adjetivo «universal» con el que se le distingue por encima de cualquier otra cosa. El mérito de esa universalidad es sin duda real; pero en la opinión común va acompañado por el de una absoluta y milagrosa originalidad, que justifica el empleo de superlativos y exclamaciones al referirse él, renunciando a una descripción más exacta de su pensamiento. Su posición de absoluta novedad proviene, en suma, de colocar la obra de Leonardo frente a la de los literatos educados en el disfrute o en la creación de obras literarias, filosóficas y jurídicas a través de las artes liberales del Trivio y el Quadrivio.

Pero nosotros debemos situar a Leonardo en la tradición de otro saber menos conocido porque era entonces menos apreciado por la cultura oficial, el de las *artes mechanicae*, cuya sede se hallaba en los talleres de los artistas. Introduciendo a su hijo en el taller de Verrocchio, ser Piero da Vinci no lo encaminaba sólo al arte pictórico tal como lo entendemos hoy, sino a un tirocinio mucho más vasto y ecléctico que debía hacer de él un ingeniero, es decir, un artista técnico que podía ser llamado, además de para pintar y esculpir, para construir una iglesia, un palacio, una fortaleza o máquinas de guerra, puentes, diques y canales, sin contar las máquinas teatrales que en las fiestas de los príncipes representaban una escena ilusoria del mundo natural y los prodigios del sobrenatural.

Todas estas habilidades eran transmitidas empíricamente por generaciones de artistas, investigadores y experimentadores; pero desde hacía algún tiempo, y especialmente en Florencia, el empirismo se iba pertrechando con la ciencia. Las matemáticas, que el agudo ingenio de Brunelleschi había aplicado a la óptica extrayendo de ellas las leyes de la perspectiva, iban impregnado toda la ciencia de los experimentadores y afianzando en ellos el rigor del método. Por otra parte, Ghiberti en sus *Commentarios* recomendaba al pintor que estudiase gramática, geometría, filosofía, medicina, astrología, perspectiva, historia, anatomía, dibujo y *arismétrica*.

De este modo, las artes mecánicas y liberales se habían venido aproximando, y nada tiene de extraño que en la mente de Leonardo convergieran todos estos intereses, ni que, al cabo de tres lustros de actividad en Florencia, se declarase en una carta a Ludovico el Moro[1] capacitado para realizar todas las obras propias de un ingeniero.

«HOMBRE SIN LETRAS»

El creciente contacto de los experimentadores con las ciencias teóricas hacía acuciante para ellos el problema de una adecuada preparación literaria. Eran generalmente hombres *sin letras*[2], es decir sin un conocimiento seguro del latín, lengua oficial de la ciencia, y acceso indispensable a los libros. La habilidad manual, la experiencia adquirida tras años de trabajo, les daba seguridad en lo tocante a la observación de la naturaleza y sus aplicaciones prácticas, pero la ignorancia del latín los excluía de la tradición escrita del pensamiento científico. Trataban de suplir esa carencia con la ayuda de sus amigos literatos, que hacían de intermediarios entre la ciencia de los libros y el saber empírico de los artistas[3]; pero, cuanto más iba creciendo en Leonardo el interés por la investigación científica pura,

---

[1] Véase aquí la p. 149.
[2] Así se define Leonardo en el *Proemio* 6.
[3] Piénsese en la colaboración entre Toscanelli y Brunelleschi, o entre Leonardo y Luca Pacioli. La misma carta a Ludovico el Moro es una prueba de esta colaboración con un literato.

incluso en detrimento de la actividad artística, más debía de sentir como un peso su carencia de *letras*; y cuanto más se acumulaban los frutos de su observación directa de la naturaleza, abriendo nuevos horizontes al conocimiento, más crecía su malestar ante la escasa valoración de sus actividades por parte de la cultura oficial.

Se remontaba al mundo antiguo y a su división social en hombres libres y esclavos el desprecio por cualquier actividad que implicase un trabajo manual. Las artes liberales iban dirigidas a la pura contemplación de la verdad; eran, para emplear una expresión de Leonardo, *discurso mental*, puro desarrollo del pensamiento, ejercicio de las facultades superiores del espíritu, que tenían su fin en sí mismas, sin rebajarse al logro de un objetivo práctico, como hacían las artes liberales o mecánicas, que requerían un trabajo muscular y por ello se asignaban a esclavos. Pero también el Medioevo cristiano había relegado las artes mecánicas en un plano de inferioridad, justificado por la convicción de que el trabajo corporal era consecuencia del pecado original.

La posición de la poesía y de las bellas artes (pintura y escultura) era, sin embargo, bastante incierta. Estas últimas, en especial, imitaban a la naturaleza, pero sólo la superficie de los cuerpos, su aspecto externo; y, mientras que la poesía hallaba en los poetas mismos unos hábiles defensores, la pintura carecía de ellos. Además, en Florencia, desde el momento en el que la vida cultural había empezado a estar dominada por la Academia platónica, aristocrática y estetizante, los literatos se sentían menos dispuestos si cabe a apreciar el trabajo de los investigadores de las artes mecánicas.

En ese momento y en ese clima debe de haberse despertado en Leonardo la rebelión contra los literatos, por él considerados *trompetas y recitadores de obras ajenas*. Situado en el mundo natural, que sentía que dominaba mejor que muchos otros hombres, y el de los libros, que se le escapaba en gran parte, reaccionó proclamando la superioridad de la naturaleza sobre los libros[4]: *Aunque como ellos no supiera aducir autoridades, mucho mayor y más digna cosa aduciré, aduciendo la experiencia, maestra de sus maestros.*

Ni tampoco podía admitir que la suya no fuese ciencia, sino sólo algo empírico, contaminado por el comercio cotidiano con el mundo de los sentidos y la materia. Al contrario, afirmaba que la pintura era verdadera ciencia o *discurso mental*, ya sea porque no se valía sólo de los instrumentos instintivos de la vista o de las manos, sino que se fundaba en un completo sistema de normas teóricas; ya sea porque el método de la experiencia, lejos de rebajarla, le confería una certeza que la ponía por encima del *griterío* de las vanas disputas silogísticas.

---

[4] Con todo, no se debe ignorar el esfuerzo de Leonardo para lograr el acceso al mundo de los libros. Véase el Apéndice I.

Éste es el sentido fundamental de la polémica que ocupa la primera parte del llamado *Tratado de la Pintura*; y éste es el programa de trabajo que abarca toda la vida de Leonardo.

El influjo neoplatónico

Según Olschki, Leonardo abandonó Florencia para sustraerse a la hegemonía de los neoplatónicos que habían interrumpido la colaboración entre literatos y artistas experimentadores. En Milán, adonde se trasladó en 1482, Leonardo pudo moverse con mayor libertad en fructífero intercambio con hombres de ciencia y de letras, justificando así en cierto modo el título *Academia Leonardi Vinci* por él puesto a un bellísimo dibujo decorativo, aunque la academia existiese únicamente en la fantasía del artista, y tal vez sólo por un instante.

Sin embargo, aun admitiendo la hostilidad de los literatos florentinos como una de las causas de su marcha a Milán, el influjo de la academia neoplatónica dejó una marca indeleble en su espíritu, que le imprimió establemente una dirección bien definida, confiriendo impulso poético a su arte y unidad a su pensamiento.

Extraordinariamente dotado para una libre y aguda observación de los fenómenos naturales, del ambiente neoplatónico recibió probablemente el sentido de un arcano mundo espiritual que mueve el de la naturaleza. Al aparato seudomístico, a las mitologías neopaganas cultivadas por la fantasía neoplatónica, él prefirió la nítida visión de los fenómenos naturales; pero dentro de las imágenes, escrutadas en sus más mínimos detalles, siempre palpita una fuerza misteriosa de la que Leonardo no sabe dar una definición.

Tal vez sea oportuno precisar que en el pensamiento de Leonardo el mundo material o de la evidencia, y el espiritual o de las facultades arcanas, se contraponen como dos polos opuestos de la realidad.

En el f. 270 v.c. del *Códice Atlántico*, para demostrar la virtud espiritual del ojo, enumera una larga serie de virtudes espirituales: «Las líneas radiales llevan consigo la virtud visiva [...]. Este alma nuestra o sentido común, que los filósofos afirman tener su residencia en medio de la cabeza, tiene sus miembros espirituales alejados de sí a larga distancia [...] los cuerpos [...] mandan fuera de sí su forma, su color y su virtud [...]. El sol tiene cuerpo, forma, movimiento, esplendor, calor y virtud generativa, cosas todas que separa de sí mismo sin merma suya [...]. Digo que la virtud visual se extiende por los rayos visuales hasta la superficie de los cuerpos no transparentes y la virtud de esos cuerpos se extiende hasta la virtud visiva, y cada cuerpo llena el aire situado ante él con su semejanza. Cada cuerpo por sí, y todos juntos, hacen lo mismo, y no sólo lo llenan con la semejanza de la forma, sino incluso con la semejanza de la potencia; etc.».

En el f. 203 v.a. divide así los movimientos: «[...] diremos solamente que los movimientos son de dos naturalezas, una de las cuales es material y el otro [movimiento] espiritual, porque no está incluido en el sentido de la vista; esto es, diremos que uno es visible, el otro invisible]».

Virtud o alma o potencia espiritual son sinónimos que indican una fuerza oscura imperceptible para nuestros sentidos; pero, infundida en los cuerpos visibles, la cual se manifiesta en el movimiento que les comunica, es decir en su operación[5]. Sería inútil preguntar a Leonardo si estas fuerzas espirituales son sólo una materia más sutil que escapa a la percepción, y si el alma individual no es más que una partícula del alma universal: él se niega a indagar la naturaleza de lo que escapa a las *demostraciones matemáticas*[6].

La fuerza produce el peso

Pero nosotros apreciamos en él claramente la necesidad de postular una fuerza misteriosa para explicar la vida del mundo.

Leonardo acepta de los antiguos la concepción de los distintos «elementos» de la materia, separados y superpuestos según una gradación de densidad que los hace progresivamente más ligeros: tierra, agua, aire, fuego[7].

Ninguno de estos elementos tiene en sí mismo peso. *Ningún elemento simple tiene gravedad o levedad en su propia esfera*[8]. Mientras permanece en su ámbito, en contacto consigo mismo, yace en quietud absoluta, y, si ésa fuera la condición normal del cosmos, el universo sería completamente inmóvil y sin vida.

Es también cierto que en Leonardo aparece la noción de un centro de gravedad de la tierra[9] y de un *deseo* de los cuerpos de reposar en él[10], pero esa atracción o *deseo* están expresamente negados en el f. 153 v.a. del *Atlántico* («el movimiento realizado por cuerpos graves hacia su común centro no es por el deseo que ese cuerpo tenga en sí mismo de encontrar

---

[5] Cfr. el *Pensamiento* n.º 91, en la p. 55.

[6] En el f. 253 del *Códice Atlántico* da esta definición: «Espiritual digo porque en esta [fuerza] hay vida invisible, incorpórea, impalpable, porque el cuerpo, donde nace, no crece ni en tamaño ni en peso».

[7] A los que se añade la misteriosa «quintaesencia».

[8] *Códice F*, f. 56 v.8.

[9] *Éste reside en medio de los elementos y destruye en torno a sí cualquier gravedad que pueda producirse* (Códice Atlántico, f. 200 r.b.).

[10] *Si se pudiera abrir en la tierra un pozo o diámetro de aire, y en ese pozo se dejase caer un cuerpo grave, aunque ese cuerpo quisiera detenerse en el centro, el ímpetu se lo impediría durante muchos años* (Códice Atlántico, f. 123 r.a.).

tal centro [...] no es por la atracción que ejerza ese centro, a modo de imán, para llevar hasta él tal peso») y sustituidos por la idea de una atracción limitada a las partes aisladas de cada elemento entre sí, que se resuelve en una tendencia a *repatriarse*, a volver a su propia esfera cuando se han alejado de ella. Ciertamente, decir que los elementos se distinguen por su diferente grado de *levedad*, es como decir que cada uno posee una *gravedad natural*. Pero, al quedar ésta absorbida o anulada por la resistencia estructural de las distintas partes del elemento, queda inactiva en cuanto al movimiento, como si ni siquiera existiese.

La consecuencia de esta concepción es que la gravedad no es un hecho *natural* (es decir, ordinario), sino sólo *accidental* (es decir, excepcional), en la medida en la que cada elemento la adquiere sólo si es desplazado por la fuerza hasta otro elemento más ligero. «Gravedad es una potencia creada por el movimiento, que, mediante la fuerza, transporta un elemento hasta otro, y esa gravedad tiene más vida cuanto más le cuesta a ese elemento repatriarse[11]».

De ahí la necesidad de suponer un conjunto de fuerzas inmateriales que empujan uno dentro de otro a los elementos de la materia, turbando su equilibrio, creando en ellos la gravedad, o deseo (o pena) de *repatriarse*, y poniendo en movimiento la gran máquina del universo. Es la fuerza lo que genera el peso, que a su vez determina la producción de fuerza, hasta que el equilibrio se restablece. *La gravedad y la fuerza, que son respectivamente hija y madre del movimiento y hermanas del ímpetu y la percusión, siempre combaten contra su causa; vencida la cual, se vencen a sí mismas y se destruyen.*

En la inmovilidad, en la identidad (*equalità*) de la materia estratificada y sin peso, la fuerza, cuyo origen es espiritual en la medida en la que misteriosamente escapa a la observación de nuestros sentidos, introduce una continua diversificación, determinando el desarrollo de todos los procesos naturales.

No pudiendo hallar en la inercia de la materia el principio del movimiento, Leonardo se ve obligado a buscarlo fuera de ella, en la zona del misterio; y de este carácter originariamente insondable del movimiento deriva la naturaleza prodigiosa que asumen a sus ojos todas las manifestaciones de la vida universal y el estupor religioso con que las contempla.

La delimitación entre ambos mundos no es siempre nítida. La tierra es sin duda el elemento más denso y más pesado, el fuego (por no hablar de la *quintaesencia*) es el más rarefacto y ligero, próximo ya a la espirituali-

---

[11] *Códice Arundel*, f. 151 v. Leonardo afirma también polémicamente el carácter accidental de la gravedad. *Muchos filósofos siguiendo una opinión común afirman que la fuerza es peso accidental, casi diciendo accidental como si la gravedad no fuera también accidental* (*Códice Arundel*, f. 151 v.).

dad en la medida en la que produce el calor y la luz, alma del mundo el uno, madre de la visión la otra. La *fuerza* es sólo una de las potencias espirituales, y es la que, creada en los cuerpos *sensibles* por impulso de un *movimiento espiritual* (voluntad), transmite a los cuerpos *insensibles* el movimiento. Permítasenos recurrir ocasionalmente a este término para indicar todo el mundo arcano que está en el origen del movimiento y de la vida, sabiendo que en otros casos Leonardo utiliza los vocablos más apropiados de calor o virtud generativa, de líneas o virtudes luminosas, de alma vegetativa, oculta incluso en las entrañas de la tierra, de quintaesencia, *espíritu de los elementos, escondida para el alma del cuerpo humano,* y, finalmente, de Dios, supremo mandatario del alma, que continuamente la llama a sí.

«MOVIMIENTO ESPIRITUAL» Y «MOVIMIENTO MATERIAL»

Constatada la oposición de los dos mundos, material y espiritual, queda por dilucidar su relación recíproca. A tal fin, conviene releer una página famosa de Leonardo: «Fuerza no es otra cosa que una virtud espiritual, una potencia invisible, que ha sido creada e infundida, mediante accidental violencia, por cuerpos sensibles en los insensibles, dando a esos cuerpos apariencia de vida; esta vida actúa maravillosamente, pues forzando y mudando de vida y forma todas las cosas creadas, corre velozmente a su destrucción, y se va diversificando mediante las causas. —Lentitud la hace grande y rapidez la hace débil. —Vive por violencia y muere por libertad... Gran potencia le da deseo de muerte. —Expulsa con furia lo que se opone a su ruina. [...] Cuando es pequeña con lentitud se agranda y se vuelve una horrible y asombrosa potencia... Siempre desea debilitarse y extinguirse... Ninguna cosa se mueve sin ella. —Ningún sonido se oye sin ella. —El peso es corpóreo y la fuerza incorpórea. —El peso es material y la fuerza espiritual. —Si la una desea su fuga y muerte, el otro quiere estabilidad y permanencia... Si la una es eterna, el otro es mortal[12]».

En otro lugar describe así el nacimiento y la vida de la fuerza: «La fuerza tiene su origen en el movimiento espiritual, el cual, corriendo por los miembros de los animales sensibles, aumenta el tamaño de sus músculos, por lo que, aumentado el tamaño de esos músculos, se encogen y retiran los nervios que a ellos están unidos, y de ahí se origina la fuerza en los miembros humanos[13]».

---

[12] *Códice Atlántico,* f. 302 v.b.
[13] *Códice Arundel,* f. 151 r. Estos textos leonardianos son examinados con más detenimiento en: A. Marinoni, *Gli appunti grammaticali e lessicali di Leonardo da Vinci,* vol. I: *L'educazione letteraria di Leonardo,* Milán, 1944.

El proceso puede analizarse así: primero, en los cuerpos sensibles, un *movimiento espiritual* o acto volitivo suscita en los músculos la fuerza que los contrae (*movimiento material*), determinando, con la percusión de un objeto (*cuerpo insensible*), el paso de ésta a ese cuerpo, que seguirá agitándose con *apariencia de vida* hasta que la fuerza se extinga *por libertad*.

No importa determinar cuánta verdad científica contienen estas afirmaciones. Interesa captar en ellas la grandiosidad de un mito que intenta traducir en símbolo el ritmo mismo de la vida. Renovando una antigua tradición, Leonardo ve en el antagonismo entre peso y fuerza, materia y energía, desarrollarse dramáticamente el nacer y el desvanecerse de las formas y de todo movimiento vital. El peso corpóreo material es obstáculo contra el que la fuerza, surgiendo de un invisible impulso espiritual, ejerce su violencia; y cuanto más la retarda y comprime el peso, más *se vuelve una horrible y asombrosa potencia*. Pero cuanto más débil e impalpable es la materia que se opone a ella, más se dispersa su violencia y, dilatándose en un espacio cada vez más libre, se extingue, como la luz en la sombra, *por libertad*.

«Todas las potencias espirituales, cuanto más se alejan de la primera y segunda causa, más sitio ocupan y más decrece su potencia[14]». Así pues, la fuerza tiene su potencia máxima en su origen, cuando está comprimida entre el impulso espiritual que la genera y el peso que querría sofocarla; luego, cuando su gran potencia ha expulsado el obstáculo, *corre furiosamente a su destrucción*, reaparece el deseo de muerte, corre a extinguirse en una muerte aparente, dilatándose hasta el infinito.

La «adminable Necesidad»

La equivalencia entre libertad y muerte reafirma el principio del requisito indispensable del obstáculo, o mejor, del vehículo corpóreo, para que la fuerza se origine pasando de una existencia virtual a una efectiva. *Natura non facit saltus*. Las fuerzas *espirituales* no son caprichosas, su obra se rige por una gradualidad preestablecida de pasos sucesivos, que parece aprisionar su monstruosa potencia, doblegándolas al respeto de la ley.

La constancia de los procedimientos, que hallan en las más variadas y complejas estructuras corpóreas los medios indispensables para actuar, constituye la trama de la *Necesidad, el freno y la regla eterna* de todas las *acciones naturales*. La cual, obligando al peso y a la fuerza a la obediencia, abre al espíritu humano el camino de su libertad, de sus conquistas; le

---

[14] *Códice Trivulziano*, f. 11 v.

ofrece los medios para dominar la naturaleza tanto en la acción como en la contemplación. En vez de extraviarse y anularse ante el predominio de las fuerzas cósmicas, el hombre halla en la contemplación de la *Necesidad* un medio para elevarse hasta lo divino. La oscura violencia de las potencias arcanas se ilumina y se serena en la transparencia de las leyes inmóviles, en la claridad del número o del signo geométrico, donde el caos se hace cosmos, la potencia gracia, la oscuridad luz, el movimiento armonía y belleza.

De este emocionado sentimiento de la suprema armonía del cosmos proviene en Leonardo tanto la airada reacción contra la charlatanería de los nigromantes, que pretenden dominar la naturaleza violando sus leyes, como un profundo, religioso estupor ante toda manifestación de la divina *Necesidad*: «Oh admirable Necesidad, tú con suma razón obligas a todos los efectos a participar de sus causas, y con suma e irrevocable ley toda acción natural con brevísima operación a ti te obedece... Oh magna acción, ¿qué ingenio podrá penetrar tal naturaleza? ¿Qué lengua será la que pueda desentrañar tal maravilla? Ciertamente ninguna. Esto dirige el discurso humano a la contemplación divina[15]».

«LA PINTURA ES FILOSOFÍA»

A una concepción dualista de la realidad, que contrapone al mundo de las formas pasivas visibles o materiales las fuerzas activas invisibles o espirituales, le corresponden, según Leonardo, dos instrumentos cognoscitivos: el arte figurativo o pintura, que da constancia de los hechos reproduciendo las superficies visibles de los cuerpos, y la filosofía, que indaga sus *virtudes* interiores. La una fija las imágenes tal como se presentan en el instante de la visión, abstrayéndolas del tiempo; la otra reflexiona sobre la modificación de esas imágenes buscando sus causas. «La filosofía trata del movimiento aumentativo y diminutivo[16]», observa el nacimiento, desarrollo y disolución de los cuerpos: es diacrónica; mientras que la pintura representa sólo el espacio, es sincrónica.

Ahora bien, la meta a la que encaminaba Leonardo todo su trabajo de artista y de investigador era precisamente la creación de un instrumento representativo y cognoscitivo que reuniera en sí las virtudes complementarias de la pintura y de la filosofía, evitando sus deficiencias.

La pintura capta la belleza que hay en el mundo, que está «en la superficie, colores y formas de cualquier cosa creada por la naturaleza (en la línea de la circunferencia que forma las bellezas proporcionadas de un an-

---

[15] *Códice Atlántico*, f. 302 v.b.
[16] *Tratado de la Pintura*, parte I, n.º 5.

gélico rostro) y la filosofía penetra dentro de los mismos cuerpos, considerando en ellos sus propias virtudes, pero no queda satisfecha con esa verdad que ofrece el pintor, que comprende en sí la primera verdad de tales cuerpos, porque los ojos se engañan menos[17]».

Como ciencia autónoma, la filosofía deja insatisfecho a Leonardo por la aridez de sus abstracciones y por la creciente incertidumbre que la amenaza cuanto más se aleja de la verdad primaria de los cuerpos. Es preciso, por tanto, que el *discurso mental* sea continuamente validado por la visión de las imágenes reales.

Por otra parte, del mismo modo que la forma de los objetos materiales no es independiente de sus virtudes internas, e incluso es su resultado histórico, tampoco la pintura puede estar separada largo tiempo de la filosofía, sino que debe hacerse *sutil*[18] al igual que ella, y penetrar en los cuerpos, captando el origen del impulso vital que crea e imprime movimiento a cada organismo. Si la realidad está formada por cuerpos o superficies visibles moldeados por la acción de energías invisibles, la representación de la verdad no será posible fuera de una pintura-filosofía que una a la certeza de la tangible, superficial y estática evidencia, el sentido de su dinamismo interior: «Así pues, la pintura es filosofía [...] porque trata del movimiento de los cuerpos en la prontitud de sus acciones, y la filosofía se extiende al movimiento[19]».

El pintor no imita simplemente la naturaleza retratando las superficies corpóreas, sino que las «conoce» indagando, más allá de las superficies, en la estructura total de los cuerpos, hasta captar en profundidad el alma invisible *que no está en tu poder producir,* es decir, esas fuerzas cósmicas *espirituales* que encierran en sí el movimiento de la máquina terrestre, la vida del universo.

Por ello no basta con una simple habilidad manual, sino que se requiere un *discurso mental*, una *sutil especulación*, una compenetración de la mente del pintor con la naturaleza; de modo que la imagen, antes de llegar a la mano del pintor, debe sufrir una larga gestación en su espíritu.

«Lo que hay de divino en la ciencia del pintor hace que la mente del pintor se transmute en una similitud de mente divina, de modo que con libre potestad discurre sobre la generación de diferentes esencias [...] necesidad obliga a la mente del pintor a transmutarse dentro de su propia mente en naturaleza y a hacerse intérprete entre esa naturaleza y el arte [...][20]».

---

[17] *Tratado de la Pintura*, parte I, n.º 6.
[18] Ibíd. Parte I, n.º 8.
[19] Ibíd. Parte I, n.º 5.
[20] *Tratado de la Pintura*, parte II, n.º 65.

El estudio del movimiento

Estas ideas fundamentales de Leonardo explican la constancia con la que estudió y representó durante toda su vida los problemas del movimiento. La suprema habilidad del pintor consiste en representar la superficie y la profundidad, el rostro y el alma. Ninguna figura *será digna de elogio si no expresa lo más posible con la actitud la pasión de su ánimo.* Y: *Los movimientos han de anunciar el movimiento del alma del motor.*

El movimiento externo o material, siendo la revelación de un movimiento espiritual, nos conduce a lo íntimo de las cosas, donde se encierra el alma secreta que todo lo rige y lo gobierna; y la técnica famosa del «difuminado» (*sfumato*), aboliendo toda discontinuidad en las transiciones, moldeando las figuras sin líneas, mediante sombras y luces tan sólo, quiere precisamente hacer tangible la continuidad entre el mundo de las apariencias y el arcano de las fuerzas. Cada movimiento aparente no es sino la continuación de un movimiento invisible; y todas las figuras de Leonardo, pese a la concreción minuciosa de sus detalles, parecen emerger de un mundo visionario, de modo que parecen cercanas porque son tangibles, y lejanas porque están atraídas por fuerzas oscuras hacia un fondo remoto. ¡Cuántas veces aparecen fijadas en un instante de inestable equilibrio, de inmovilidad en medio de una carrera de movimientos contrastantes! La gracia o la grandiosidad de su actitud depende también de esa compresencia de movimiento y reposo, de dramatismo del gesto atenuado por la inmovilidad de una armonía superior. Las figuras están aligeradas de dureza de reflejos, desprovistas de todo peso material, para colocarse en el punto exacto en el que la materia es sólo la manifestación de la invisible energía creadora. Cada célula del rostro o de las manos de Monna Lisa vibra con una luz que parece venir del interior de la figura.

Microcosmos y macrocosmos

El hombre es modelo del mundo. Toda la vida de la naturaleza orgánica e inorgánica se desarrolla en una relación análoga de materia y energía, de modo que resulta difícil distinguir entre microcosmos y macrocosmos. «El hombre es llamado por los antiguos pequeño mundo, y ciertamente la definición es apropiada, porque del mismo modo que el hombre está formado de tierra, agua, aire y fuego, cosa semejante ocurre con el cuerpo de la tierra[21]». Tiene «naturaleza de pez, orca o cachalote, porque respira agua en vez de aire[22]». La roca es su esqueleto, la tierra la carne, el agua la sangre que circula entre un corazón que es el océano y las venas, que son los

---

[21] *Códice A*, f. 55 v.
[22] *Códice Atlántico*, f. 203 r.b.

ríos, y «el calor del alma del mundo es el fuego que está infundido en la tierra». Incluso allí donde ésta parece más inerte, está viva, y crece continuamente sobre sí misma[23].

LAS FUERZAS CÓSMICAS Y LOS ELEMENTOS

Por eso no sorprende encontrar en los espectáculos naturales que más atraen la atención de Leonardo ese mismo antagonismo del que brota la vida, que es siempre la victoria de un elemento espiritual, enérgico, inaferrable, sobre la inercia de la materia. Las fuerzas invisibles percuten en las sustancias corpóreas, poniéndolas en movimiento y plasmando sus formas. Se hacen cuerpo más fácilmente en las sustancias más ligeras y más dóciles a sus órdenes, y se sirven de ellas para mover las más inertes.

El agua fluidifica y desplaza *la tierra condensada*; el aire, con la violencia de sus remolinos, agita las aguas, las revuelve, las levanta *en forma de columna, con color de nublado*. La llama está comprimida por la mayor densidad del aire, pero, dotada de una violencia mayor y más misteriosa, *inmediatamente y con más veloz dilatación se adueña de su alimento y penetra en el aire que le hacía de techo*. Siempre la violencia de lo más ligero prevalece sobre lo más pesado, la vida vence a la muerte, lo espiritual a lo mortal. Y dentro de la llama, un milagro mayor nos acerca aún más al secreto de la misteriosa energía que anima el mundo: la luz. El aire penetra en la llama con *ruido* y con *furor*, y dentro del círculo de fuego se forma una *mínima llamita de resplandeciente color y forma de corazón, con la punta vuelta hacia el cielo*. En la aparente inmovilidad de la luz Leonardo llega a descubrir la energía violenta que, chocando con los cuerpos, les arranca sus *simulacros* o *infinitas semejanzas* esparciéndolos circularmente por el aire y llenándolo por completo, hasta tejer en el espacio la infinita red de las pirámides formadas por los *infinitos rayos de las especies de los cuerpos*.

Hemos llegado al límite de la indagación, y Leonardo se queda inmóvil, en contemplación. «Mira la luz y considera su belleza. Cierra un instante los ojos y vuelve a mirarla. Lo que ves de ella, antes no estaba, y lo que había antes, ya no está. ¿Quién lo restaura, si el hacedor muere continuamente?[24]». Los ojos gozan de la belleza de la última superficie, el velo más sutil de materia en el que se hace cuerpo la energía más intensa. Más allá del límite de la evidencia palpable, intuye las otras *infinitas causas de*

---

[23] *Códice de la Anatomía*, folios B f. 28 v.: «[...] ¿por qué no vas a las minas, donde la naturaleza produce ese oro...? [...] observa bien esa ramificación del oro y verás en sus extremos, que con lento movimiento crecen continuamente, cómo esos extremos convierten en oro lo que tocan, y nota que aquí hay un alma vegetativa que no está en tu poder producir».
[24] *Códice F*, f. 49 v.

las que no se tiene experiencia; pero ése es también el límite que él le ha impuesto a la ciencia y que no desea traspasar.

Unidad en el pensamiento leonardiano

Este fundamental problema confiere a la obra de Leonardo una unidad que le ha sido negada durante demasiado tiempo. A lo largo de casi cuatro siglos su pensamiento permaneció oculto en sus páginas sin descifrar. Es mérito de la generación que nos ha precedido el haberlas transcrito y sacado a la luz. Pero es lícito afirmar que el interés se dirigió entonces sobre todo al precursor de la técnica moderna, y la excesiva insistencia en el carácter adivinatorio, real o presunto, de ciertos pensamientos suyos, desvió nuestra atención hacia la periferia antes que llevar al centro de su personalidad[25].

Los contemporáneos de Leonardo, en cambio, no celebraron en él al descubridor de instrumentos prácticos, sino más bien al pintor *divino* y al filósofo, lamentando que el primero hubiera dejado demasiado pronto de pintar, y que el segundo hubiera ocultado su pensamiento. En efecto, su actividad científica fue creciendo en detrimento de la artística, y también en esto reside la originalidad de Leonardo.

Los artistas-experimentadores que lo habían precedido, desde Brunelleschi hasta Ghiberti, habían ahondado en el estudio de las matemáticas sólo para aplicarlas a las exigencias prácticas de su arte. Leonardo se siente progresivamente atraído por la investigación científica pura, que se concentra cada vez más en el problema del movimiento, es decir del aumento y disminución de los cuerpos, en su hacerse y disolverse por obra de fuerzas invisibles que no crecen ni disminuyen en sí mismas.

El estudio de las estructuras corpóreas

La necesidad de explicar la naturaleza del movimiento lo empujó a escrutar los más menudos detalles, y con otros instrumentos técnicos fuera de su mirada penetrante, las distintas estructuras en las que el movimiento puede articularse cuando se produce. Los estudios de anatomía, inicia-

---

[25] Cfr.: Marinoni, *op. cit.* en p. 20, nota 13, pp. 5-6, de las que creemos útil extraer esta cita de Péladan: «Les représentants de chaque branche du savoir humain sont venus témoigner de l'universalité de Léonard. L'astronome a salué le prédécesseur de Copernic (gravitation), de Kepler (scintillement des étoiles), de Matzlin (réflection solaire), de Halley (vents alizés), de Galilé (mouvement). Le mathématicien a salué le précurseur de Commandus et de Manolycus (centre de gravité de la pyramide). Le mécanicien a salué le successeur d'Archimède (théorie du lévier); l'hydraulicien a salué le précurseur de Castelli (mouvements des eaux); le chemiste a honoré le précurseur de Lavoisier (combustion et respiration)...»; y la larga enumeración continúa.

dos en su primera juventud como auxilio a la pintura, se intensifican entre 1508 y 1515. Sus estudios de botánica y de geología pueden reconducirse todos al problema fundamental de descubrir en la estructura de los cuerpos orgánicos e inorgánicos la causa de todos los fenómenos. Él tenía que satisfacer también, evidentemente, las exigencias prácticas de sus comitentes, pero ¡cuántas máquinas construidas por él no tenían otro objeto que aclararle un problema de estructura y de movimiento: un organismo que se mueve y transmite el movimiento con *semejanza y vida*!

En sus últimos años, además de la anatomía, cobraron fuerza sus estudios de hidráulia y aerología; de las pocas cartas o esbozos de cartas que se conservan, tres se ocupan de una cuestión que lo apremiaba: el cumplimiento de una promesa que le había hecho el rey de Francia de darle en *posesión doce onzas de agua* en el Naviglio para *fabricar allí instrumentos y cosas que darán gran deleite a nuestro cristianísimo rey*. Es otra prueba de su interés por los experimentos de hidráulica, y de la dirección que toma su pensamiento en la última fase de su vida.

LAS FUERZAS Y LAS FORMAS

Los elementos agua y aire, por su movilidad, por la escasa resistencia que oponen a las fuerzas cósmicas, son los que mejor pueden revelar su comportamiento de una forma más inmediata. El movimiento del aire es perceptible sólo cuando transporta humo, polvo o nubes; y Leonardo no deja escapar ocasión para observar su lábil juego, fijándolo en sus dibujos. Pero el agua permite una más fácil y continua observación; y lo que él descubría en el curso impetuoso o lento, libre o impedido del agua, era el espectáculo más fascinante y exaltante. Las fuerzas arcanas que gobiernan el mundo, incognoscibles en su esencia, revelan a sus ojos, en mil diferentes comportamientos, una predilección constante por ciertas formas geométricas: el movimiento sinuoso de las olas, los remolinos circulares de los vórtices, la forma esférica de las gotas que innumerables se condensan en la espuma o saltan aisladas al romperse la masa líquida, la forma esférica de los *sonajeros* o vejigas de agua, que el agua aprisiona al caer y luego deja subir otra vez, liberándolas, a la superficie. Son las mismas curvas sinuosas que forman los contornos de las nubes, los remolinos de aire tempestuoso, las volutas de humo en el cielo. Y esas formas, que las fuerzas cósmicas repiten en su juego más libre, ofrecen a los ojos que las observan, en su figura geométrica, en la suave continuidad de sus líneas, también una gracia especial, confirmando en el pensamiento de Leonardo su fe en la identidad entre las leyes físicas y las estéticas, y a la vez en la bondad de su propio método: lo verdadero y lo bello no son cosas distintas, por lo cual ciencia y arte, filosofía y pintura son una misma cosa.

Los últimos años de la vida de Leonardo aparecen dedicados con particular intensidad a estas indagaciones sobre el secreto del movimiento y de la vida. Descuidaba ya los pinceles y acumulaba papeles con dibujos, apuntes, estudios. Puede que hubiera renunciado ya a publicar sus numerosos libros proyectados, y sin embargo, continuaba una búsqueda encarnizada por la sed natural de su ingenio. A pocos confiaba su riqueza, pero cuantos se acercaban a él tenían la sensación de un saber sin límites. Entre ellos no fue el último el rey de Francia, que lo convenció para seguirlo allende los Alpes, no tanto quizá para obtener obras de arte y de ingenio, cuanto para gozar de su sabiduría. «Estando fortísimamente enamorado de aquellas grandes virtudes suyas, sentía tanto placer oyéndole hablar, que pocos días pasaba lejos de él»; y, continúa Cellini, «no quiero dejar de repetir las palabras que le oí decir al rey [...] que no creía que nunca naciera otro hombre con tan gran saber como Leonardo, no tanto acerca de Escultura, Pintura y Arquitectura, como de Filosofía, en la que era grandísimo»[26].

Los dibujos del «Diluvio»

Heydenreich[27] ha indicado en algunos dibujos de Windsor el punto de llegada de su largo viaje. Se trata de los que describen el Diluvio Universal, realizados, según parece, en los últimos años de su vida. Con ellos se pueden relacionar dos extraños dibujos situables en torno a 1513-1515: la representación de una tempestad y un esbozo para un Juicio Universal. En la *tempestad* aparecen sólo episodios del cataclismo: el viento arranca los árboles, arroja al suelo caballos y jinetes, turba el mar provocando naufragios. También el apunte para el *Juicio* constituye un episodio: en el centro un volcán erupta una nube de humo, a la derecha y a la izquierda hay muertos que resucitan, almas alcanzadas por las llamas. La iconografía tradicional es abandonada: no caracterizan el fin del mundo portentos inauditos, sino una acción más violenta de las fuerzas naturales.

De esta meditación acerca de la catástrofe final del mundo Leonardo volvió a ocuparse en la fase extrema de su vida, para representarla, no como la había imaginado en el f. 155 v. del *Códice Arundel*, como una final ἐκπύρωσις de la tierra puesta en contacto directo con el fuego al disolverse el elemento protector del agua, sino como disolución paroxística de los elementos agua y aire, lanzados contra la tierra por la potencia furiosa de las fuerzas cósmicas invisibles.

Las visiones están caracterizadas por inmensos y terribles torbellinos de viento y agua. En la parte superior del f. 12378, el cielo se retuerce en

---

[26] Benvenuto Cellini, *Opere*, vol. III, Milán, 1811, p. 252.
[27] L. Heydenreich, *Leonardo*, Berlín, 1944; en el capítulo dedicado a la cosmología.

una inmensa nube que gira sobre sí misma. Por debajo, una llanura que rodea una ciudad, se dobla, se curva, y el monte que se alza a la izquierda, hacia el nublado celeste, se deshace y cae sepultando la ciudad. Pero toda la tierra, planicie y montaña, parece también succionada por una fuerza vertiginosa. Los distintos fragmentos de la materia, descomponiéndose, pierden su peso y empiezan a remolinear sobre sí mismos formando un segundo torbellino, simétrico respecto al celeste.

Una fase sucesiva de la catástrofe está representada en el f. 12383. Sólo cielo y mar, revueltos y ondeantes en un inmenso remolino, igualados por una misma ligereza. Porque, bajo la violencia de las fuerzas desencadenadas, todos los elementos terrestres, desde las rocas de los montes hasta la arena de la llanura, la vegetación, las aguas de los mares, pierden su gravedad igualándose y desapareciendo. La fuerza vence al peso, y en la progresión de los dibujos la desaparición de la tierra en el f. 12383 sugiere la idea de una fase posterior, en la que el peso de la materia ha sido definitivamente superado, y el espacio ha vuelto a caer en la oscuridad anterior a la creación. Son tinieblas llenas de energías latentes y victoriosas, ya invisibles a nuestros ojos, inimaginables para la fantasía, precisamente porque están separadas de la corporeidad que sólo nos permite concebirlas.

... Y SU SIGNIFICADO

Ningún signo de un juicio moral —ni buenos ni malos, ni Infierno o Paraíso— aparece en esta última visión leonardesca; sin embargo, la simple idea de concebir un fin del mundo tiene un significado religioso: en la causa no enunciada, pero implícita en la dialéctica del movimiento, que presupone un *impulso espiritual*, hay una voluntad que lo genera. Indudablemente religioso es, por lo menos, el sentido de armonía que domina la representación: reaparecen aquí, cargadas de mayor significado, las formas mil veces escrutadas en los torbellinos de agua y viento, y representadas en los manuscritos: las curvas sinuosas de las olas o de las nubes ondean en un torbellino que envuelve las cosas, las pulveriza y las dispersa; pero todo acontece en un orden riguroso, según las leyes eternas, que infunden serenidad incluso en la muerte del universo. Ni siquiera en la destrucción suprema las fuerzas cósmicas son ciegas. Y tampoco podríamos afirmar que aquí el cosmos se precipite de nuevo en el caos, porque la racionalidad y la armonía con las que la tragedia se cumple, afirman su victoriosa supervivencia, repeliendo la idea misma de caos.

Hasta el último momento Leonardo se mantuvo fiel a sus principios. Puesto que la filosofía es pintura, él no podía sino confiar a una representación artística su testamento filosófico y religioso, su acto de fe en la racionalidad y la belleza del universo.

II

PARA UNA EDICIÓN DE LOS MANUSCRITOS LEONARDIANOS

Los manuscritos

Las vicisitudes de los manuscritos leonardianos fueron complejas y azarosas.

Bastará recordar aquí que Melzi, su heredero por testamento, los recogió en su villa de Vaprio d'Adda, donde, a su muerte, empezaron a dispersarse por el mundo gracias a la inconsciencia de los parientes de Melzi, muy en particular del doctor Orazio. En la segunda mitad del siglo, Pompeo Leoni había conseguido recuperar unos cincuenta cuadernos además de cerca de 2.000 folios sueltos que reunió en dos gruesos volúmenes, entre ellos el *Códice Atlántico*, en cuyas tablas pegó folios y papeles (cuando estaban escritos por ambas caras, abría en la tabla una ventana y pegaba sólo los bordes). A la muerte de Leoni (1610), dos manuscritos emigraron a España, otros fueron heredados por Polibio Calchi que los vendió junto con el *Atlántico* al conde Arconati. Éste, en 1636, donaba generosamente doce volúmenes a la Biblioteca Ambrosiana de Milán, donde se unían a otros dos allí guardados, y se les sumaba en 1674 un decimoquinto manuscrito leonardiano donado por Archinti. Dos de estos códices desaparecieron pronto (uno debe de ser el actual *Trivulziano*); los otros permanecieron allí hasta 1796, cuando el decreto napoleónico que requisaba las obras de arte sobre la base del principio racista según el cual «todos los genios, todos los literatos son franceses, cualquiera que sea su país de nacimiento», ordenó su traslado a Francia. El *Atlántico* fue a la Bibliotca Nacional de París, los otros doce al Instituto de Francia. Sólo el primero volvió a la Ambrosiana en 1815, el resto se quedó en Francia para sufrir otras vicisitudes. G. B. Venturi los describió, y los marcó con las letras del alfabeto; el conde Libri substrayó 3, vendiendo uno al conde Manzoni di Lugo (es el códice *Sobre el vuelo de las Aves*, encontrado luego por Sabachnikoff, que lo publicó y lo donó a la Biblioteca de Turín) y otros dos, en 1875, al conde Ashurnham (los manuscritos 2038 y 2037 de la Biblioteca Nacional de París).

De los manuscritos que corrieron una vicisitud diferente, tres, después de pasar por Viena, fueron a parar al Victoria and Albert Museum (son los *Códices Forster*, antes *South Kensington*), otro fue vendido a Roma en el siglo XVIII por el pintor Ghezzi al conde Leicester. Los manuscritos que ahora pertenecen a la Colección real de Windsor fueron comprados por lord Arundel en el siglo XVII en diferentes países de Europa. Dos manuscritos guardados en España fueron descubiertos sólo en 1967.

Como consecuencia de estas complicadas peripecias, la masa de los manuscritos conservados está hoy dividida entre Italia (Milán y Turín), Francia, Inglaterra y España[28]. De estos manuscritos, tal vez el mismo Melzi extrajo y ordenó el material para el llamado *Tratado de la Pintura*, que fue publicado varias veces hasta la edición crítica cuidada por H. Ludwig en 1882; y L. Maria Arconati extrajo un tratado *Del movimiento y medida de las aguas*, editado por Carusi y Favaro en Bolonia en 1923. Ya que ambos textos están manipulados, no entran en el plan de esta edición nuestra. El compilador del *Tratado de la Pintura* trabajó con una masa de escritos vincianos mucho más amplia que aquella de la que disponemos hoy, hasta el punto de que en los manuscritos conservados sólo podemos hallar la fuente de una cuarta parte del *Tratado*.

LAS EDICIONES

Lo que hoy queda de los escritos leonardescos empezó a ser publicado con criterios modernos en 1880 por Ch. Ravaison-Mollien, que a lo largo de once años reprodujo todos los códices existentes en París, en seis volúmenes (el primero transcribe el *Códice A*, el segundo los *Códices B y D*, el tercero los *Códices C, E y K*, el cuarto los *Códices F e I*, el quinto los *Códices G y L*, el sexto el *Códice H* y los manuscritos 2038 y 2037 del Instituto de Francia); la publicación da la fotografía de los manuscritos, la transcripción diplomática y una versión en francés. —En 1891, Beltrami publicó en Milán el *Códice Trivulziano*. —En 1893, fue publicado por Piumati-Sabachnikoff el códice *Sobre el Vuelo de las Aves*. —Entre 1894 y 1904, el mismo Piumati publicaba para la Accademia dei Lincei el *Códice Atlántico*. —Los mismos Piumati y Sabachnikoff publicaron los *Códices de Anatomía* de la Biblioteca de Windsor, divididos en *Folios A* (1898) y *Folios B* (1901). —Los otros *Cuadernos de Anatomía* fueron publicados en Oslo entre 1911 y 1916 por Vangesten, Fonakn y Hopstock. —En 1901, en París, E. Rouveyre publicó en veinticuatro volúmenes muchos folios inéditos, especialmente de Windsor; en 1907, S. Colwyn los folios sueltos del Christ Church College de Oxford; en 1909, G. Calvi el *Códice Leicester* para el Istituto Lombardo di Scienze e Lettere. —El trabajo de la R. Comisión Vinciana fundada en 1902 con la misión de llevar a cabo la edición de todos los manuscritos y dibujos de Leonardo, empezó a dar frutos sólo en 1923, con la edición del *Códice Arundel 263* concluida en 1930; de los *Códices Forster*, entre 1930 y 1934; de los folios inéditos de *Sobre el Vuelo de las Aves* en 1926. —Siguieron el *Códice A* (1936) con sus *Comple-*

---

[28] Véase al final del presente volumen la *Tabla de los manuscritos* leonardianos completa, con la indicación de las siglas mediante las cuales son citados de manera ordenada.

mentos (1938) y el *Códice B* (1941). Paralelamente la Comisión publicó siete fascículos de *Dibujos* y uno de *Dibujos geográficos*.

Posteriormente la Comisión Vinciana emprendió una nueva edición del *Códice Atlántico*, restaurado bajo los auspicios del Gobierno Italiano, en doce volúmenes de facsímiles y otras tantas transcripciones.

En Francia el editor Roissard de Grenoble ha publicado los mss. B, C, D, A, al cuidado de A. Corbeau y N. De Toni con reproducción de los códices en facsímil y, en volúmenes separados, la transcripción y su traducción en lengua francesa.

Casi todas estas modernas ediciones ofrecen, además de la fotografía de las páginas originales, una primera trascripción diplomática que ayuda a descifrar los signos gráficos de Leonardo, y una segunda trascripción crítica o interpretativa, que, mediante el añadido de puntuación, mayúsculas y otros elementos, pretende ayudar a comprender su sentido.

A un criterio muy diferente responden los antólogos, que normalmente utilizan dichas transcripciones distribuyendo y agrupando los fragmento seleccionados con arreglo a sus fines. Constituye una excepción Richter (*The Literary Works of Leonardo da Vinci*), que, deseando ofrecer una vasta selección de los escritos leonardianos antes aun de que fueran publicados, se vio obligado a transcribir por sí mismo el texto, incurriendo en numerosas inexactitudes, que la edición más reciente ha podido subsanar sólo en parte.

Y ahora hablemos de nuestro trabajo.

El distinto valor de los fragmentos

La edición de los escritos de Leonardo constituye un caso insólito en los estudios filológicos. Se trata de un autor que, aun teniendo entre sus mil dotes naturales la de la magia verbal, sintió un escaso aprecio por la palabra, sólo ocasionalmente pensó en escribir libros, pero nunca llegó a redactar por completo un solo volumen. Lo que ha llegado hasta nosotros es material no elaborado, o apuntes personales, esbozos para desarrollar en el futuro.

No es que falte la búsqueda del término preciso, de la frase eficaz y musical, del periodo redondeado. Demasiado evidente es, incluso, en muchos lugares, la búsqueda de la *forma bella*, pero casi siempre con resultados fragmentarios, interrumpidos, y los momentos en que Leonardo se entrega al gusto de la escritura son muy escasos.

Un ejemplo de cómo surge, al lado de la anotación científica, el paréntesis contemplativo y la búsqueda de una expresión literaria, lo hallamos en el f. 265 r.a del *Códice Atlántico*. Leonardo expone allí los *ejemplos y pruebas del aumento de la tierra*, habla de las ruinas de las ciudades sepultadas, de las columnas tragadas por el suelo, y debería tratar también de los fósiles. Pero el escrito se interrumpe. Probablemente la imagen de un gran animal antediluviano se enseñorea de su mente, aboliento todo intento demostrativo; en la masa enorme del cuerpo del monstruo se ocultan fuerzas inmensas que, cuando se mueve, se revelan repentina y ágilmente a los ojos admirados de Leonardo; y él olvida sus demostraciones, de modo que dando vuelta a la hoja, escribe los tres períodos que se han definido como un poema en prosa[29].

De modo parecido, en el f. 2591 de Windsor, Leonardo enumera una serie de preceptos para un pintor que desee representar *La morada de Venus*: una sucesión desordenada de frases dictada por un simple propósito didáctico. Pero al final del folio, bajo algunos dibujos, una nota aislada dice: *Partiendo de la playa de Cilicia hacia el sur se descubre la belleza de la isla de Chipre*: el tema de la belleza que insidia el reino de Venus despierta la fantasía de Leonardo, y es desarrollado en el reverso del folio.

La variedad de los motivos de los que brotan las anotaciones de Leonardo determina la desigualdad de su valor estético. Añádase el variado apresuramiento de los apuntes mismos, su distinto grado de formación, que va de un esquematismo casi telegráfico a un rebuscamiento literario a veces incluso fatigoso.

Publicar todos los escritos de Leonardo significa, por tanto, reunir a menudo en una misma página apuntes de muy dispar valor e importancia, confiando al lector la tarea de su necesaria discriminación.

LA VERIFICACIÓN DEL TEXTO

Todos nuestros esfuerzos, por tanto, han estado y seguirán estando dirigidos a una escrupulosa verificación del texto, para lo cual nos hemos impuesto la tarea de revisar cada escrito cotejándolo con las fotografías de los originales; lo que nos ha permitido realizar un discreto número de correcciones al texto divulgado, y dar a conocer al lector, cuando interesan, noticias sobre la disposición de las palabras en el folio. El hecho de que un breve apunte esté escrito en el margen o bien entre líneas; colocado como un título, o como variante al texto ya escrito, o bien como promemoria de un tema cuyo desarrollo se reserva para otro momento, constituye un elemento de juicio a veces esencial para la recta comprensión del pensamiento leonardiano; y lo mismo vale para las tachaduras y las reescrituras.

Al mismo tiempo, hemos evitado hacer collages con trozos incompletos para dar un aspecto unitario a un fragmento, ya que, como hemos di-

---

[29] Véase p. 135.

cho, nuestro intento es precisamente ofrecer al lector una reproducción lo más cercana posible al desorden del original.

Ese intento de directa relectura de los manuscritos autógrafos ha comportado no pocas veces la restauración de una lección a nuestro parecer más auténtica que las reproducidas por algunos editores, a menudo alejados de la redacción original por haber recurrido a transcripciones y retranscripciones de segunda mano. Enumerar estos casos requeriría un espacio excesivo: para quien desee conocer una muestra, podrá bastar con remitirle a la famosa carta de Leonardo a Ludovico el Moro, reproducida en todas las antologías, incluso las escolares, y cotejarla con el texto aquí ofrecido contando las variantes; o bien el texto completo, también reproducido aquí, de las *Fábulas* y del *Bestiario* con el que reprodujeron parcialmente Solmi o Fumagalli, donde las correcciones son a veces sustanciales. Lo mismo vale para las transcripciones de Ravaison-Mollien y Richter (véase, por ejemplo, el *Diluvio*); mientras que menos frecuentes son las discordancias con Piumati, y aún menos con Calvi y los demás transcriptores de la R. Comisión Vinciana.

III

SOBRE EL CONTENIDO DEL PRESENTE VOLUMEN

En el título *Escritos literarios* el adjetivo no tiene el valor que le dio Richter en su famosa antología; de otro modo hubiéramos debido incluir aquí todos los escritos de Leonardo. Nuestra intención, en cambio, ha sido recoger sólo los fragmentos que no guardan una relación estrecha con las investigaciones científicas o con el arte figurativo. Naturalmente, como ocurre con todas las clasificaciones, mientras que resulta fácil distinguir genéricamente las diferentes categorías, es más problemática la distribución específica de cada fragmento: aquí están, sin duda, escritos que podrían responder a una colocación distinta y viceversa.

El núcleo esencial de estas páginas está constituido por las *Fábulas*, el *Bestiario*, las *Profecías*, las *Cartas* y una selección de *Pensamientos* varios.

Estos títulos son nuestros, pero son los únicos que no pertenecen a Leonardo: es decir, nos hemos limitado a dar un título a las grandes divisiones internas del volumen. Para los fragmentos aislados hemos establecido —a fin de facilitar las referencias— una numeración progresiva, poniéndoles un título sólo si lo llevan en el original. El orden de los fragmentos repite en general aquel con el que se suceden en el manuscrito, habiendo —como ya se ha dicho— renunciado al atractivo de componer agrupaciones de tipo analógico o cronológico. A menudo ocurre que un fragmento presente más de una redacción, señal del esfuerzo por lograr una mejor expresión; o bien que un pasaje sea el resultado de la reelaboración parcial de segmentos todavía no saldados en una definitiva unidad. En este caso hemos distinguido cada fragmento con letras del alfabeto, a fin de que el lector pueda siempre darse cuenta de su distinto grado de elaboración literaria y del esfuerzo que representaba para Leonardo.

Los *Pensamientos* tal vez produzcan una cierta decepción en el lector por la ausencia de algunos pasajes famosos presentes en todas las antologías. Pero esta edición nuestra no pretende ser una antología, sino un *corpus* íntegro, y no podíamos extraer del material destinado a volúmenes posteriores éste u otro fragmento en virtud de su particular interés. Recogemos en cambio los apuntes, generalmente breves, dispersos en distintos manuscritos, cuando tienen una relación muy general con la ciencia y con su método, o bien con la «moral» más o menos cotidiana. Hemos excluido muchas hermosas sentencias morales (*obstinado rigor*, etc.) que acompañan a los dibujos alegóricos, y que deberían entrar, junto con los dibujos, en un volumen dedicado a los *Escritos sobre el arte*.

Las *Fábulas* representan el mayor esfuerzo estilístico de Leonardo. Se podrían dividir en tres grupos: temas para desarrollar y temas desarrollados. Los primeros predominan en los cuadernos de apuntes sueltos (los pequeños códices *Forster*), en el *Arundel* y en otros folios del *Atlántico*. Los segundos están en el *Atlántico*; y a veces ciertos escritos se encuentran en páginas tan ordenadas y claras que hacen pensar en una copia en limpio; otras revelan aún, por la mole de las tachaduras y las correcciones, el tormento de la búsqueda expresiva. La diferencia estilística entre los dos grupos es ya evidente en el cambio de ritmo: rápido el de los esbozos, deliberadamente ralentizado el de las narraciones más elaboradas, donde emerge la voluntad de ampliar el período sintáctico, de revestir el pensamiento, como solía decirse, con una forma *ornada*: vocablos y construcciones a la latina, elección meticulosa de los adjetivos, separaciones e inversiones en el orden de las palabras; artificios retóricos, todos encaminados a crear pausas y suspensión en el ritmo, buscando la *gravitas* que el gusto del tiempo exigía, junto con la *amenidad*. Más de una vez el peso de este trabajo se deja sentir; el período es sofocado por demasiados incisos, subordinadas y sinónimos que lo hacen fatigoso: *el mísero sauce, viendo que no puede gozar del placer de ver sus finas ramas hacer o conducir al necesario tamaño...* Al seco «recitativo» de las fábulas esbozadas se contraponen las «arias» desplegadas y embellecidas por adornos de las fábulas más elaboradas. En más de un caso preferimos la primera modalidad.

Pero, ¿por qué Leonardo escribía fábulas? ¿Quería publicarlas o contarlas a sus amigos? ¿O acaso obedecía a una íntima necesidad expresiva? No es posible dar una respuesta satisfactoria, aunque ha de tenerse en cuenta que Leonardo era muy solicitado en la corte de Milán por su docta y refinada conversación toscana[30].

El género fabulístico ha tenido siempre un tono moralizador, y la enseñanza de las fábulas leonardianas ha sido resumida así por Bongioanni: «la fatalidad cósmica de la destrucción concebida como acto de producción de la vida... La vida se mantiene siempre en detrimento de sí misma [...] al que quiere ser más astuto que la Naturaleza, la Naturaleza pronto lo destruye»[31].

Pero leamos: *El lirio se puso en la orilla del Tesín y la corriente arrastró la orilla junto con el lirio. No se ve la astucia. Estando la araña entre las uvas, cazaba a las moscas que de esas uvas se nutrían. Vino la vendimia, y fue cogida la araña junto con las uvas*: la desdichada protagonista no hace más que obedecer a la naturaleza, que le impone vivir matando y devorando moscas; su verdadera culpa es no haber previsto el destino de la uva y haber evitado así una peligrosa compañía. Aquí tenemos incluso una falta de astucia.

Por otra parte, Leonardo añade a veces a sus fábulas una enseñanza explícita y tradicional: *los que se humillan serán ensalzados*, y otras semejantes.

Pero tampoco estos añadidos moralistas nos conducen al fondo de su pensamiento, que se revela mejor en ciertas palabras de sus protagonistas. La mariposa, que, atraída por el brillo de la luz, la atraviesa volando y cae moribunda mientras se lamenta: *Oh maldita luz... con mi desgracia he conocido su destructiva y dañina naturaleza*; la llama que de un horno donde podía vivir largo tiempo aunque ignorada quiere, *abandonado su curso natural*, brillar en una vela y, una vez consumida ésta, se extingue; el mono que se prenda del pajarillo y lo asfixia con sus besos, y así sucesivamente: todos repiten la tragedia de la ciega ignorancia que guía a los hombres[32]. Son una invitación a *conocer* la naturaleza de cada cosa, o mejor la Naturaleza en sí. Buitres en la férrea trama de su Necesidad, sólo mediante el conocimiento de sus leyes es posible disfrutar de sus beneficios y evitar en los límites del Tiempo su abrazo mortal. Es la Naturaleza que a través de la llama responde al reproche de la mariposa moribunda: *Así hago con quien no me sabe usar bien*; mientras que las pocas fábulas con final feliz celebran precisamente el buen uso de las leyes naturales.

En el ámbito de los intereses morales de Leonardo se sitúa también el *Bestiario*, que contiene además motivos de índole práctica. El arte rena-

---

[30] Cfr. Marinoni, *L'educazione letteraria...*, cit., p. 67.
[31] M. Bongioanni, *Leonardo pensatore*, Piacenza, 1935, pp. 226-227.
[32] *Como ciega ignorancia los conduce; ¡Oh míseros mortales, abrid los ojos!*, son dichos leonardescos colocados al lado de dibujos de mariposas alrededor de la luz. Cfr. Marinoni, *op. cit.*, pp. 218-229.

centista no descuida las alegorías, es más, no sólo aspira a ofrecer una interpretación de la belleza del universo, sino también, a veces, una ilustración de conceptos abstractos. Estos contenidos conceptuales pueden expresarse mediante una compleja simbología que tiene sus cifras transparentes en los animales y en las piedras. De ahí la necesidad para un artista de conocer a través de los *Bestiarios* y de los *Lapidarios* las virtudes misteriosas de los animales y de los minerales.

La dificultad que el lector actual experimenta ante una materia tan fabulosa no debe influir en el juicio sobre los valores formales del *Bestiario*. Éste ocupa una serie continua de páginas del *Códice H*, desde el f. 5 r. hasta el 27 v., y el hecho de estar redactado con ordenada continuidad, con una escritura esmerada y con pocas tachaduras, nos confirma que se trata de un texto muy cercano a su forma definitiva. Más aún; entre los textos leonardianos de una cierta extensión, es quizá el más próximo a su última forma. La cual está igualmente alejada del rebuscamiento de las *Fábulas* que del apresurado esquematismo de las páginas didácticas. Aquí la frase tiene un ritmo reposado y seguro, una música lineal en la que la palabra destaca con concisa evidencia. *El cisne es cándido, sin ninguna mancha, canta dulcemente al morir, y este canto acaba su vida. —La sirena canta tan dulcemente, que hace dormirse a los marineros; y sube a las naves y mata a los marineros dormidos.*

La comparación con la *Acerba*, con el *Fiore di virtù*, con la *Historia natural* de Plinio traducida por Cristoforo Landino, textos de los cuales Leonardo extrajo sus anotaciones, revela aún más cómo, podando la inerte verbosidad de sus autores, escuchaba su enérgico ritmo interior. Véase la *Acerba*: «El áspid que es de áspero veneno... Para no escuchar la mágica prez —sus orejas obtura y está cubierta— lleva en sus dientes la súbita hiel». Y Leonardo: *Lleva en sus dientes la súbita muerte, y para no oír los encantos, con la cola se atora las orejas.* O bien el contemporáneo Landino: «Es una serpiente llamada iaculo[33], que quiere decir dardo, porque está sobre los árboles y de ellos se lanza como un dardo», que pasa a ser: *Esta serpiente está en los árboles, se lanza, perfora a los animales, y los mata.* Fuera ya de toda entonación didáctica, en la mente de Leonardo vive sólo la rapidez ineluctable, la fuerza vital del ser animal.

Hemos de olvidar nuestros conocimientos zoológicos para no sonreír ante estas leyendas; pero no olvidemos que no debían de parecerle más asombrosas a Leonardo que las otras infinitas maravillas del universo. Quien crea en el predominio de un arcano mundo invisible, y que la tierra tenía cuerpo de pez, bien podía creer en las misteriosas virtudes de animales conocidos y desconocidos. Debía al menos hallar placer en descu-

---

[33] Del latín *iaculum*, que significa sierpe y dardo. En español esta especie de serpiente venenosa es conocida como «saltacabras» (N. del T.).

brir en el mundo de la naturaleza, en el macrocosmos, los mismos vicios y virtudes que él descubría en el hombre, *modelo del mundo*. La naturaleza es siempre la gran maestra, y habla a sus discípulos, que saben penetrar en su interior, también mediante las figuras y los gestos de los animales. Sólo que, a diferencia de otras veces, ahora Leonardo no lee en el gran libro de la Naturaleza, sino en los de las autoridades más reconocidas. Por eso no se extiende en demostraciones, y se limita a condensar en pocos rasgos relevantes la índole o la *virtud* de cada animal. Por eso su palabra, libre de empeño oratorio, es puramente descriptiva, posee la enérgica concisión de las definiciones científicas, y tiene a menudo la urgencia de un imperativo moral: «Verdad. Aunque las perdices se roben los huevos una a otra, las crías, nacidas de esos huevos, siempre vuelven a su verdadera madre».

Ciertamente, falta la trémula levedad de los mejores momentos de Leonardo; además, la brevedad de los apuntes impide introducir variaciones en la estructura frasal, originando una cierta monotonía; pero, en compensación, hay una continuidad y firmeza de estilo, insólitas en sus escritos.

Está generalmente aceptado que las *Profecías* no son sino adivinanzas para recitar en las reuniones de amigos, y probablemente en la corte de Ludovico el Moro. Una nota añadida por Leonardo a una de ellas («Dila en forma de frenesí o delirio, de enfermedad de mente») es una confirmación decisiva de ello. El título deriva del tono profético (con el verbo siempre en futuro), que confiere a la adivinanza una solemne gravedad en contraste con su movimiento juguetón. Sin embargo, esa seriedad parece a menudo arraigada en el espíritu del escritor: «Malvada y espantosa, atemorizará tanto a los hombres, que casi como locos, creyendo huir de ella, acudirán con veloz carrera a entregarse a sus inmensas fuerzas».

En otras *Profecías* se insinúa también el sentimiento de las fuerzas misteriosas que dominan al hombre y la naturaleza: «Se verán enormes cuerpos sin vida llevar con furioso ímpetu a multitud de hombres a la destrucción de su vida. Al final la tierra se volverá roja por el incendio de muchos días, y las piedras se convertirán en cenizas. Las gigantescas montañas, aunque estén muy lejos de las playas, arrojarán al mar de su sitio».

La solemnidad de la profecía, que sería ridícula para una simple adivinanza, resulta a veces convincente porque se nutre de la incesante maravilla con la que Leonardo observa la vida del mundo.

De esa maravilla están impregnados los fragmentos que titulamos *Caverna* o *El monstruo marino*, mientras que el esbozo de la carta sobre el *Gigante* se acerca algo al gusto popular por los espectáculos de fuerzas descomunales. El gigante de Leonardo desciende de los de Pulci[34], Pucci[35] y

---

[34] Luigi Pulci, autor del poema caballeresco *Morgante* (1483) [N. del T.].
[35] Antonio Pucci (1310-1388 ca), autor de poemas caballerescos y de cantares sobre la historia de Florencia (N. del T.).

los autores de cantares populares, ¡pero cómo se advierte la impronta de la fantasía leonardesca! Cuando el gigante emite un *mugido que pareció un espantoso trueno*, y los hombres desaparecen entre el pelo de su cabeza y de su barba como insectos o como marineros en una tempestad *que corren subiendo por las cuerdas para bajar la vela a sotavento*, sentimos que la figura grotesca ha desaparecido casi, y por un instante entrevemos en el gigante una manifestación de las fuerzas sin límite de la naturaleza. Por eso, el desgarro y el terror de los hombres arrastrados por esa furia halla en Leonardo un eco compasivo, que en vano buscaremos en Pulci o en Ariosto.

El esbozo de esta carta sobre el *Gigante* reviste notable interés también porque revela la manera que tenía Leonardo de trabajar. Los fragmentos que iba anotando aquí y allá en un papel, desordenadamente, muestran cómo su fantasía se sentía atraída antes que por el conjunto de todo el cuadro, por ciertos detalles que hallan inmediatamente una segura expresión. Es más, se diría que una vez fijados en la página estos detalles altamente expresivos, él se siente tan satisfecho que renuncia a la síntesis final de toda la materia.

Las cartas *Al Diodario de Soria*, que alimentaron durante algún tiempo la hipótesis, ya abandonada, de un viaje de Leonardo a Oriente, forman parte de un libro cuyo índice prometía una amplia narración de temas muy variados. Lo que ha sido desarrollado, o al menos ha llegado hasta nosotros, consiste principalmente en una descripción del monte Tauro, y en la de una inundación que recuerda el escrito sobre el *Diluvio*, pero representando una furia menos implacable.

La descripción del *Diluvio*, y la de *La morada de Venus* estaban destinadas al llamado *Tratado de la Pintura*, pero el segundo fragmento de *La morada de Venus* carece de cualquier intención didáctica, mientras que el *Diluvio*, además de tener una importancia particular para la historia del espíritu leonardesco en relación con los últimos dibujos vincianos sobre el fin del mundo, es famoso por sus valores literarios. Ello justifica su inclusión en este volumen. Sin embargo, respecto a dichos valores literarios, permítasenos notar que, pese al vigor expresivo de muchas partes, la página no logra fundirse en un organismo unitario, sino que va enumerando uno tras otro los distintos episodios parciales del cuadro. Y si a trechos están llenos de una vibrante fantasía, en otros se limitan a enunciar normas pictóricas y principios científicos. Por contra, las *divisiones*, o lista de episodios para ser representados, que Leonardo escribió al margen a modo de sumario, poseen un dramatismo tan vivo y tal soltura rítmica, que resultan preferibles a muchas secciones de la descripción propiamente dicha.

Las *Facecias* pertenecen a un Leonardo menor; no el que escruta los misterios cósmicos, sino el que conversa apaciblemente con los amigos. Algunas son también *facecias bellas*, como dice una nota de «diestra mano» en un folio del *Atlántico*, esto es, chistes sólo para hombres. Quien conoce la libertad de los humanistas en estos temas, casi se asombra de que sean tan pocas.

Bajo el título *Proemios* se recogen algunos pensamientos de índole polémica. Este título proviene sobre todo del f. 119 v.a del *Atlántico*, donde la palabra *Proemio* aparece repetida varias veces encabezando diferentes apuntes. Ello no significa que cada prefacio hubiese de referirse a un correspondiente tratado, ya que no pocos podrían haberse fundido en la redacción definitiva. Siendo así que trata básicamente de la polémica del *hombre sin letras*, hemos recogido también en torno a ellos algunos otros fragmentos de espíritu semejante. Con el n.º 15 hemos añadido un pasaje que Leonardo tradujo casi al pie de la letra de la *Perspectiva* de John Peckam y puede considerarse —después del n.º 17— como un segundo proemio sobre la perspectiva. —El n.º 16 es uno de los pasajes más conocidos de Leonardo: el famoso proemio a los soñados ciento veinte libros de Anatomía, que por desgracia quedaron en un estadio prácticamente informe de material fragmentario y sin elaborar. Los cuatro apuntes siguientes bien habrían podido fundirse en un mismo prefacio si Leonardo no hubiera renunciado a sus grandes proyectos.

Siguen algunos capítulos cuya inclusión en el presente volumen exige una justificación.

Ante todo el *Discurso contra los compendiadores* tiene relación directa con los estudios de anatomía. El propósito, manifestado por dos veces, de formar con ellos un discurso autónomo le confiere también un interés literario.

Razones parecidas abogan en favor de los escritos polémicos *contra la nigromancia y la alquimia*, que, además, arrojan luz sobre un aspecto muy importante del pensamiento leonardesco. Se trata de los fragmentos que se han conservado de un largo discurso contra las prácticas espiritistas, que Leonardo escribió de modo ordenado, con una caligrafía cuidada a lo largo de no sabemos cuántas densas y tupidas páginas. Ya en el ms. B, f. 4 v se encuentra el apunte preparatorio de un discurso desarrollado con más orden y pormenor en los folios *B* de Anatomía. Más aún, en el gran número de fragmentos leonardianos que rara vez alcanzan o superan el espacio de una página, éste constituye uno de los pasajes más largos y ordenados.

Podría parecer extraña a primera vista la rígida hostilidad de Leonardo contra toda creencia espiritista, cuando él mismo reconoce en el mundo la presencia activa de fuerzas misteriosas y *espirituales*. Pero precisamente por ello las páginas contra el *sumo necio, encantador y nigromante* son preciosas, ya que aclaran aún más la concepción leonardesca de las *virtudes y potencias espirituales*. Éstas son cosa muy distinta de los «espíritus» en los que cree el vulgo, seducido por las artes engañosas del brujo. Las fuerzas infinitas y eternas que mueven la máquina terrestre, aun siendo misteriosas en la inescrutabilidad de su naturaleza, obedecen dócilmente a las leyes de la inflexible Necesidad. No conocen ninguna operación que no sea instrumental y, por tanto, deben tomar cuerpo en determinadas estructuras materiales y seguir un proceso rígidamente constante. Sólo el conocimiento de esas estructuras y de esos procesos obligados permite al hombre utilizar las inmensas fuerzas cósmicas. La presunción de imponerse a la naturaleza, eludiendo por pereza o avaricia las mediaciones de la *admirable Necesidad*, nace de un deseo ocioso, y por ello mismo estúpido e inmoral. El *espíritu* no tiene nervios ni huesos y por tanto no puede hablar; no tiene una estructura corpórea, y por consiguiente no puede realizar ningún proceso natural *entre los elementos*. Y si esta última frase tiene un valor limitativo, deja abierto un resquicio a la posibilidad de una existencia fuera de los elementos, lejos del mundo material.

El ataque contra los alquimistas revela, en cambio, una antipatía mucho menor, e incluso compensada por las *infinitas alabanzas por la utilidad de las cosas que han descubierto para servicio de los hombres*. Hasta cierto punto también ellos siguen el buen camino respetando la ley de la naturaleza, pero cuando, para satisfacer la avaricia humana, quieren *crear oro, verdadero hijo del sol*, pretenden, como el nigromante, eludir esa ley; y al igual que éste aspira a crear un «espíritu», ellos desearían crear un *alma* vegetativa o suplantarla, embocando el camino de la falacia y el sacrilegio.

En una atmósfera más distendida nos sitúa la *Disputa «pro» y «contra» la ley de la naturaleza*, aquí incluida tanto por su singular forma literaria como por la amplitud de las reflexiones en ella desarrolladas. *¿Por qué la naturaleza no ordenó que un animal no viviese de la muerte de otro?* Porque, si no fuera así, la fecundidad de los seres vivos cubriría en breve la tierra de hambrientos. Así pues, ¿el infinito estallar de la vida en una materia necesariamente limitada se resuelve, en última instancia, en un deseo de muerte? Ciertamente —concluye Leonardo con uno de sus pensamientos más inolvidables— todos, sin saberlo, deseamos morir. «Has de saber que la esperanza y el deseo de repatriarse y volver al primer caos, hace al hombre semejante a la mariposa, que con incesante deseo espera, siempre en fiesta, la nueva primavera, siempre el nuevo verano, siempre nuevos meses y nuevos años, pareciéndole que las cosas deseadas son demasiado lentas en llegar, y no advierte que desea su disolución [...], y parece seguir aquí un conocido recurso leonardiano [...] pero este deseo reside en aquella quintaesencia, espíritu de los elementos, que hallándose encerrada en el alma del cuerpo humano, desea siempre volver a su mandatario». Donde podíamos esperar una leopardiana[36] protesta contra el inaceptable absurdo,

---

[36] Se refiere a la protesta de Giacomo Leopardi (1798-1837) contra el «absurdo misterio» de la naturaleza mortal (N. del T.).

Leonardo concluye con una aceptación del orden universal, serenado por una última esperanza.

También el *Esbozo para una demostración* está aquí presente como modelo singular de redacción provisional de una argumentación específica, y como ejemplo de un intento de demostrar la esencia de *virtudes* invisibles y operantes en el mundo. Éstos son los *espíritus* en los que Leonardo cree. Y cree también en los poderes del basilisco, del avestruz y de los ojos de las muchachas, y en las virtudes misteriosas del pez de *San Ermo*, confirmando cuanto se ha dicho más arriba a propósito del *Bestiario*.

De las *cartas* han sido excluidas las de atribución demasiado incierta, es decir, las de «diestra mano» que Beltrami quería asignar sin más a Leonardo. De éstas publicamos sólo la de Ludovico el Moro y la del Cardenal de Este, indudablemente auténticas, aunque el literato que las escribió haya contribuido a mejorar su forma: son, en efecto, las únicas que poseen una forma literaria bien definida. A ellas podemos unir las del agua del Naviglio (n.os 14, 15, 16) de muy distinto tono y colorido lingüístico. Las otras se presentan como esbozos a menudo rudimentarios, apuntes sin desarrollar, que ilustran el método de escritura de Leonardo y el esfuerzo que le costaba la buena forma.

Un lugar aparte hemos reservado al fragmento poético *El primer vuelo*, entre otras cosas porque está tejido de endecasílabos, y que hemos tomado de la cubierta del *Códice del vuelo de las Aves*.

Los versos transcritos por Leonardo y aquí recogidos en la última sección del volumen, *Traducciones y transcripciones*, muestran que su interés por la poesía se dirigía sobre todo al contenido moral y sentencioso, contribuyendo así a desmentir la antigua leyenda de un Leonardo autor de versos improvisados o de sonetos[37].

Las notas que hemos añadido a pie de página no pretenden ser un comentario al texto, sino sólo la indispensable aclaración de algún concepto ambiguo, precisiones acerca de algunas construcciones o palabras no conformes al uso actual; y en ellas halla espacio también la lección exacta del manuscrito, siempre declarada cuando nos hemos visto obligados a modificarla.

De todos los pasajes reproducidos se da, en la *Tabla da referencias*, el códice y el número de folio del que han sido tomados. Sigue una *Tabla de los Manuscritos* que da de cada uno la sigla bajo la cual se lo cita generalmente; y una nota bibliográfica —forzosamente circunscrita a las obras más significativas y a las más fácilmente consultables— acoge las distintas referencias contenidas en la presente Introducción y en las notas.

---

[37] Remitimos para este problema a Marinoni, *op. cit.*, parte II, cap. V.

Advertencias

Nuestro propósito de hacer accesibles a un público más amplio, en un texto completo y revisado, todos los escritos de Leonardo, es sin duda comprometido; y no será fácil evitar errores o lagunas, que deberán subsanarse en futuras ediciones.

Dado el carácter de ésta, no se ha creído oportuno cargar excesivamente el aparato de notas. Ciertos despistes evidentes de Leonardo (omisión del signo de abreviación en una palabra, repetición mecánica de una sílaba, etc.) se han señalado sólo cuando ofrecen algún interés o dan lugar a alguna ambigüedad (cosa, por lo demás, frecuente). Asimismo las palabras o letras tachadas han sido restauradas sólo cuando eran indispensables para el sentido o contenían noticias interesantes, y se han distinguido siempre mediante paréntesis.

En cambio, los corchetes señalan sílabas o letras que faltan en el original. Por regla general se han omitido, en cambio, cuando la integración suple usos ortográficas anómalos recurrentes[38].

La puntuación, el empleo de las mayúsculas, de los acentos y otros signos tipográficos, así como la división de palabras, han sido introducidos conforme al uso moderno[39].

Nuestra es, naturalmente, la ordenación, la numeración de los fragmentos y la distinción con letras del alfabeto de las partes sueltas o repetidas de un mismo pasaje.

Nuestros son también, como ya dijimos, los títulos de los capítulos, mientras que son auténticos los de los fragmentos.

La letra cursiva se emplea en las *Profecías* para distinguir la *Profecía* propiamente dicha de su explicación, a menos que ésta no esté contenida en el título. En las notas a la presente *Introducción* se emplea, en cambio, además de para los títulos de las obras, para las citas leonardescas.

Raras veces, cuando nos hemos alejado de transcripciones por así decirlo, «oficiales», y de otros numerosos editores, nos ha parecido necesario advertirlo. Lo hemos hecho sólo cuando se trataba de cuestiones opinables, y era preciso motivar nuestra propuesta.

Los errores de los transcriptores ofrecieron en su momento fácil pretexto para vivaces polémicas. Ahora nuestro ánimo está totalmente libre, e incluso dispuesto a la gratitud por el inmenso trabajo realizado por todos

---

[38] Obviamente, la traducción no podía dar cuenta de estas anomalías meramente ortográficas —detalladas en un apartado de la Introducción aquí omitido—, y, por tanto, tampoco de su integración o no (N. del T.).

[39] Leonardo no siempre divide las palabras. El artículo, la preposición o las conjunciones, y en general las partículas proclíticas, aparecen normalmente unidas a la palabra siguiente. A menudo la palabra está dividida en varios puntos, o se enlazan entre sí sílabas de palabras diferentes. En ocasiones, para separar las palabras, Leonardo recurre a un punto.

los estudiosos de Leonardo. Sin esa labor no podríamos presentar aquí la nuestra. Recordamos las sabias palabras de Favaro[40]: «Los errores de interpretación son la gran plaga de *todas* las publicaciones de manuscritos vincianos; de ellos no ha quedado inmune *ninguno* de sus editores, ni siquiera los más expertos; y cabe esperar que los cometerán también los que en el futuro se ocupen de este trabajo, de modo que no hay lugar para tirar piedras contra nadie por ese motivo; en cambio [...] deberán emplear la mayor diligencia posible, multiplicar las revisiones y los cotejos [...] y luego recitar el *veniam damusque petimusque vicissim*».

Palabras escritas en 1919, antes de que las ediciones de la R. Comisión Vinciana marcasen un progreso notable hacia la perfección. La cual, siendo imposible, no pensamos que pueda encontrarse, pese a nuestros esfuerzos, en estas páginas.

Aclaración ulterior acerca de esta edición

Esta nueva edición de los *Escritos literarios* de Leonardo renuncia al subtítulo *Todos los escritos* con el que fueron presentados por primera vez por la editorial Rizzoli en 1952 y en las sucesivas reimpresiones. Con ello no se pretende criticar el antiguo proyecto editorial, que preveía la reordenación y la distribución de todos los escritos leonardianos en una serie de volúmenes homogéneos, conforme a un criterio subjetivo, abiertamente declarado desde un principio. La renuncia no obedece a razones científicas, sino a la mole de la empresa, que se demostró inviable.

Ciertamente, hay muchas páginas de Leonardo que no encajan fácilmente en ninguno de sus grandes temas de estudio, o en los tratados proyectados e incluso vagamente concebidos por él; más aún, cuanto más se examinan esas páginas, más se reconoce la escasa consistencia de tales proyectos, el carácter permanentemente fragmentario de su escritura, la dudosa existencia en los manuscritos perdidos o conservados de libros en sentido propio, e incluso, nos atrevemos a decir, su incapacidad de escribirlos. Por otra parte, sabiendo que, efectivamente, había proyectado diferentes «tratados», su fiel discípulo Francesco Melzi empezó enseguida a reunir el de la Pintura extrayendo de los cuadernos leonardianos una masa de apuntes sueltos y disponiéndolos dentro de las líneas de una estructura imaginada por él, no por el maestro. Lo mismo vale para el tratado «Del movimiento y medida de las aguas», elaborado por Arconati en el siglo XVII. En tiempos recientes algunos estudiosos han sentido la necesidad de reunir en distintos volúmenes las páginas dispersas sobre la Mecánica, sobre el Vue-

---

[40] «Passato, presente e avvenire delle edizioni vinciane», en *Raccolta Vinciana*, fasc. X, 1919, p. 183.

Autorretrato de Leonardo (dibujos leonardescos: Accademia di Venezia, dib. XXVII).

lo y los Apuntes gramaticales y lexicográficos, a fin de valorar y definir un pensamiento que no es siempre perceptible a través de los fragmentos. El propio Richter, autor de la antología más famosa y divulgada, ha distribuido los textos de Leonardo da Vinci en series, cada una de las cuales trata de reducirlos a un orden lógico donde, además de ignorar el cronológico, se descuida un alto número de relaciones de interdependencia entre ciertos apuntes. El proyecto editorial de *Todos los escritos*, aun con sus elementos de subjetividad y arbitrio, respondía, pues, a una exigencia siempre viva en la historia de los estudios leonardianos y no está dicho que no pueda reanudarse en algún momento.

Los *Escritos literarios* comprenden los fragmentos que quedan fuera de los grandes temas de la Pintura, la Anatomía, la Mecánica, etc. Se trata de *Pensamientos* que conciernen sobre todo a la ciencia en general y a la vida moral; de *Fantasías*, de notas sobre las costumbres de los animales que hemos reunido bajo el nombre de *Bestiario*, de adivinanzas que Leonardo llamaba *Profecías*, de *Facecias* (ocurrencias, chistes), de *Cartas* personales, de algún fragmento narrativo, de *Proemios* para obras proyectadas y no escritas donde emergen planes, preocupaciones, problemas literarios que Leonardo preveía abordar. Las formas literarias preferiblemente usadas en su tiempo por los escritores de ciencia eran el Tratado, el Discurso, el Diálogo, la Epístola. Entre los pasajes aquí reunidos se encuentran todos estos géneros, si bien como mero esbozo o intento no acabado. Fuera de los muchos «tratados» prometidos y no escritos por Leonardo, hallamos aquí el «diálogo pro y contra» la ley natural. Antes de que los navegantes y exploradores de nuevos continentes informasen con sus cartas al viejo mundo de lo que habían descubierto, Leonardo imaginaba un fantástico viaje suyo a Oriente y describía sus nuevas maravillas esbozando las cartas a un «querido Benedetto Dei» o al «Diodario de Soría». En cuanto al «discurso», véase el dirigido contra los «compendiadores», contra el nigromante, los alquimistas y los buscadores del movimiento perpetuo.

No hemos podido ni querido reunir en este libro todas las páginas mejores de Leonardo, pero están aquí presentes casi todos los aspectos de sus experimentos estilísticos: desde los de orden léxico hasta los intentos de sustituir el instintivo *fraseggio* melódico y paratáctico por un periodo más redondo y polifónico; desde la escritura espontánea y pregramatical, sembrada de anacolutos, hasta otra que introduce de modo forzado complejos sintagmas latinizantes, y el inesperado proliferar de ritmos musicalmente resueltos en un hálito repentino de poesía. Críticos no dispuestos a admitir sombras en la prosa de Leonardo, han hecho notar la copresencia «de elementos incultos e hipercultos». Pero hay que reconocer, si por «hipercultos» se entienden los giros latinizantes, que éstos son expresión de una cultura no plenamente dominada y asimilada. *Escritos literarios*, es, pues, un título apropiado no sólo porque se refiere a temas no estrictamente técnicos, sino porque ofrece una selección del variado estilo de los escritos leonardianos, tan singulares en comparación con los de los literatos, incluso cuando el «hombre sin letras» se esfuerza por aproximarse a su modo de escribir. El libro puede, en suma, servir como introducción a la lectura de Leonardo da Vinci, un autor que sigue siendo más admirado que leído: situación menos achacable a la pereza de los lectores que a la insuficiencia de la acostumbrada lectura antológica de sus obras y a la dificultad de captar con precisión e integridad un pensamiento fragmentado en anotaciones sueltas, a menudo ambiguas.

Durante los veintidós años transcurridos desde la primera edición de este libro, los estudios leonardianos han conocido importantes novedades. La mayor de ellas ha sido el descubrimiento de dos volúmenes autógrafos que yacían olvidados desde hacía siglos en la Biblioteca Nacional de Madrid. Éstos han incrementado en casi setecientas páginas el patrimonio de autógrafos del escritor conocido hasta ahora, y han revelado algunos momentos y aspectos importantes de su vida y su obra. Los dos manuscritos han visto la luz en facsímil con la trascripción de Ladislao Reti para la editorial McGraw-Hill de Nueva York. Habiendo seguido de cerca esta labor editorial estoy en condiciones de introducir en los *Escritos literarios* algunos pasajes de los manuscritos madrileños. Son varios «pensamientos», tres «facecias», tres breves anotaciones relativas a dos obras perdidas y a un presunto gran descubrimiento de Leonardo. Importante es sobre todo la lista de 116 libros que Leonardo dejó en Florencia al marchar a uno de sus viajes en 1503 o 1504. Ésta amplía notablemente nuestros conocimientos sobre su biblioteca y las fuentes de su pensamiento. Ya publicado por Reti con un comentario bibliográfico, el elenco es dado a la luz nuevamente aquí con ulteriores precisiones y el Apéndice relativo totalmente rehecho. El añadido de un nuevo Apéndice se debe a los resultados de nuevos estudios míos sobre la actividad de Leonardo en el campo de las matemáticas, y más exactamente de la geometría, con el descubrimiento de nuevas fuentes de muchas páginas suyas. Este apartado arroja luz sobre el trabajo autodidacta de Leonardo en el ámbito de las matemáticas y la naturaleza de la intensa actividad dedicada por él en la última fase de su vida al estudio de las lúnulas y a la cuadratura de las superficies curvas, incluida la del círculo.

Todos los textos han sido revisados mediante un nuevo cotejo con las páginas autógrafas, mientras que la introducción no ha sufrido cambios, pero el lector puede, si lo desea, integrarla con otros estudios míos como: «Leonardo da Vinci», en *Letteratura Italiana. I Minori*, Marzorati, Milán, 1960; «Leonardo da Vinci», en *Grande antologia filosofica* del mismo editor, Milán, 1964, vol. VI, pp. 1149 ss.; *«El ser de la nada». Primera lectura vinciana*, Florencia, 1970; «Leonardo as a Writer», en *Leonardo's Legacy*, University of California Press, 1969, pp. 57 ss.; «The Writer», en *The unknown Leonardo*, Nueva York, 1974 (ed. italiana *Leonardo*, Mondadori, Milán, 1974).

Pensamientos

1. DE ANIMA. El movimiento de la tierra, recayendo sobre la tierra misma, poco se mueven las partes que lo reciben. El agua golpeada por el agua forma círculos alrededor del punto sacudido. Recorre larga distancia la voz a través del aire. Más larga a través del fuego. Más aún la mente a través del universo. Pero, como es finita, no se extiende hasta el infinito.

2. NOS DAN VIDA CON LA MUERTE AJENA. En las cosas muertas permanece vida insensata, la cual, una vez realojada en los estómagos de los vivos, vuelve a cobrar vida sensitiva e intelectiva.

3. El movimiento es la causa de toda vida.

4. La naturaleza está llena de infinitas causas que nunca han sido puestas en acto.

5. La ciencia es el capitán y la práctica, los soldados.

6. Al igual que el comer sin ganas perjudica la salud, el estudio sin interés daña la memoria y no retiene nada de lo que recibe.

7. Siempre que las palabras no agradan al oído del oyente, le producen tedio o molestia. Y señal de ello es que verás a menudo a tales oyentes lanzar frecuentes bostezos. Así pues, si hablas ante hombres cuya benevolencia buscas, cuando veas tales muestras de hartazgo, abrevia tu plática o cambia de tema, y si no lo haces, en lugar de la gracia deseada, hallarás odio y enemistad.

Y si quieres ver qué es lo que agrada a alguien sin haberle oído hablar, háblale tú tocando distintos temas, y aquel que ves que retiene su atención sin bostezos o fruncimiento de cejas u otros gestos semejantes, puedes estar seguro de que es el que le agrada, etc.

8. DE LAS CIENCIAS. Ninguna certeza hay donde no se puede aplicar una de las ciencias matemáticas o que no se relaciona con esas mismas ciencias matemáticas.

9. Oh investigador de las cosas, no te ufanes de conocer las que la naturaleza realiza ordinariamente por sí misma. Mas alégrate de conocer el fin de las cosas concebidas por la mente humana.

10. DEL ERROR DE LOS QUE APLICAN LA PRÁCTICA SIN LA CIENCIA. Los que se enamoran de la práctica sin ciencia son como el piloto que entra en la nave sin timón o brújula, que nunca está seguro de dónde va.

11. Muchos se enriquecen con engaños y milagros falsos, engañando a la necia multitud, y si alguien da muestras de descubrir su engaño, es castigado por ellos.

12. Todos desean reunir capital para darlo a los médicos, destructores de vidas. Por tanto, deben de ser ricos[1].

13. La experiencia, intérprete[2] entre la artificiosa naturaleza y la especie humana, enseña lo que la naturaleza opera en los mortales obligada por la necesidad, es decir, sin poder actuar de otra forma que como la causa, timón suyo, le indica.

14. Ningún efecto se produce en la naturaleza sin una causa; conoce la causa y no necesitarás de la experiencia.

14 bis. Quien niega la causa de las cosas, publica su ignorancia.

15. *a)* La experiencia no yerra nunca; yerran sólo nuestros juicios esperando de ella un efecto que no se da en los experimentos que llevamos a cabo. Porque, dado un principio, es preciso que lo que se sigue de él sea verdadera consecuencia de éste, a menos que no se produzca algún impedimento; y si tal impedimento se produce, el efecto que debía nacer de dicho principio participa más o menos de ese impedimento cuanto más o menos potente sea el impedimento en cuestión respecto al mencionado principio.

b) La experiencia no yerra nunca; yerran sólo nuestros juicios esperando de ella cosas que no están en su poder. Injustamente se quejan los hombres de la experiencia, que acusan con grandes lamentos de ser falaz. Abandonad, pues, la experiencia, y dirigid vuestros lamentos contra vuestra ignorancia, la cual os empuja con vuestros vanos y necios deseos a esperar de ella cosas imposibles y a llamarla falaz.

c) Injustamente se quejan los hombres de la inocente experiencia acusándola de falaces y engañosas demostraciones.

16. Quien espera de la experiencia lo que no está en su poder se aparta de la razón.

17. CÓMO EL OJO Y EL RAYO DEL SOL Y LA MENTE SON LOS MOVIMIENTOS MÁS VELOCES QUE EXISTEN. Apenas el sol aparece por oriente, corre al instante con sus rayos hacia occidente, y éstos están formados por tres potencias espirituales, a saber, esplendor, calor y la especie de la forma que las causa.

El ojo, apenas se abre, ve todas las estrellas de nuestro hemisferio.

La mente salta en un instante de oriente a occidente, y todas las demás[3] cosas espirituales se diferencian con mucho de éstas por velocidad.

18. Nada tendría de censurable introducir en el proceso científico alguna regla general derivada de la conclusión anterior.

19. Con el tiempo todas las cosas van variando[4].

---

[1] Entiéndase, los médicos, por los cuales Leonardo no sentía simpatía.
[2] Intermediaria al modo de un traductor (N. del T.).
[3] En el manuscrito se lee: *alte*, pero ha de entenderse *altre*, es decir, no «las cosas *altas*» sino «las *otras* cosas».
[4] Se trata de una anotación al margen.

20. Dada la causa, la naturaleza produce el efecto en el tiempo más breve posible que se necesita para producirlo.
21. Toda acción realizada por la naturaleza no se puede llevar a cabo en menos tiempo con los mismos medios.
22. Dadas las causas, la naturaleza produce los efectos con la mayor brevedad posible.
23. Cada instrumento debe ser aplicado con la experiencia de la que ha surgido.
24. Uno se pregunta si los santos están desnudos.
25. El hombre siente deseos de entender si la mujer está dispuesta a ceder a la demanda lujuriosa, y entendiendo que sí y que ella desea al hombre, él la solicita y pone en obra su deseo; y no puede entenderlo si no lo confiesa, y confesándolo fornica[5].
26. Cabe preguntarse si todos los infinitos son iguales o bien mayores unos que otros.

Se responde que todo infinito es eterno y las cosas eternas son de igual duración, mas no en longitud de tiempo, porque lo que en acto comenzó primero a dividirse ha existido durante más tiempo, mientras que los tiempos futuros son iguales.
27. Del mismo modo que todo reino internamente dividido se destruye, todo ingenio dividido entre distintos estudios se confunde y debilita.
28[6]**.** Muévese el amante[7] por la cosa amada como el sentido y[8] la sensible, y consigo se une formando una sola cosa.

La obra es la primera cosa que nace de la unión.

Si la cosa amada es vil, el amante se hace vil.

Cuando la cosa unida es conveniente a su unidor, se siguen deleite, placer y satisfacción.

Cuando el amante está unido al amado, allí reposa.

Cuando el peso se ha posado, allí reposa[9].

La cosa conocida con nuestro intelecto.

---

[5] En el original, *fotte*, es decir: «jode» (N. del T.). El primer estímulo en el acto sexual sería, en el hombre, la curiosidad, que pone en acción un mecanismo psicológico que conduce inexorablemente a la conclusión lasciva.

[6] El fragmento comienza con *sujeto con la forma*, en la parte superior derecha de la página. Si fuera un título, debería encontrarse en el centro o al comienzo de la línea. Fumagalli, *op. cit.*, lo inserta en la parte sucesiva: «Muévese el amante por la cosa amada como el sujeto con la forma». Pero no resulta convincente. O se trata de una frase aislada e independiente del resto, o es un título. El fragmento desarrolla un concepto fundamental. La fuerza (del amor) o el peso producen un movimiento que se concluye placenteramente en la unión o en el reposo. También el proceso cognoscitivo es un movimiento intelectual que se concluye (con placer) cuando *la cosa es conocida por nuestro intelecto*, cuando el *sujeto* o idea ha encontrado su *forma* (cfr. Marinoni, *op. cit.*, p. 180).

[7] El ms. dice *la amada*, pero es un error evidente.

[8] Tal vez podría leerse: *con*.

[9] En el ms.: *reposado*.

29. Cuatro son las potencias: memoria e intelecto, lascibles[10] y concupiscibles. Las dos primeras son racionales y las otras sensuales.

De los cinco sentidos, ver, oír, olfato son de poca prohibición; tacto y gusto no.

El olfato lleva consigo el gusto en el perro y en otros animales golosos.

30. Todas las potencias espirituales, cuanto más se apartan de la primera o de la segunda causa, más sitio ocupan y más disminuye su valor.

31. Todo conocimiento nuestro tiene inicio en sentimientos.

32. Todo hombre se encuentra siempre en medio del mundo y bajo el centro de su hemisferio y sobre el centro de ese mismo mundo.

33. Nada puede ser escrito por nuevo investigar, y cualquiera que sea lo que de ti me prometa a mí mismo[11].

34. Los sentidos son terrestres, la razón está fuera de ellos cuando contempla.

35[12]. El agua que tocas de los ríos es la última que se fue y la primera que llega. Así el tiempo presente.

36. Toda acción ha de realizarse por medio del movimiento.

Conocer y querer son dos operaciones humanas.

Discernir, juzgar, deliberar son actos humanos.

Nuestro cuerpo está sometido al cielo y el cielo está sometido al espíritu.

37. COMPARACIÓN. Una jarra de barro crudo rota[13] se puede recomponer, pero la de barro cocido no.

38. El alma nunca se puede corromper al corromperse el cuerpo, sino que actúa en el cuerpo a semejanza del viento que produce el sonido del órgano, el cual, al dañarse un tubo, ya no producía[14], a través de él, el buen efecto del viento.

39. Los impedimentos de la verdad conviértanse en penitencia.

40. La sabiduría es hija de la experiencia, experiencia que...

41. La naturaleza parece que aquí, en muchos o de muchos animales, haya sido antes cruel madrastra que madre, y de algunos, no madrastra sino amante madre.

42. Todo cuerpo está compuesto de miembros y humores que son necesarios para su sustento; esa necesidad es bien conocida y a ello satisfa-

---

[10] En el ms.: *lascibili*, tal ver por *rascibili* («irascibles»).

[11] ¿Habla de sí mismo? ¿Es un apunte para una carta?

[12] El fragmento está precedido por una nota: *Punto no es parte de línea*, con la cual tiene quizás relación.

[13] La palabra «Comparación» que precede este pensamiento de difícil interpretación hace pensar en un sentido figurado de carácter recóndito. De ahí que se haya incluido en esta edición.

[14] Leonardo emplea el tiempo imperfecto tal vez porque piensa en un hecho que ha acontecido.

ce el alma, que tal forma de cuerpo ha elegido para alojarse durante un tiempo.

Mira el pez, que por el continuo roce que por necesidad tiene con el agua, su alma, hija de la naturaleza, hace que salga por la porosidad que se halla entre las comisuras de las escamas cierto viscoso sudor, el cual difícilmente se separa de ese pez, y cumple la misma función con el pez que el pez con la nave.

43. La necesidad es maestra y tutora de la naturaleza.

La necesidad es límite e inventora de la naturaleza, es freno y regla eterna.

44. El recuerdo de los bienes recibidos es frágil frente a la ingratitud.
45. Reprende al amigo en secreto y alábalo en público.
46. Quien teme los peligros, no perece en ellos.
47. No mientas sobre lo pasado.
48. Nada es más temible que la mala fama.
49[15]. Huya la fatiga con la fama en brazos, casi ocultada.
50. Lujuria es causa de la generación.

Gula es conservación de la vida.

Miedo o temor es prolongación de la vida.

Dolo[r][16] es salvación del instrumento.

51. Nada es más temible que la mala fama. Esta mala fama ha nacido de los vicios.
52. El vacío nace cuando la esperanza muere.
53. La envidia ofende con la mendaz infamia, es decir con el quitar, cosa que atemoriza a la virtud.
54. La fama vuela y sube al cielo porque las cosas virtuosas son amigas de Dios. La infamia se debe representar cabeza abajo, porque todas sus operaciones son contrarias a Dios y se dirigen a los infiernos.
55[17]. El oro en rama[18] acaba en el fuego.
56. Quien socava un muro, acaba bajo él.
57. Quien corta el árbol, éste se venga con su ruina.
58. Al traidor evítale la muerte, porque si emplea lealtad[19], no le será creída.
59. Pide consejo a quien bien se corrige.
60. Justicia requiere poder, inteligencia, voluntad, y se parece al rey de las aves.

---

[15] Apunte tal vez destinado a componer una figura alegórica.

[16] En el ms. *Dolo*, menos convincente, dada la asociación con las otras pasiones.

[17] Tal vez para un dibujo alegórico.

[18] En el original, *verghe*, «ramas de árbol» o «bastones», pero también «sartas de collar» (N. del T.).

[19] Leonardo escribe *lialtà*, y a ella se refiere en la misma página; Ravaisson-Mollien transcribe *li altre,* pero el sentido está claro: «es inútil matar al traidor; su pena más grave será vivir sin la estima de los hombres».

61. Quien no castiga el mal, manda que se haga.
62. Quien coge a la serpiente por la cola, ésta lo muerde.
63. Quien cava el hoyo, es enterrado en él.
64. Quien no pone freno a la voluntad, vaya con las bestias.
65. No se puede tener mayor ni menor dominio que el de sí mismo.
66. Quien poco piensa, mucho yerra.
67. Más fácilmente se contrasta al principio que al final.
68. No hay consejo más leal que el que se da desde las naves que están en peligro.
69. Espere desgracia el que se rige por consejos de joven.
70. Piensa bien en el fin.
Considera antes el fin.
71. Todo mal deja amargura al recordarse salvo el sumo mal, es decir la muerte, que mata el recuerdo junto con la vida.
72. No se llama riqueza la que se puede perder. La virtud es nuestro verdadero bien y es verdadero premio de quien la posee. No se puede perder, no nos abandona si antes no nos deja la vida. Las posesiones y las grandes riquezas siempre las tienes con temor, a menudo dejan a su dueño con sonrojo y burlado cuando ha perdido su posesión.
73. Quien tiempo tiene y tiempo espera, pierde el amigo y no guarda dinero.
74. Quien asno es y ciervo se cree...[20]
75[21]. No nos faltan ni formas ni medios para repartir y medir estos nuestros míseros días, que deberíamos esforzarnos en no malgastar y pasar en vano, sin gloria alguna y sin dejar memoria de nosostros en la mente de los mortales. Para que esta nuestra mísera existencia no transcurra en vano.
76. La suma felicidad será suma causa de infelicidad, y la perfección de la sabiduría, causa de la estupidez.
77. Adquiere en la juventud algo que restaure el daño de tu vejez. Y si tú entiendes que la vejez se alimenta de la sabiduría, obra en tu juventud de manera que a esa vejez no le falte el alimento.
78. Nuestra mente no juzga las cosas acontecidas en diferentes distancias de tiempo según las distancias debidas y propias, porque muchas cosas pasadas largos años atrás parecerán próximas y cercanas al presente, y muchas cosas cercanas parecerán antiguas, junto con la antigüedad de nuestra juventud, y lo mismo hace la vista con las cosas distantes, que al estar iluminadas por el sol, parecen cercanas, mientras que muchas cosas cercanas parecen distantes.

---

[20] El proverbio prosigue: «al saltar en el foso lo comprende». Cfr. G. Calvi, *I mss. di Leonardo da Vinci*, Bolonia, 1925, p. 38.

[21] El apunte va acompañado por el dibujo y la descripción de un reloj.

79. Oh durmiente, ¿qué es el sueño? El sueño se parece a la muerte; ¿por qué no realizas entonces alguna obra que te asemeje después de muerto a un perfecto vivo, en vez de asemejarte en vida, con el sueño, a los tristes muertos?

80. El hombre y los animales son propiamente tránsito y conducto de alimento, sepultura de animales, albergue de muertos, haciendo para sí vida de la muerte ajena, envoltorio de corrupción.

90. Cuando crea haber aprendido a vivir, aprenderé a morir.

91. Quien desea ver cómo el alma habita en su cuerpo, mire cómo éste usa su cotidiana morada; es decir, si está en desorden y confusión, desordenado y confuso estará el cuerpo ocupado por su alma.

92. Los instrumentos de los estafadores son la semilla de las maldiciones humanas contra los dioses.

93. La pasión del ánimo expulsa la lujuria.

94[22]. Todos los animales languidecen, llenando el aire de lamentos, las selvas se derrumban, las montañas abiertas para expoliar sus metales engendrados; pero ¿podré hallar yo algo más nefasto que los que elevan al cielo alabanzas de los que con más ardor han perjudicado a la patria y a la especie humana?

95. Aristóteles en el tercero de la *Ética*: el hombre es digno de alabanza y de vituperio sólo por las cosas que está en su poder hacer o no hacer.

96. Se te hielan las palabras en la boca y harías gelatina en el Etna[23].

97. Como el hierro se oxida al no usarlo y el agua se pudre o en el frío se hiela, así el ingenio sin ejercicio se deteriora.

98. Salvaje es lo que se salva.

99[24]. Cornelio Celso.

El sumo bien es la sabiduría, el sumo mal es el dolor del cuerpo; ya que estando nosotros compuestos de dos cosas, es decir de alma y de cuerpo, de ellas la primera es mejor, la peor es el cuerpo, la sabiduría corresponde a la parte mejor, el sumo mal a la parte peor y pésima. Óptima cosa es en el ánimo la sabiduría, del mismo modo que es pésima cosa en el cuerpo el dolor. Así pues, como el sumo mal es el dolor corporal, del mismo modo la sabiduría es el sumo bien del alma, es decir del hombre sabio, y ninguna otra cosa puede compararse con ella.

100. Del mismo modo que un día bien empleado da un sueño feliz, así una vida bien empleada da una buena muerte.

101. Donde hay más sentimiento, más hay, en las penas, gran penar.

102. Demetrio solía decir que no hay gran diferencia entre las pala-

---

[22] Cfr. *Profecías*, n. 106. Podría ser también ésta una profecía si Leonardo hubiera puesto el verbo en futuro.

[23] Leonardo dice Mongibello, el nombre antiguo del volcán Etna (N. del T.).

[24] Fuente de este fragmento es el *De Re Militari* de Valturio.

bras y voces de los incultos ignorantes que entre ruidos y estruendos causados por el vientre hinchado de viento superfluo.

Y no decía esto sin motivo, ya que él no creía que hubiera diferencia, cualquiera que fuese la parte por la que emitían sus ruidos, ya fueran las partes inferiores o la boca, pues una y otra eran de igual valor y sustancia.

103. La necedad es escudo de la vergüenza, como el descaro lo es de la pobreza.

104. Fariseos quiere decir frailes santos.

105. La vida bien empleada es larga.

106. Es lo mismo hablar bien de un malvado que hablar mal de un hombre.

107. Y este hombre sufre una gran locura, esto es, siempre padece estrecheces por no padecer estrecheces, y la vida se le escapa de las manos con la esperanza de disfrutar de los bienes que con tanto esfuerzo ha adquirido.

108[25]**.** Yo te obedezco, Señor, en primer lugar por el amor que razonablemente debo sentir hacia ti; en segundo lugar porque tú sabes abreviar y prolongar la vida de los hombres.

109. Huye de ese estudio cuya obra resultante muere junto con quien la ha realizado.

110. Triste es el discípulo que no supera al maestro.

111. Hay algunos que no deben ser llamados sino tránsito de comida y acrecentadores de estiércol —y atascadores de letrinas[26]—, porque para ellos —cosa muy distinta es lo que aparentan— ninguna virtud se pone en obra; porque de ellos no queda otra cosa que llenura y letrinas.

112. *a)* Sin duda hay tanta distancia entre la verdad y la mentira como entre la luz y las tinieblas, y esta verdad es en sí misma de tanto valor que, aunque se aplique a humildes y bajas materias, supera sin comparación las incertidumbres y mentiras que se aplican a los grandes y elevados temas, porque aunque nuestra mente tenga la mentira como quinto elemento, no por ello la verdad de las cosas deja de dar sumo alimento a los intelectos refinados, y no a los ingenios vagabundos[27].

b) Es tan vil la mentira que, aunque dijera grandes cosas de Dios, le quitaría gracia a su divinidad; y es tan excelente la verdad que, aunque alabe cosas ínfimas, las hace nobles.

c) Pero a ti, que vives de sueños, te gustan más los argumentos sofísticos y la palabrería sobre cosas grandes e inciertas que las cosas ciertas, naturales y de no tanta altura.

---

[25] Es una plegaria que nace del intelecto más que del corazón.
[26] Las palabras entre guiones son añadidos interlineales que se saldan difícilmente con el resto.
[27] En el sentido de «perezosos» y «erráticos» (N. del T.).

113[28]. El espíritu, halla[do] el cerebro, del que se había apartado, habló con estas palabras:

«¡Oh feliz, oh venturoso espíritu, que de mí te apartaste! Yo este hombre, a mi pesar, lo he conocido bien. Es receptáculo de vileza, es verdadera admonición de suma ingratitud, en compañía de todos los vicios.

¿Pero por qué me canso con inútiles palabras? La suma de los pecados se encuentra toda en él. Y si alguno de ellos parece que posee algo bueno, no son tratados por los demás hombres de forma distinta a como lo hago yo; y en efecto, ésta es mi conclusión, que es malo si eres amigo suyo, y peor si eres su enemigo».

(Y si alguno hay que posee discreción y bondad, no son tratados por los otros hombres de distinta manera a como lo hago yo. Malo si tienes trato con ellos, y peor si te mantienes alejado).

114. El que quiere hacerse rico en un día, se ve en aprietos todo un año.

115[29]. Horacio: «Dios nos vende todos los bienes a costa de fatiga».

116. Sólo la verdad fue hija del tiempo.

117. Quien a otros ofende, a sí mismo no se protege.

118. El miedo nace antes que cualquier otra cosa.

119. Quien da, no da su librea.

120. Si tú tuvieras el cuerpo conforme a la virtud, no cabrías en este mundo.

121. Tú creces en reputación como el pan en mano de los niños.

122. Aquí se guarda el meollo en el cual se envolvió la virtuosa alma de tal poeta.

123. El objeto estimula el sentido.

124. No te prometas cosas y no las hagas, si ves que no teniéndolas has de sufrir.

125. No me parece que los hombres gruesos, de malas costumbres y poco ingenio, merezcan tan bello instrumento ni tanta variedad de máquinas como los hombres especulativos y capaces de grandes pensamientos, sino sólo de un saco donde entre y salga la comida, porque en verdad no

---

[28] La reproducción de Clark, por sus reducidas dimensiones, dificulta la lectura de este fragmento, bastante incorrecto. Entre paréntesis hay dos líneas tachadas por Leonardo, cuyo significado ayuda a corregir las últimas palabras, evidentemente erróneas.

[29] Libre reelaboración de la sentencia horaciana: «Nil sine magno / vita labore dedit mortalibus» (Sátira IX, 59-60: «Nada concede a los mortales la vida sin grandes trabajos»). El fragmento está escrito en un espacio libre del folio 12642 v. de Windsor, sobre cuatro líneas: *Oratio* || *Dios nos vende* || *todos los bienes p[or] pre* || *cio de fatiga*. Un semicírculo trazado a pluma rodea la frase separándola de una sílaba *tu* y de una letra *g*, que están escritas respectivamente sobre la primera y la segunda línea, justo encima del trazo circular. No prestando atención a este hecho significativo, Richter propuso leer: *Tú, Dios, nos vendes...*, convirtiendo en oración («Oratio») la cita de Horacio.

deben ser considerados más que como un tránsito de comida, ya que en nada, creo, participan de la especie humana salvo en la voz y en el aspecto, y todo lo demás es poco menos que bestial.

126. Sin razón se lamentan los hombres de la fuga del tiempo, acusándolo de ser demasiado veloz, sin darse cuenta de que su tránsito es suficiente; pero la buena memoria de la que la naturaleza nos ha dotado hace que todas las cosas pasadas mucho tiempo atrás nos parezcan presentes.

127. El lino está destinado a muerte y corrupción de los mortales: a muerte por los lazos y redes de los pájaros, animales y peces; a corrupción por las telas de lino donde se envuelve a los muertos al enterrarlos y que se pudren en esas telas. Más aún, ese lino no se separa del tronco si no empieza a macerarse y a pudrirse, y eso es aquello con lo que se ha de coronar y adornar las ceremonias fúnebres.

128[30]**.** La luna densa y gra[ve], densa y grave, ¿cómo se sostiene la luna?

---

[30] Colocamos entre los *Pensamientos* también este fragmento que se ha hecho famoso en los útimos años, por las numerosas citas y discusiones que ha suscitado incluso en la prensa. Ravaison-Mollien, que lo transcribió, considera que la frase, escrita a lápiz en un pequeño códice de apuntes sueltos, representa la conclusión de un estudio científico sobre la luna, redactado en otros folios perdidos. El apunte aparece muy desdibujado en la reproducción, y nos deja alguna duda. Helo aquí:

   la luna densa
   egra densa egrave
   come sta la lu
   na

(es decir: «la luna densa / ygra ygrave / como está la lu / na», N. del T.).

¿Cómo hemos de interpretar estos adjetivos repetidos? Hemos de integrar la sílaba que falta, o eliminar, como hace Calvi (cfr. *I manoscritti, op. cit.,* p. 207) *densa egra*? Por lo que se refiere a la interpretación, creemos que deben evitarse tanto los vuelos estitizantes, como la aridez de quien la reduce a una simple cuestión científica. Ciertamente el apunte plantea un problema incómodo para la teoría vinciana del peso (véase aquí en pp. 18 ss.). Si todo elemento adquiere peso cuando es desplazado al elemento más ligero, y tiende a volver a su sitio, ¿cómo es posible que la luna *densa y pesada* se sostenga en el elemento más ligero del aire sin caer a la tierra? He aquí el problema científico que plantea la pregunta (antes que concluir nada, como afirma Ravaisson-Mollien). Pero es indudable que la frase, con las repeticiones que la retardan, con su melódico deletreo, nos proporciona también la sensación interior de una absorta contemplación. (Para otras consideraciones, véase: Marinoni, *op. cit.,* pp. 214-215).

Fábulas

1. FÁBULA. El espino, al sentir en sus delgadas ramas, llenas de nuevos frutos, el pinchazo de los afilados picos y garras de los molestos mirlos, se volvía con lastimoso lamento a un mirlo, rogándole que, ya que le quitaba sus amados frutos, al menos no lo privase de las hojas que lo defendían de los ardientes rayos del sol, y que con las afiladas uñas no arrancase su tierna piel y no lo desnudase de ella. A lo cual el mirlo, con grosero desplante respondió: «Cállate, zarzal salvaje. ¿No sabes que la naturaleza te ha hecho producir esos frutos para alimento mío? ¿No ves que estás en el mundo para servirme de comida? ¿No sabes, villano, que el próximo invierno serás alimento y comida del fuego?». Oídas pacientemente estas palabras por el espino, y no sin lágrimas, al poco tiempo —apresado el mirlo por la red y cogidas algunas ramas para hacer una jaula y encerrarlo en ella—, le tocó al delgado espino formar entre esas ramas las varillas de la jaula, y al verse causa de la perdida libertad del mirlo, alegrándose, dijo estas palabras: «Oh mirlo, yo estoy aquí sin haber sido consumido todavía por el fuego, como decías; y te veré a ti en la cárcel antes que tú a mí quemado».

2. FÁBULA. Viendo el laurel y el mirto que cortaban el peral, con grandes voces gritaron: «¡Eh, Peral!, ¿adónde vas? ¿Dónde está la soberbia que tenías cuando tenías tus frutos maduros? Ahora ya no nos darás sombra con tus espesas ramas». Entonces el peral respondió: «Yo voy con el agricultor que me corta, y me llevará al taller de un excelente escultor que, con su arte, me hará tomar la forma del dios Júpiter, y seré destinado al templo, y los hombres me adorarán en lugar de a Júpiter, mientras que tú corres el riesgo de verte mutilar y podar tus ramas, con las cuales los hombres me rodearán para honrarme».

3. FÁBULA. Viendo el castaño a un hombre bajo la higuera, que tiraba de sus ramas y arrancaba sus frutos maduros y se los metía en la boca abierta masticándolos y triturándolos con sus duros dientes, sacudiendo sus largas ramas, con tembloroso murmullo dijo: «¡Ah, higuera, cuánto has de estar menos agradecida que yo a la naturaleza! Mira cómo a mí me puso bien encerrados a mis dulces hijos, primero vestidos con delgada camisa sobre la cual está colocada la dura y forrada piel, y no contentándose con tantos beneficios, les ha hecho una fuerte habitación y sobre ella ha clavado duras y espesas espinas para que las manos del hombre no me puedan hacer daño». Entonces la higuera se echó a reír con sus hijos, y acabada la risa, dijo: «Entérate de que el hombre con tanto ingenio sabe, con pértigas, piedras y espinos, quitarte tus frutos sacándolos de entre tus ramas, y caídos éstos, machacarlos con los pies y con piedras, de modo que tus frutos queden mutilados y rotos fuera de la casa armada; mientras que yo soy tocada con cuidado por sus manos y no como tú por palos y piedras».

4. FÁBULA. No contentándose la vana y vagabunda mariposa con poder cómodamente volar por el aire, atraída por la bella llama de la vela, decidió volar hasta ella; y su gozoso movimiento fue causa de súbita tristeza; porque en esa luz se consumieron sus sutiles alas, y la mísera mariposa, cayendo toda quemada al pie de los candelabros, tras mucho llanto y arrepentimiento, secó las lágrimas de sus ojos y, levantando el rostro, dijo: «Oh falsa luz, a cuántos como yo debes de haber engañado míseramente en el pasado. Si quería ver la luz, ¿no podía yo distinguir el sol de la falsa luz del sucio sebo?».

5. FÁBULA. Viéndose llevar la nuez por la corneja a un alto campanario, y quedando libre de su mortal pico gracias a una rendija por la que cayó, rogó al muro por la gracia de Dios que le había hecho ser tan alto y grande y ornado de tan bellas campanas y noble sonido, que la socorriera; porque, ya que no había podido caer bajo las verdes ramas de su viejo padre y estar en la blanda tierra, cubierta por sus hojas caídas, al menos no la abandonase: pues ella, hallándose en el fiero pico de la corneja que la apresó, por librarse de ella quería acabar su vida en un pequeño agujero. A cuyas palabras el muro, compadecido, aceptó cobijarla en el lugar donde había caído. Y al poco tiempo, la nuez empezó a abrirse y a echar raíces en las rendijas de las piedras y a ensancharlas hasta sacar las ramas fuera de la cueva; y éstas alzándose en breve sobre el edificio y engrosadas sus retorcidas raíces, empezó a resquebrajar los muros y a mover las antiguas piedras de sus viejos lugares. Entonces el muro tarde y en vano lamentó la causa de su desgracia, y roto al cabo de poco tiempo, se derruyó gran parte de sus miembros.

6. FÁBULA. Hallando el mono un nido de pajarillos, acercándose muy contento a ellos, que ya tenían edad de volar, pudo coger sólo al más pequeño. Lleno de gozo con él en sus manos, se fue a su guarida; y empezando a mirar al pajarillo, comenzó a besarlo; y por el demasiado amor, tanto lo besó, manoseó y estrujó, que le quitó la vida.

Vale para aquellos que, por no castigar a sus hijos, los hacen acabar mal.

7. Viendo[1] el mísero sauce que no podía disfrutar del placer de ver sus delgadas ramas crecer o alcanzar la grandeza deseada y elevarse al cie-

---

[1] En este apunte abundan los gerundios en un intento por elaborar un período más variado y arquitectónico que el familiarmente paratáctico y a base de frases coordinadas, pero los engarces son frágiles y el ritmo resulta a la postre uniforme y aditivo: «viendo [...] reunidas [...] abre; estando [...] y buscando [...] y estando [...] acudió a su mente, etc.».

lo —a causa de la vid o de cualquier otra planta que estuviese cerca, siempre se encontraba tullido, desparramado y enfermo—, hecho acopio de todas sus fuerzas, con ellas abre de par en par todas las puertas a la imaginación; y estando en continua cogitación y buscando con ella en el universo de las plantas a cuál podía unirse sin necesitar de la ayuda de sus ramas; al cabo de un tiempo de estar en esta fecunda imaginación, con súbito asalto acudió a su mente la calabaza; y sacudiendo sus ramas de alegría, parecién[do]le[2] haber hallado compañía para su ansiado propósito —ya que ésta es más apta para atar a otros que para ser atada—, y tomada esta decisión, levantó sus ramas al cielo; y se puso a esperar que pasara algún pájaro amigo que fuese intermediario de tal deseo. Entre los cuales, viendo cerca a la garza, le dijo: «Oh gentil pájaro, te ruego por el cobijo que en estos días hallaste por la mañana en mis ramas cuando el hambriento halcón, cruel y rapaz, te quería devorar; y por los ratos de descanso que sobre mí has pasado a menudo, cuando tus alas[3] te pedían reposo; y por los placeres que, entre esas ramas, jugando con tus compañeras en tus amores, has tenido; te ruego que encuentres a la calabaza y obtengas de ella algunas de sus semillas, y diles que en cuanto nazcan, las trataré del mismo modo que si las hubiera engendrado mi cuerpo; y emplea todas las palabras que, con parecida intención que éstas, sean persuasivas, aunque a ti, maestra de los lenguajes, no hace falta enseñarte nada. Y si haces esto, yo tendré mucho gusto en acoger tu nido entre mis ramas, junto con tu familia, sin pago alguno de alquiler». Entonces la garza, hechos y establecidos algunos capítulos de nuevo con el sauce, y en especial que no aceptase nunca culebras y zorras en sus ramas; alzando la cola y bajando la cabeza, saltando de la rama, entregó su peso a las alas; y moviendo éstas por el aire fugitivo, ora aquí ora allá, curioseando, guiándose con el timón de la cola, llegó hasta una calabaza, y con gracioso saludo y algunas buenas palabras, obtuvo las requeridas semillas. Cuando las llevó al sauce, fue recibida con buen semblante, y escarbando un poco con la pata en el terreno junto al sauce, con el pico, plantó las semillas en torno a éste. Las cuales, creciendo en breve tiempo, empezaron con el crecimiento y apertura de sus ramas, a invadir todas las ramas del sauce, y con sus grandes hojas a quitarle la belleza del sol y del cielo. Y, no bastando tanto mal, siguiendo las calabazas, el demasiado peso hizo que empezase a inclinar las puntas de sus tiernas ramas hacia el suelo, con extrañas posturas y malestar de aquéllas. Entonces[4], agitándose y sacudiéndose en vano para hacer caer las calabazas, y esforzán-

---

[2] En el manuscrito, *pareli*, tal vez por *pareali* (= parecíale).
[3] Antes había escrito de modo más científico: «cuando los nervios motores de las tuyas, cansandos, no podían ya mover tus alas»; luego tachó.
[4] La frase: «Entonces [...] sopló con fuerza» ha sido añadida al margen, lo que puede explicar el brusco cambio de sujeto (sauce).

dose inútilmente varios días en semejante ilusión, porque la buena y fuerte juntura hacía imposible este propósito, viendo pasar el viento, encomendándose a él, éste sopló con fuerza. Entonces se abrió el viejo y hueco tronco del sauce por la mitad, hasta su raíz, y cayendo en dos partes, en vano lloró por sí mismo, y supo que había nacido para no gozar nunca.

8. Las llamas, ya pasado un mes en el horno de las vasijas y viendo acercarse una vela en un bello y reluciente candelabro, con gran deseo se esforzaban por aproximarse a ella. Una de éstas, abandonando su curso natural y arrojándose dentro de un tizón hueco, donde se alimentaba, y saliendo por el lado opuesto a través de una pequeña rendija junto a la candela que estaba allí cerca, se lanzó con suma avidez y gula a devorarla, hasta que casi acabó con ella; y queriendo salvaguardar la prolongación de su vida, en vano intentó volver al horno del que se había alejado, pues se vio obligada a morir y a consumirse junto con la vela; de modo que al final, con llanto y arrepentimiento, se convirtió en molesto humo dejando a sus hermanas en espléndida vida y belleza.

9[35]**.** Hallándose el vino, divino licor de la uva, en una áurea y rica taza, y sobre la mesa de Mahoma, exaltado por la gloria de tanto honor, al momento se vio asaltado por un pensamiento contrario, diciéndose a sí mismo: «¿Qué hago yo? ¿De qué me alegro? ¿No me veo acaso cerca de la muerte, a punto de dejar la áurea estancia de la taza, y de entrar en las feas y fétidas cavernas del cuerpo humano, y allí mudarme de perfumado y suave licor, en fea y triste orina? Y como si no fuera bastante tanta desgracia, he de yacer yo tanto tiempo en feos depósitos con la otra fétida y corrompida materia salida de las vísceras humanas?». Clamó al cielo pidiendo venganza de tanto daño, y que se pusiera fin de una vez a tamaña ofensa; que, puesto que aquel país producía las más hermosas y mejores uvas de todo el otro mundo, al menos no fueran éstas convertidas en vino. Entonces Júpiter hizo que el vino bebido por Mahoma hiciese subir su alma al cerebro, y contaminó éste de tal modo, que lo volvió loco, y produjo tantos errores, que, al volver en sí, dictó ley de que ningún asiático bebiera vino. Y al punto fueron dejadas libres las vides con sus frutos.

---

[35] Esta fábula se encuentra en proceso de elaboración. Una primera redacción del comienzo dice: «Viéndose el vino en tierras mahometanas metido cada día por los bebedores en las fastidiosas tripas y convertido en orina, y yacer luego largo tiempo en los feos y malolientes sitios, deliberó emplear todas sus fuerzas para defenderse de tan nefanda vileza; y hallándose sobre la mesa de Mahoma en una rica y bella [...]». En el margen del folio se encuentra también el guión para desarrollar un detalle importante: la borrachera de Mahoma y sus consiguientes locuras: «Entrado ya el vino en el estómago, empieza a bullir y a hincharse; ya el alma de aquél empieza a abandonar el cuerpo; ya se vuelve hacia el cielo, encuentra al cerebro, causa de la separación de su cuerpo, ya empieza a contaminarlo y a hacerlo enfurecer a la manera de un loco; ya comete irreparables errores matando a sus amigos». Apunte construido por frases iguales, separadas, independientes, que en la redacción definitiva cobrarán variedad y se conectarán por medio de subordinadas.

10. FÁBULA. Estando el ratón en un pequeño habitáculo suyo, asediado por la comadreja, que con perpetua vigilancia procuraba su exterminio, por una pequeña rendija miraba su gran peligro. Mientras tanto vino la gata y al momento cazó a la comadreja y la devoró en el acto. Entonces el ratón, después de hacer sacrificio a Júpiter de algunas nueces suyas, dio infinitas gracias a la deidad; y saliendo de su agujero para disfrutar de su perdida libertad, de ella al punto, junto con la vida, fue privado por las feroces uñas y dientes de la gata.

11. Fábula de la lengua mordida por los dientes[6].

12. El cedro, ufano de su belleza, duda de[7] los árboles que están a su alrededor, y plantándose como torre delante de ellos, el viento, al no estar impedido, lo arrancó de cuajo.

13. FÁBULA. Habiendo hallado la hormiga un grano de mijo, el grano, al sentirse cogido por ella, gritó: «Si me haces el favor de dejarme cumplir mi deseo de nacer, yo te daré cien de mí mismo». Y así fue.

14. Habiendo hallado la araña un racimo de uvas que a causa de su dulzura era muy visitado por aves y diversas especies de moscas, le pareció haber encontrado ocasión muy propicia para su engaño. Y deslizándose por su delgado hilo y entrando en la nueva estancia, allí se acercaba cada día a las rendijas que había entre los granos de las uvas, y asaltaba como ladrón a los míseros animales que no se guardaban. Pasados unos cuantos días, el vendimiador cogió la uva, la puso con el resto, y juntamente con él fue aplastada. Así la uva fue trampa y engaño de la engañosa araña no menos que de las engañosas moscas.

15. La clemátida[8], no estando a gusto en su seto, empezó a crecer y a pasar con sus ramas por encima del camino hasta enredarse en el seto de enfrente; por lo cual los viandantes la cortaron.

16. Habiéndose quedado dormido el asno sobre el hielo de un profundo lago, su calor deshizo el hielo, y el asno a su pesar despertó bajo el agua, y se ahogó al instante.

17. Hallándose poca nieve en la cima de una roca situada en la cúspide más elevada de una altísima montaña, esforzando su imaginación, comenzó a pensar, y dijo para sí:

«¿No se me ha de considerar altiva y soberbia por haberme puesto, yo pequeña brizna de nieve, en tan alto lugar, y permitir que tanta cantidad de nieve como la que puedo ver desde aquí esté más baja que yo? Ciertamente mi poca cantidad no merece esta altura, pues bien puedo, por el testimonio de mi pequeño tamaño, saber lo que el sol le hizo ayer a mis compa-

---

[6] Es sólo un tema para desarrollar. Casi todo el f. 67 v.b contiene guiones de fábulas para desarrollar, a excepción de los n.os 14 y 17.

[7] Desprecia.

[8] Planta trepadora (N. del T.).

ñeras, que en pocas horas fueron deshechas por el sol; y eso les pasó por haberse puesto demasiado altas en comparación con lo que les correspondía. Yo quiero evitar la ira del sol, y bajarme, y encontrar un lugar conveniente para mi pequeña cantidad». Echándose abajo y habiendo empezado a deslizarse rodando desde las altas cotas hasta la otra nieve, cuanto más buscaba un sitio bajo, más crecía su cantidad, de modo que, acabada su carrera en un cerro, descubrió ser de no menor tamaño que el collado que la sostenía: y fue la última que aquel verano el sol deshizo.

Dicha para los que se humillan: son ensalzados.

18. No pudiendo el halcón soportar con paciencia que el pato se escondiera cuando escapaba de él, zambulléndose en el agua, quiso, como él, seguirlo bajo el agua, y mojándose las plumas, se quedó en el agua, y el pato, alzándose por los aires, se burlaba del halcón que se ahogaba.

19. La araña, queriendo coger a la mosca con sus falsas redes, fue sobre ellas cruelmente muerta por el abejorro.

20. Queriendo al águila burlarse del búho, se quedó con las alas enviscadas, y fue apresada y muerta por el hombre.

21. Teniendo deseo el cedro de hacer un bello y gran fruto en su cima, se puso a la obra con todas las fuerzas de su humor; el fruto, creciendo, fue causa de que se inclinase su elevada y recta cima.

22. El durazno, sintiendo envidia de la gran cantidad de frutos que veía hacer a su vecino el nogal, decidió hacer lo mismo y se cargó con los suyos de tal modo, que el peso de los frutos lo echó abajo, de raíz y roto, a la llana tierra.

23. Hallándose la higuera junto al olmo, y viendo que sus ramas no tenían frutos, ansiando retener el sol para sus acerbos higos, con reproche le dijo: «Olmo, ¿no te avergüenzas de ponerte delante de mí? Espera que mis hijos lleguen a la edad madura, y verás lo que te pasa». Los hijos, llegados a madurez, pasando por allí un regimiento de soldados, la apalearon, le partieron las ramas y la rompieron para quitarle sus higos. Estando así con sus miembros mutilados, el olmo la increpó diciendo: «Higuera, ¡cuánto más valía estar sin hijos, que llegar por ellos a tan miserable estado!».

26[9]. Un poco de fuego, que había quedado en un pequeño carbón entre los tibios rescoldos, se nutría escasa y pobremente del poco humor que

---

[9] En el f. 116 v.b, dividido en dos columnas, la *Fábula* está escrita tres veces. Una primera rápida redacción situada en la primera columna, está tachada salvo el fragmento final («Viéndose ya [...]»). En la segunda columna Leonardo vuelve a empezar desde el principio, pero también esta segunda tentativa es abandonada. Sigue a continuación el texto reproducido hasta *suave sonido*, al que hemos añadido la parte no tachada de la primera redacción. Este texto atormentado no es aún definitivo, porque la *Fábula* debía continuar narrando el desbordamiento del agua de la *caldera* y la extinción de las soberbias llamas, tal como, en efecto, se lee en la *Fábula* n.º 48, que puede considerarse el guión de ésta.

en él se conservaba, cuando la cocinera, para hacer con él su acostumbrado oficio de preparar comida, puesta la leña en el fogón, y resucitado, ya casi muerto, con la cerilla, prendiendo una pequeña llamita entre la leña apilada, puesta encima la caldera, sin sospecha alguna, se fue tranquilamente de allí.

Alegrándose entonces el fuego de las secas astillas colocadas encima de él, empieza a elevarse: expulsando el aire entre ellas por los huecos, y con juguetón y gozoso tránsito discurría.

Habiendo empezado a soplar por los huecos de la leña, había hecho de ellos placenteras ventanas; y arrojando a través de ellas relucientes y rutilantes llamas, pronto expulsa las oscuras tinieblas de la cocina cerrada; con gozo jugaban las llamas, ya crecidas, con el aire circundante y cantando con dulce murmullo, creaba[n] un suave sonido.

Viéndose ya muy alto sobre la leña y bastante crecido, empezó a henchir su manso y tranquilo ánimo con vana e insoportable soberbia, casi creyendo que atraía todo el superior elemento sobre aquella poca leña.

Y empezando a soplar, y llenando de estallidos y de chispas todo el fogón, ya las llamas engrosadas se elevaban juntas por el aire, cuando las llamas más altivas alcanza[ron] el fondo de la caldera que estaba encima.

27. FÁBULA. Los tordos se alegraron mucho de ver que el hombre cazaba a la lechuza y le quitaba la libertad atándola con fuertes lazos a sus pies. La lechuza fue luego con el muérdago causa, no sólo de quitar la libertad a los tordos, sino a sí su propia vida.

Dicha para esos países que se alegran de ver perder la libertad a los más grandes, con lo cual pierden también su socorro y quedan atados en poder de su enemigo, abandonando así su libertad y a menudo su vida.

28. Durmiendo el perro sobre la piel de un castrón, una de sus pulgas, al sentir el olor de la lana grasienta, consideró que aquél era un sitio mejor para vivir y más seguro de los dientes y garras del perro, que no alimentarse del perro, y sin pensarlo dos veces, abandonó al perro, y, ya dentro de la tupida lana, empezó con gran fatiga a intentar pasar hasta la raíz de los pelos. Después de mucho sudar, vio que la empresa era vana, porque los pelos eran tan tupidos que casi se tocaban, y no había sitio donde la pulga pudiera llegar a la piel; de modo que, tras mucho trabajo y fatiga, empezó a querer volver a su perro, pero, habiéndose marchado éste ya, se vio forzada, después de mucho arrepentimiento y de amargos llantos, a morir de hambre.

29. FÁBULA. Saliendo un día la navaja de afeitar del mango que le servía de funda, y poniéndose al sol, vio que el sol se reflejaba en su cuerpo: de lo cual se envaneció sumamente, y volviendo atrás con la memoria, empezó a decir para sí: «¿Voy a volver yo a esa tienducha de la que acabo de salir? Claro que no; ¡no quieran los Dioses que una hermosura tan espléndida caiga en tanta bajeza! Locura sería la que me llevase a afeitar

las mejillas enjabonadas de los villanos y hacer tan mecánicas operaciones! ¿Acaso este cuerpo es digno de semejantes labores? Claro que no. Voy a esconderme en algún lugar oculto, y allí, en tranquilo reposo, pasaré mi vida». Así, oculta durante varios meses, un día, al volver al descubierto y fuera de la funda, se vio convertida en una sierra oxidada, y su superficie ya no reflejaba el sol resplandeciente. Con vano arrepentimiento lloró sin fruto el mal irreparable diciendo para sí: «¡Cuánto más me hubiera valido ejercitar con el barbero mi perdido corte tan afilado! ¿Dónde está su bruñida superficie? ¡La fastidiosa herrumbre la ha consumido!».

Esto mismo ocurre con los ingenios que, en vez de ejercitarse, se dan al ocio; los cuales, a semejanza de la navaja de afeitar, pierden su penetrante sutileza y la herrumbre de la ignorancia estropea su forma.

30. FÁBULA. Una piedra que acababa de ser dejada al descubierto por las aguas, sobresalía grande y hermosa en lo alto de cierto lugar, donde un placentero bosquecillo acababa en un camino pedregoso, junto a un prado adornado de variadas flores de distintos colores, y veía el gran número de piedras que abajo había en el camino. Sintió entonces deseos de dejarse caer allí, diciendo para sus adentros: «¿Qué hago yo aquí con esta hierba? Yo quiero ir con esas hermanas mías y vivir en su compañía». Y dejándose caer entre sus deseadas hermanas, acabó su voluble carrera; y al cabo de un tiempo empezó a estar en continuo trabajo por las ruedas de los carros, los cascos de los caballos y los viandantes que pasaban; unos le dan la vuelta, otros la pisan, alguna vez le quitaban algún trozo, otras estaba cubierta de barro o con el estiércol de algún animal, y en vano miraba el lugar del que se había marchado, el sitio de la solitaria y tranquila paz.

Así les ocurre a aquellos que quieren alejarse de la vida solitaria y contemplativa para habitar en la ciudad, entre gente llena de infini[tos] males.

31. Volando la pintada mariposa vagabunda, y discurriendo por el aire oscurecido, vio una luz a la que enseguida se dirigió, y rodeándola con varios círculos, mucho se maravilló de tan esplendorosa belleza; y no bastándole con mirarla, se puso delante de ella para hacer como solía con las olorosas flores; y, dirigiendo su vuelo, con audaz ánimo atravesó la llama, que le consumió las puntas de las alas y patas y otros ornamentos. Y cayendo a sus pies, con asombro consideraba qué había podido pasar, no pudiendo concebir que de una cosa tan bella pudiera venir mal o daño alguno. Repuestas algo sus fuerzas, volvió a levantar el vuelo, y pasando otra vez por el cuerpo de la llama, cayó al punto quemada en el aceite que la nutría, y le quedó sólo vida bastante para comprender la causa de su desgracia, diciendo a aquélla: «Oh maldita luz, yo creía haber encontrado en ti la felicidad; lloro en vano mi loco deseo, y con mi desgracia he conocido su destructiva y dañina naturaleza». A lo cual la luz respondió: «Así hago con quien no sabe servirse bien de mí».

Dicha para los que, viendo ante sí esos lascivos y mundanos placeres, a semejanza de la mariposa corren a ellos sin considerar su naturaleza; los cuales, tras largo uso, con vergüenza y daño suyo son conocidos por esos hombres.

32. Viéndose golpeada la piedra por el eslabón, mucho se maravilló, y con áspera voz le dijo: «¿Qué te mueve a hacerme daño? No me hagas sufrir, que me has confundido con otro; yo nunca he molestado a nadie». A lo que el eslabón respondió: «Si tienes paciencia, verás qué maravilloso fruto sale de ti». Ante esas palabras, la piedra, tranquilizándose, soportó con paciencia el sufrimiento, y vio nacer de su seno el admirable fuego, el cual, con su virtud, obraba infinitas cosas.

Dicha para aquellos que se asustan en los comienzos de los estudios[10], y cuando se disponen ellos mismos a poder dirigirlos y a proseguir con paciencia la obra de forma continuada, se ve nacer de ellos cosas de admirable resultado.

33[11]**.** La araña, creyendo encontrar paz en el agujero de la cerradura, halla la muerte.

34. FÁBULA. El lirio se puso en la orilla del Tesín y la corriente se llevó la orilla junto con el lirio.

35. FÁBULA. Habiendo sido la ostra descargada cerca del mar, junto con los otros peces, en casa del pescador, ruega al ratón que la lleve otra vez al mar. El ratón, proyectando comérsela, hace que se abra y, al morderla, ésta le aprisiona la cabeza y así lo retiene. Viene la gata, y lo mata.

36. Viendo el labrador la utilidad que tenía la vid, le puso muchas estacas para sostenerla erguida; y cogido el fruto, quitó las pértigas y la dejó caer, haciendo una hoguera con sus estacas.

37. Estando el cangrejo debajo de la piedra para apresar a los peces que entraban bajo ella, vino la crecida arrastrando con furia los pedruscos, que, en su rodar, aplastaron al cangrejo.

38. Lo mismo:
Estando la araña entre las uvas, cazaba a las moscas que de esas uvas se nutría[n]. Vino la vendimia, y fue cogida la araña junto con las uvas.

39. La vid, envejecida sobre el árbol viejo, cayó al derrumbarse éste: y, por la mala compañía, vino a morir junto con él.

40. El torrente arrastró tanta tierra y tantas piedras en su lecho, que se vio obligado luego a cambiar de sitio.

41. La red, que solía coger peces, fue cogida y arrebatada por el furor de los peces.

42. La bola de nieve, cuanto más descendió arrastrando nieve al rodar de las montañas, tanto más aumentó su volumen.

---

[10] En el sentido de todo trabajo intelectual e investigación (N. del T.).
[11] Ésta y la siguiente son esbozos de fábulas para desarrollar.

43. El sauce, que por sus largas germinaciones crece superando a todos los demás árboles, por haberse juntado con la vid, que cada año es podada, fue mutilado también.

44. Hallándose el agua en el soberbio mar, su elemento, sintió deseos de subir al aire, y alentada por el elemento del fuego, elevándose en sutil vapor, casi parecía tener la misma sutileza que el aire; y, subiendo más, llegó hasta el aire más sutil y frío, donde fue abandonada por el fuego. Y habiéndose condensado en pequeños granizos, juntándose éstos y cobrando peso, al caer, la sob[erbia] se convierte en fuga, y se desploma del ciel[o]; por lo que fue al punto bebida por la seca tierra, donde, tras sufrir larga prisión, hizo penitencia de su pecado.

45. La llama es fuego voraz sobre la vela.
Consumiéndola a ella, se consume.

46. El vino consumido por el borracho.
Ese vino se venga del bebedor.

47. LA TINTA, DESPRECIADA A CAUSA DE SU NEGROR POR LA BLANCURA DEL PAPEL, QUE SE VIO EMBADURNADO POR ELLA. Viéndose el papel manchado por el oscuro negror de la tinta, se quejó de ella; la cual le enseña que las palabras que ella forma sobre él son causa de que él mismo se conserve.

48. El fuego, haciendo hervir el agua dentro del perol, diciendo que el agua no merece estar sobre el fuego, rey de los elementos, quiere a fuerza de hervor echar al agua fuera; de modo que ésta, para dar prueba de obediencia, se derrama y anega el fuego.

49. FÁBULAS. El pintor disputa y compite con la naturaleza.

50. El cuchillo, accidental[12] armadura, quita al hombre sus uñas, armadura natural.

51. El espejo mucho se vanagloria viendo reflejada en su seno a la reina, y, al irse ésta, el espejo se queda como cosa vil.

52. El pesado hierro adquiere tanta sutileza mediante la lima, que un leve soplo se lo lleva.

53. La planta se queja de la estaca vieja y seca que se le ha puesto al lado, y de los espinos secos que la rodean. La una la mantiene erguida, el otro la protege de las malas compañías.

54[13]. Necesaria compañía es la de la pluma y el tintero, y asimismo, útil compañía, porque el uno sin el otro no valen demasiado.

---

[12] Artificial.
[13] No podemos determinar si se trata de un apunte para una fábula, o de una simple observación de carácter moral.

Bestiario

1[1]. Amor a la virtud. Calandrino es un pájaro del cual se dice que, habiendo sido llevado ante un enfermo, si dicho enfermo va a morir, el pájaro vuelve de otro lado la cabeza y nunca lo mira; y si el enfermo se va a salvar, el pájaro nunca lo pierde de vista, e incluso sirve para quitarle toda enfermedad.

Del mismo modo el amor a la virtud nunca repara en cosa vil ni mala, sino que mora siempre en cosas honestas y virtuosas, y anida en el corazón noble como los pájaros en las verdes selvas sobre las ramas florecidas; y se manifiesta más ese amor en las adversidades que en la prosperidad, haciendo como la luz, que más resplandece donde más tenebroso está el lugar.

2. Envidia. Del milano se lee que, cuando ve a sus crías engordar demasiado en el nido, por envidia les picotea los alones y las tiene sin comer.

3. Alegría. La alegría es propia del gallo, que de cualquier pequeñez se alegra y canta con variados y gozosos movimientos.

4. Tristeza. La tristeza se parece al cuerv[o], el cual, cuando ve que sus crías son blancas, por el gran dolor se marcha, las abandona con triste piar, y no las alimenta hasta que no les ve algunas plumas negras.

5. Paz. Del castor se lee que, cuando es perseguido, sabiendo que es por la virtud de sus medicinales testículos, no pudiendo ya huir, se detiene y, para que lo dejen en paz los cazadores, con sus afilados dientes se arranca los testículos y se los deja a sus enemigos.

6. Ira. Del oso se dice que, cuando va a las casas de las abejas para quitarles la miel, las abejas lo empiezan a picar, de modo que deja la miel y corre a vengarse, y queriendo vengarse de todas las abejas que lo pican, de ninguna se venga, por lo que su ira se convierte en rabia, y arrojándose al suelo, agitando manos y pies, en vano se defiende de ellas.

7. Gratitud[2]. Se dice que la virtud de la gratitud se encuentra más en las aves llamadas abubillas, que conociendo el beneficio de la vida y alimento recibidos del padre y de la madre, cuando los ven viejos, les hacen un nido y los cobijan y nutren, y les quitan con el pico las plumas vie-

---

[1] Eco de la célebre canción del poeta stilnovista Guido Guinizelli, *Al cor gentil rempaira sempre Amore* («En noble pecho siempre Amor anida / como pájaro en selva sobre el verde...») [N. del ed. integrada por el T.].

[2] El título del ms. es *misericordia o sea gratitud*, pero la primera palabra está tachada.

jas y enfermas y con ciertas hierbas les devuelven la vista, para que, de este modo, recobren la prosper[i]dad.

8. AVARICIA. El sapo se alimenta de tierra, y siempre está delgado porque no se sacia; tanto es su temor a que le falte esa tierra.

9. INGRATITUD. Los pichones son comparados con la ingratitud porque, cuando están en edad de no necesitar ya que los alimenten, empiezan a luchar con el padre y no cesa esa lucha hasta que echan al padre y le quitan la esposa para hacerla suya.

10. CRUELDAD. El basilisco tiene tanta crueldad que, cuando con su venenosa mirada no puede matar a los animales, se vuelve a las hierbas y las plantas, y fijando en ellas su vista, las seca.

11. LIBERALIDAD. Del águila se dice que nunca tiene tanta hambre como para no dejar parte de su presa a los pájaros que están a su alrededor, los cuales, no pudiendo hallar alimento por sus propios medios, han de cortejar al águila para alimentarse de ese modo.

12. CORRECCIÓN. Cuando el lobo merodea en torno a algún establo de ganado, y pisa por casualidad en falso, haciendo ruido, se muerde la pata para corregirse a sí mismo por tal error.

13. ADULACIONES O HALAGOS. La sirena canta tan dulcemente que hace dormirse a los marineros; y sube a las naves y mata a los marineros dormidos.

14. PRUDENCIA. La hormiga, por natural discreción, se provée durante el verano para el invierno, matando las semillas recogidas para que no renazcan; y de ellas, llegado el tiempo, se alimentan.

15. LOCURA. El toro salvaje, odiando el color rojo, los cazadores cubren de rojo el pie de un árbol, y ese toro corre a él clavándole con gran furia los cuernos, y así los cazadores lo matan.

16. JUSTICIA. Se puede comparar la virtud de la justicia con el rey de las aves, que ordena y dispone todas las cosas con criterio, de modo que algunas aves son mandadas a por flores, otras a trabajar, otras a combatir las avispas, otras a quitar la suciedad, otras a acompañar y cortejar al rey; y cuando está viejo y sin alas, lo transportan, y si hay una falta en su oficio, sin remisión alguna es castigada.

17. VERDAD. Aunque las perdices se roben los huevos una a otra, sus crías, nacidas de esos huevos, siempre vuelven a su verdadera madre.

18. FIDELIDAD O LEALTAD. Las grullas son tan fieles y leales a su rey, que por la noche, cuando éste duerme, algunas merodean por el prado mirando de lejos, otras se acercan y se ponen una piedra en el pie, de manera que si las vence el sueño, caiga la piedra haciendo tal ruido que las despierte; y hay otras que duermen juntas en torno al rey, y eso hacen cada noche, turnándose para que su rey no muera.

19. FALSEDAD. La zorra, cuando ve alguna bandada de garzas o grajos o de aves semejantes, al punto se echa a tierra de manera que, con la boca abierta, parezca muerta; y si los pájaros intentan picarle la lengua, ella les apresa la cabeza.

20. MENTIRA. El topo tiene los ojos muy pequeños y siempre está bajo tierra, y su vida dura tanto como el tiempo que permanece oculto; pero apenas sale a la luz, muere, porque se da a conocer. Del mismo modo la mentira.

21. FORTALEZA. El león nunca tiene miedo; más aún, lucha con fuerte ánimo, entablando fiera batalla contra la multitud de cazadores, tratando siempre de herir al primero que lo hiere.

22. TEMOR O COBARDÍA. La liebre siempre teme, y las hojas que caen de los árboles en otoño siempre la hacen vivir con miedo y las más de la veces huyendo.

23. MAGNANIMIDAD. El halcón no caza nunca más que aves grandes, y antes se dejaría morir que alimentarse de los pequeños o de carne fétida.

24. VANA GLORIA. Se lee que el pavo real padece este vicio más que ningún otro, porque siempre se recrea en la belleza de su cola, abriéndola en forma de rueda, y con su grito atrae la mirada de los animales que lo rodean.

Y éste es el vicio más difícil de vencer.

25. CONSTANCIA. A la constancia se asemeja el ave fénix, que, procurando por naturaleza su renovación, soporta con firmeza las ardientes llamas que la consumen, y luego renace otra vez.

26. INCONSTANCIA. El vencejo se pone por ejemplo de inconstancia; siempre está en movimiento para no soportar ninguna incomodidad.

27. TEMPLANZA. El camello es el animal más lujurioso que existe, y andaría mil millas detrás de una camella, pero aun estando continuamente en compañía de su madre o de sus hermanas, nunca las toca; tanta es su templanza.

28. INTEMPERANCIA. El unicornio, por su intemperancia al no saber dominarse, a causa del placer que le dan las doncellas, olvida su ferocidad y carácter salvaje; dejando a un lado toda sospecha, se acerca a la doncella sentada y se duerme en su regazo; y así lo apresan los cazadores.

29. HUMILDAD. De la humildad se ve sumo ejemplo en el cordero, que se somete a todos los animales, y cuando son dados como alimento a los leones en las jaulas, se les someten como a su propia madre, de modo que a menudo se ha visto que los leones no los quieren matar.

30. SOBERBIA. El ha[l]cón, por su altivez y soberbia, quiere señorear y mandar sobre todas las demás aves de rapiña, y desea ser el único; y a menudo se ha visto al halcón atacar al águila, reina de las aves.

31. ABSTINENCIA. El asno salvaje cuando va a la fuente para beber, y encuentra el agua turbia, no tendrá nunca tanta sed como para no abstenerse de beber y esperar que el agua se aclare.

32. GULA. El buitre está tan sujeto a la gula que recorrería mil millas para comer una carroña, y por eso sigue a los ejércitos[3].

33. CASTIDAD. La tórtola nunca hace daño a su compañero, y si uno de ellos muere, el otro observa perpetua castidad, y no se posa nunca en rama verde y no bebe nunca agua clara.

34. LUJURIA. El murciélago, por su desenfrenada lujuria, no respeta ninguna forma universal[4] de lujuria; antes bien, macho con macho, hembra con hembra, tal como por azar se encuentran juntos, se ayuntan.

35. MODERACIÓN. El armiño, por su moderación, no come más que una vez al día, y antes se deja apresar por los cazadores que huir a la madriguera embarrada.

Para no manchar su noble belleza.

35 bis. MODERACIÓN REFRENA TODOS LOS VICIOS. El armiño prefiere morir antes que ensuciarse.

36. ÁGUILA. El águila, cuando es vieja, vuela tan alto que quema sus plumas, y la naturaleza permite que renueve su juventud cayen[do] en poca agua. Y si sus crías no puede[n] mantener la vista fija en el sol, no las alimenta. Ningún ave, si no quiere morir, debe acercarse a su nido. Los animales fuertes la temen, pero ella no les hace daño a ellos: siempre deja las sobras de sus presas.

37. LUMERPA: FAMA. Nace en Asia mayor, y brilla tanto que disipa sus sombras, y al morir no pierde su luz, y nunca se le caen las plumas, y la pluma arrancada ya no brilla.

38. PELÍCANO. Siente gran amor por sus crías, y si las halla en el nido, muertas por la serpiente, se clava el pico en el corazón, y con la sangre que le brota, bañándolas, les devuelve la vida.

39. SALAMANDRA. No tiene miembros pasivos[5], y no busca otro alimento que el fuego, y a menudo en él renueva su piel.

La salamandra en el fuego afina su piel: por la virtud[6].

40. CAMALEÓN. Vive del aire y en él está sujeto[7] a todas las aves, y para estar más a salvo vuela sobre las nubes, y encuentra un aire tan sutil que no puede sostener a ningún pájaro que lo siga.

A esa altura no va sino aquel a quien los cielos se lo permiten; es decir, donde vuela el camaleón.

41. PEZ ALEP. Alep no vive fuera del agua.

---

[3] La última palabra está tachada y casi ilegible.
[4] Normal, común.
[5] Es insensible.
[6] Esta última frase está escrita en el margen.
[7] En el ms. *sujeta*, por atracción de la siguiente *a*. Fumagalli (*op. cit.* p. 222) citando la fuente de Leonardo, es decir *L'Acerba* de Cecco d'Ascoli (III, 7 «vive del aire / como quien está sujeto a todos los cielos / y si de caridad [...] / digo que de espesas nubes se guía / y supera las partes de los velos / hasta que encuentra el aire en pura luz»), corrige *ucceli* («pá-

42. AVESTRUZ. Convierte el hierro —para las armas, alimento de los capitanes—[8] en su alimento. Incuba los huevos con la vista.
43. CISNE. El cisne es cándido, sin ninguna mancha, canta dulcemente al morir, y ese canto acaba su vida.
44. CIGÜEÑA. Bebiendo el agua salada, expulsa de sí la enfermedad; si sorprende a su compañer[a] haciendo algo malo, la abandona, y cuando es vieja, sus hijos la cobijan y nutren hasta que muere.
45. CIGARRA. Con su canto hace callar al cuco; muere en el aceite y resucita en el vinagre; canto para los calores ardientes.
46. MURCIÉLAGO. Donde hay más luz, menos ve, y cuanto más mira el sol, más se ciega.
Por el vicio, que no puede estar donde hay virtud[9].
47. PERDIZ. Se convierte de hembra en macho olvidando su primer sexo, y roba por envidia sus huevos a las otras y los empolla, pero las crías vuelven con su verdadera madre.
48. GOLONDRINA. Con la celidonia devuelve la vista a sus crías ciegas.
49. OSTRA PARA LA TRAICIÓN[10]. Cuando hay luna llena, se abre de par en par, y cuando el cangrejo la ve, le tira dentro una piedra o una paja y no puede cerrarse, por lo que se convierte en alimento para el cangrejo.
Así le ocurre a quien abre la boca para decir su secreto, que se hace presa de su indiscreto oyente.
50. BASILISCO: CRUELDAD. Ha escapado de todas la serpientes. La comadreja, por medio de la ruda combate contra ellos y así los mata.
Ru[d]a para la virtud.
51. EL ÁSPID. Lleva en sus dientes la súbita muerte, y para no oír los encantamientos, con la cola se atora las orejas.
52. DRAGÓN. Ata las patas al elefante y éste cae encima de él, y ambos mueren; y muriendo, se venga[11].
53. VÍBORA. En su co[ito a]br[e] boca y al final aprieta [los] dientes y mata al marido; luego los hijos crecidos en el vientre desgarran el vientre y matan a la madre.

---

jaros») con *cieli* («cielos»), dando una explicación distinta y compleja. Pero en la edición veneciana de *L'Acerba* (1501) el verso suena así: «como sujeto a todos los pájaros». Evidentemente en el texto utilizado por Leonardo debía de figurar *ocelli* o *uccelli*, y de ahí su concepción del camaleón, más débil que cualquier otra ave (inútil decir que no corresponde a nuestro camaleón), y obligado a volar muy alto para huir de sus perseguidores; mientras que Ascoli presenta un animal sediento de luz, que traspasa el velo de las nubes en busca de libres cielos.

[8] El inciso está escrito en la interlínea, como promemoria de que el avestruz «está por (simboliza) las armas».

[9] Añadido al margen.

[10] Añadido en la interlínea, al igual que *Crueldad* en el párrafo siguiente.

[11] La última frase fue añadida con posterioridad; lo que explica también la fractura sintáctica del período.

54. Escorpión. La saliva escupi[da] en ayunas sobre el escorpión, lo mata.

A semejanza de la abstinencia de la gula, que elimina y mata las enfermedades nacidas de la gula y abr[e] el camino a la virtud.

55. Cocodrilo: hipocresía. Este animal captura al hombre y enseguida lo mata. Cuando lo ha matado, con voces quejumbrosas y muchas lágrimas lo llora, y acabado el lamento, lo devora cruelmente.

Así hace el hipócrita, que por cualquier pequeñez llena su rostro de lágrimas, mostrando un corazón de tigre, y se alegra en su interior del mal ajeno con semblante de piedad.

56. Escuerzo. El escuerzo huye de la luz del sol y, si por fuerza lo sujetan, se hincha tanto que esconde la cabeza y evita sus rayos.

Así hace quien es enemigo de la clara y luciente virtud, que no puede, salvo con el ánimo hinchado, estar en su presencia a la fuerza.

57. Oruga: sobre la virtud en general[12]. La oruga, que mediante el aplicado estudio de tejer en torno a sí, con admirable artificio y sutil trabajo, su nueva morada, sale luego de ella con sus pintadas y hermosas alas, elevándose con ellas al cielo.

58. Araña. La araña engendra de su interior la artificiosa y magistral tela, que le procura como beneficio la captura de la presa.

59. León. Este animal, con su resonante bramido, despierta a sus hijos al tercer día de nacer, abriéndoles todos sus dormidos sentidos, y para que huyan todas las fieras que hay en la selva.

Puede compararse a los hijos de la virtud, que mediante el grito de las alabanzas se despiertan y crecen para los estudios honorables, para que los enaltezca[n] cada vez más y huyan todos los malvados ante ese grito, absteniéndose de los virtuosos.

Además el león cubre sus pisadas para que no sea oído su caminar por los enemigos.

Conviene a los capitanes ocultar los secretos de su ánimo a fin de que el enemigo no conozca sus movimientos.

60. Tarántula. La picadura de la tarántula mantiene al hombre en su propósito, es decir el que tenía cuando fue picado.

61. Búho y lechuza. Castigan a los que se burlan de ellos quitándoles la vida, pues así lo ha ordenado la naturaleza para que se nutran.

62[13]. Elefante. El gran elefante tiene por naturaleza lo que raramente se encuentra en los hombres, es decir probidad, prudencia y equi-

---

[12] Es decir, la oruga representa la virtud.

[13] Es el fragmento más largo (desde el f. 19 r hasta el 20 v.). Alterna períodos bien redondeados con otros más defectuosos; lo que, junto con los bruscos saltos del plural al singular, denuncia la composición fragmentaria del apunte, tomado de varias fuentes y no pensado aún de forma unitaria. A ello se debe quizá también la presencia de trazos de pluma que distinguen el inicio de algunos períodos o frases («Entierra [...] de sus dos, Y si éste

dad y obediencia a la religión, ya que cuando la luna se renueva, éstos van a los ríos, y allí, purgándose solemnemente, se lavan, y así, saludado el planeta, vuelven a las selvas. Y cuando caen enfermos, están supinos, arrojan las hierbas al cielo casi como si quisieran hacer un sacrificio. Entierra los colmillos cuando por la vejez se les caen. De sus dos colmillos, con uno saca las raíces para comer, del otro conserva la punta para luchar. Cuan[do] son superados por cazadores y el cansancio los vence, golpean los colmillos —el elefante—, y sacándoselos, con ellos se rescatan. Son clementes y conocen los peligros. Y si encuentra a un hombre solo y perdido, de buena gana lo pone en el buen camino. Si encuentra el rastro del hombre antes de ver al hombre, teme una emboscada, por lo que se detiene y resopla mostrándolo a los demás elefantes, forman rebaño y van sigilosamente. Marchan siempre en manadas, y el más viejo va delante, mientras que el segundo en edad va el último, y así cierran la manada. Temen la vergüenza, no se ayuntan sino de noche y a escondidas, y no vuelven después del coito al rebaño si antes no se han lavado en el río. No combaten [por] hembras[14] como otros animales, y es tan clemente que de mala gana por naturaleza hace daño a los menos fuertes que él, y cuando encuentra una manada o rebaño[15] de ovejas, con su mano[16] las aparta para no pisarlas con sus patas, y nunca hacen daño si son provocados.

Cuando han caído en un hoyo, los demás, con ramas, tierra y piedras rellenan la fosa; de este mo[do] elevan el fondo, y fácilmente quedan libres. Se espantan mucho del gruñido de los cerdos; y al retroceder para huir, no hacen daño con sus patas a sus enemigos. Aman los ríos y siempre van vagando en torno a ellos, pero por su gran peso no pueden nadar. Devoran las piedras, y los troncos de los árboles son para ellos sabrosísimo alimento. Aborrecen a las ratas. A las moscas les agrada su olor, y cuando se posan sobre ellos, él arruga su piel y, atrapándolas entre sus pliegues, las mata. Cuando cruzan los ríos, mandan a sus crías a las partes de agua baja, y ellos, en la parte alta rompen el curso de las aguas para que su corriente no las arrastre.

El dragón se arroja sobre su cuerpo, con la cola anuda sus patas y con las alas y las agallas ciñe sus flancos y los degüella con sus dientes; el ele-

---

halla [...] y es tan clemente [...] y por el gran peso». A todos estos retazos (el último excluido, colocado allí probablemente por error en lugar de poco más abajo, delante de *Las moscas*) corresponden proposiciones cuyo sujeto gramatical o lógico es «elefante» (singular) en vez del acostumbrado plural «los elefantes». Si fuera así, Leonardo habría advertido la discordancia estilística, y pensado, tal vez, en corregirla en un segundo momento.

[14] En el ms. *me femine* («mis hembras»).

[15] Escrito en la interlínea como variante o alternativa a «manada» (*mandria*). Uno de los dos vocablos debía ser eliminado.

[16] La pata, según Fumagalli, o bien la trompa.

fante cae encima de ellos y el dragón queda reventado: de este modo, con la muerte de su enemigo, se venga[17].

63. EL DRAGÓN. Van juntos y se entretejen a modo de una estera, y con la cabeza levantada atraviesan los pantanos, y nadan hacia donde encuentran mejores pastos, y si no se unieran así, se ahogarían. Eso hace la unión.

64. SERPIENTES. La serpiente, grandísimo animal, cuando ve algún pájaro en el aire, sopla con tanta fuerza hacia adentro que se lleva los pájaros a la boca. Marco Régulo, cónsul del ejército romano, fue asaltado y casi derrotado con su ejército por un animal semejante. Ese animal, muerto por una máquina de derruir murallas, midió 125 pies, es decir, 64 brazos y medio. Sobrepasaba con su cabeza todos los árboles de una selva.

65. BOAS. Es una gran culebra, que consigo misma se enrosca en las patas de la vaca, de forma que no se mueva, luego mama de sus ubres hasta que casi la diseca. De esta especie, en tiempos del emperador Claudio, en el monte Vaticano se dio muerte a una que tenía en su cuerpo un niño entero, que se había tragado.

66. MACLI[18]: POR EL SUEÑO ES CAZADA. Este animal nace en la isla de Escandinavia. Tiene la forma de un gran caballo, salvo que la largura de su cuello y sus orejas lo diferencian de él. Pace la hierba hacia atrás, porque su labio de arriba es tan largo que paciendo hacia adelante cub[r]iría la hierba. Tiene las patas de una sola pieza; por esto, cuando quiere dormir, se apoya en un árbol, y los cazadores, conociendo de antemano el lugar utilizado para dormir, sierran casi todo el tronco, y cuando éste se apoya en él para dormir, por el sueño cae. De este modo los cazadores los apresan, y cualquier otra forma de apresarlo es inútil, porque es increíblemente veloz en la carrera.

67. BONASO: HACE DAÑO HUYENDO. Nace en Peonia, tiene cuello con crines semejantes al caballo, en todo lo demás se parece al toro, salvo que sus cuernos se curvan hacia adentro y no sirven para embestir; por eso no tiene otra salvación que la fuga, en la cual arroja estiércol a lo largo de 400 brazas de carrera, y donde toca, quema como fuego.

68. LEONES, LEOPARDOS[19], PANTERAS, TIGRES. Tienen las uñas enfundadas y nunca las sacan salvo cuando están sobre una presa o un enemigo.

69. LEONA. Cuando la leona defiende a sus cachorros de las manos de los cazadores, para no asustarse de sus pinchos, mira al suelo, a fin de que por culpa de su fuga sus cachorros no sean apresados.

---

[17] Fumagalli anota aquí (*op. cit.*, p. 223, n.º 1) que Leonardo abandona su fuente (Plinio, *Historia naturalis*). Pero en este caso se funda en la *Acerba* (III, 33) de Cecco d'Ascoli.

[18] Según Ravaison-Mollien, *macli* está por *achlis*; y traduce: «élan», especie de ciervo. Pero Landino dice exactamente *macli*.

[19] It. *pardi* (N. del T.); en el ms. *pordi*. Landino: *pardi*.

70. León. Este animal tan terrible nada teme más que el estruendo de las carros vacíos e igualmente el del canto de los gallos, y, al verlos, se llena de pavor y con aspecto amedrentado mira su cresta, y se acobarda sobremanera cuando ha visto su cara.

71. Panteras en África. Tiene forma de leona, pero es de pata más alta, delgada y alargada. Es completamente blanca, con pintas negras a modo de pequeñas rosas. Todos los animales se deleitan viéndola, y siempre estarían a su alrededor si no fuera por lo terrible de su cara, de modo que ella, sabiéndolo, esconde la cabeza, y los animales que la rodean no temen nada, se acercan para disfrutar de tanta belleza; entonces ella apresa enseguida al más cercano y en el acto lo devora.

72. Camellos. Los bactrianos tienen dos jorobas, los árabes, una; son veloces en la batalla, y sumamente útiles para llevar cargas. Este animal tiene regla y medida de la que nunca se aparta, porque no se mueve si tiene una carga mayor que la acostumbrada y, si el viaje es más largo, hace lo mismo: al instante se detiene, de modo que los mercaderes se ven obligados a buscar alojamiento.

73. Tigre. Nace en Hircania; se asemeja bastante a la pantera por las manchas de su piel, y es animal de asombrosa velocidad. El cazador, cuando encuentra a sus crías, las apresa al momento poniendo espejos en el lugar, y se las lleva. La tigresa[20], al volver, encuentra los espejos clavados en tierra, y viéndose en ellos, le parece ver a sus hijos, pero escarbando con sus patas, descubre el engaño; así, mediante el olor de sus retoños, sigue al cazador y, cuando el cazador ve a la tigresa, deja a uno de los cachorros y ésta lo coge, lo lleva a la guarida, y enseguida vuelve a alcanzar al cazador, que hace lo mismo, hasta que monta en la barca.

74. Catoplea. Nace en Etiopía, cerca de la fuente Nigricapo. Es un animal no demasiado grande, perezoso en todos sus miembros, y con una cabeza de tal tamaño que la sostiene con esfuerzo, por lo que la lleva siempre agachada; de lo contrario sería sumamente perniciosa para los hombres, porque quienquiera que es visto por sus ojos muere en el acto.

75. Basilisco. Nace en la provincia cirenaica, y no mide más de doce dedos, y tiene en la cabeza una mancha blanca a modo de diadema. Con su silbido aleja todas las serpientes; se parece a una serpiente, pero no se mueve culebreando, sino en línea recta de medio cuerpo en adelante. Se dice que uno de ellos, habiendo sido matado con un asta por uno que iba a caballo, su veneno subiendo por el asta, no sólo el hombre, sino también el caballo murió. Destruye la cebada, y no sólo la que toca, sino también aquella donde sopla. Seca la hierba, rompe las piedras.

---

[20] En el ms. *pantera*, por confusión con la línea anterior.

76. COMADREJA O MUSTELA. Hallando la madriguera del basilisco, con el olor de su orín esparcido lo mata; olor que también muchas veces mata a la propia comadreja.

77. CERASTAS. Tienen cuatro pe[queños] cuernos móviles, de modo que cuando quieren buscar alimento, esconden bajo las hojas todo su cuerpo dejando fuera sólo esos cuernecitos, y moviéndolos, hacen creer a los pájaros que son pequeños gusanos jugueteando, y, así, bajan para apresarlos con sus picos, pero ella se enrosca súbitamente en ellos y los devora.

78. ANFISBENA. Tiene dos cabezas, una en su lugar, otra en la cola, como si no bastase que echara su veneno por un solo sitio.

79. SALTACABRAS[21]. Esta serpiente está en los árboles, se lanza y perfora a los animales, y los mata.

80. ÁSPID. La picadura de este animal no tiene remedio, salvo cortar enseguida las partes donde está la picadura. Este dañino animal tiene tanto apego a su compañera, que siempre van juntos; y si por desgracia uno de ellos es matado, el otro con increíble velocidad persigue a quien le ha dado muerte, y es tan atento y solícito en la venganza, que vence todas las dificultades; cruzándose con un ejército, sólo a su enemigo trata de herir, y atraviesa todos los lugares y no se puede huir de él si no es cruzando las aguas o con rapidísima fuga. Tiene los ojos hundidos y grandes orejas, y se guía más por el aliento que por la vista.

81. ICNEUMÓN. Este animal es mortal enemigo del áspid; nace en Egipto, y cuando ve cerca de su guardida algún áspid, corre inmediatamente al lodo o fango del Nilo y con él se embarra todo, y después de secarse al sol, vuelve a cubrirse de barro, y, así, secándose una y otra vez, se hace tres o cuatro capas a semejanza de una coraza; luego salta sobre el áspid y lucha con él hasta que, aprovechando la ocasión, se abalanza a su garganta y lo ahoga.

82. COCODRILO. Nace en el Nilo, tiene cuatro patas, es dañino en tierra y en agua, y no hay ningún otro animal terrestre sin lengua salvo él, pues muerde sólo moviendo la mandíbula de arriba. Crece hasta alcanzar los cuarenta pies, tiene uñas y está armado de cuero resistente [a] todo tipo de golpe. Por el día está en tierra y por la noche en el agua. Después de comer peces, se duerme en la orilla del Nilo con la boca abierta, y el pájaro llamado troquillo, diminuta ave, corre al punto a su boca, y saltando entre sus dientes, dentro y fuera, empieza a picotear los restos de comida, y cosquilleando en él con deleitoso placer lo invita a abrir toda la boca y así se duerme. Viendo esto el neumón[22], al instante se abalanza sobre su boca, y perforándole el estómago y las tripas, al fin lo mata[23].

---

[21] En italiano *iaculo* (lat. *iaculum*), sierpe venenosa llamada también *Aconzia* (N. del T.).
[22] El icneumón.
[23] El sujeto, con brusco cambio, es ahora el icneumón.

83. Delfín. La naturaleza ha dado tal conocimiento a los animales que además de [c]onocer lo que necesitan para su bienestar, conocen lo que es molesto para sus enemigos; de ahí que el delfín sepa cuánto vale el filo de las aletas que tiene sobre el lomo y cuán tierno es el vientre del cocodrilo, de modo que, al combatir con él, se le pone debajo, le raja el vientre, y así lo mata.

El cocodrilo es terrible con quien huye, y sumamente cobarde con quien lo persigue.

84. Hipopótamo. Cuando se siente pesado, va buscando los espinos y los restos de los cañaverales cortados, y tanto frota contra ellos una vena, que la corta, y sacando la sangre necesaria, con el lodo se embarra y cicatriza la herida. Tiene forma casi de caballo, la uña curva, cola retorcida y dientes de jabalí, cuello con crines. Su piel no se puede atravesar si no se moja. Se alimenta de centeno en los campos; entra andando hacia atrás para que parezca que está saliendo.

85. Ibis. Tiene semejanza con la cigüeña, y cuando se siente enfermo, llena el buche de agua y con el pico se hace una lavativa.

86. Ciervos. Cuando se siente picado por una araña llamada falange, come cangrejos y se libera de su veneno.

87. Lagartos. Cuando combate con las serpientes, come el berberís y se salva.

88. Golondrina. Le devuelve la vista a sus crías ciegas con el jugo de la celidonia.

89. Mustela. Cuando caza ratones, come antes ruda.

90. Jabalí. Cura sus enfermedades comiendo yedra.

91. Serpiente. Cuando se quiere renovar, se desprende de su vieja piel empezando por la cabeza; se muda en un día y una noche.

92. Pantera. Cuando tiene las entrañas fuera, aún sigue combatiendo contra perros y cazadores.

93. Camaleón. Toma siempre el color de aquello sobre lo que se posa, de modo que, junto con las frondas donde se han posado, son devorados por los elefantes.

94. Cuervo. Cuando ha matado al camaleón, se purga con laurel.

95. Del ver con anticipación. El gallo no canta si antes no bate tres veces las alas. El papagallo, al cambiar de rama, no posa el pie donde antes no ha puesto el pico[24].

96. El sapo, fiel al hombre, al verlo dormido, combate con la culebra, y si ve que no puede vencerla, corre a ponerse en la cara del hombre y lo despierta para que la culebra no pique al hombre dormido[25].

---

[24] Sigue otro título: *Ciervos*.
[25] De la transcripción Richter del folio único conservado en el *Metropolitan Museum* de Nueva York, que no hemos podido verificar directamente.

Profecías

1. Se verá a la especie leonina abrir la tierra con sus garras, y en las cavernas sepultarse a sí misma junto con los demás animales a ella sometidos.
2. Saldrán de la tierra animales vestidos de tinieblas, que con asombrosos asaltos atacarán a la humana especie, y ésta, con sus furiosos mordiscos, será devorada por ellos[1] con derramamiento de sangre.
3. Más: discurrirá por el aire la nefanda especie volátil, que atacará[2] a hombres y animales, y de ellos se alimentarán con grandes graznidos: llenarán sus vientres de roja sangre.
4. Se verá la sangre salir de las carnes desgarradas y regar las partes expuestas de los hombres.
5. Vendrá una enfermedad tan cruel para los hombres, que con sus propias uñas se abrirán las carnes.
Será la roña.
6. Se verá a los árboles quedar sin hojas y a los ríos detener su curso.
7. El agua del mar se alzará sobre las altas cimas de los montes hasta el cielo, y volverá a caer sobre las casas de los hombres.
Es decir, las nubes.
8. Verá los árboles más grandes de las selvas arrastrados por el viento de oriente a occidente.
Es decir, por el mar.
9. Los hombres echarán por tierra su sustento.
Es decir, sembrando.
10. Llegará a tal punto la generación humana, que uno no se entenderá al hablar con otro.
Es decir, un alemán a un turco.
11. Se verá al padre entregar a sus hijas a la lujuria de los hombres y premiarlos y abandonar cualquier antigua vigilancia.
Cuando se casan las doncellas.
12. Saldrán los hombres de las sepulturas convertidos en pájaros, y atacarán a los demás hombres quitándoles la comida de sus manos y mesas.
Las moscas[3].

---

[1] En el ms. *ellas.*
[2] En el ms. *atacarán.* Tal vez sea construcción *ad sensum*; tal vez concuerde con una palabra borrada y sustituida por la expresión *nefanda especie volátil.*
[3] Supone que las moscas nacen de los cadáveres.

13. Muchos serán los que, arrancando la piel a su madre, le arrojarán su piel encima.
Los labradores de la tierra.
14. Dichosos los que presten[4] oído [a] las palabras de los muertos.
Leer las buenas obras y observarlas.
15. Las plumas elevarán a los hombres como pájaros hasta el cielo.
Es decir, por los escritos hechos con esas plumas.
16. Las obras humanas serán causa de su muerte.
Las espadas y las lanzas.
17. Los hombres irán en pos de aquello que más temen.
Es decir, serán miserables para no caer en la miseria.
18. Las cosas desunidas se unirán y recibirán una virtud capaz de devolver a los hombres su perdida memoria.
Es decir, los papiros que están hechos de cerdas separadas y guardan memoria de las cosas y los hechos de los hombres.
19. Se verán los huesos de los hombres, con veloz movimiento, decidir la fortuna de su motor.
Los dados.
20. Los toros con sus cuernos defenderán al fuego de su muerte.
La linterna.
21. Las selvas parirán hijos que serán causa de su muerte.
El mango de la guadaña.
22. Los hombres apalearán duramente al que será causa de su vida.
Batirán el grano.
23. Las pieles de los animales sacarán a los hombres de su silencio con g[r]an clamor y maldiciones.
Las bolsas para el juego.
24. Muchas veces la cosa desunida será causa de su unión.
Es decir, el peine, hecho de la separada caña, une los hilos en la tela.
25. El viento pasado por las pieles de los animales hará saltar a los hombres.
Es decir, la dulzaina que hace bailar.
26. DE LOS NOGALES APALEADOS. Los que mejor se habrán portado serán apaleados y sus crías arrancadas y peladas, o sea desnudadas, y rotos y machacados sus huesos.
27. DE LAS ESCULTURAS. ¡Ay de mí!, que veo al Salvador de nuevo crucificado.
28. DE LA BOCA DEL HOMBRE QUE ES SEPULTURA. Saldrán grandes ruidos de las sepulturas de los que han acabado con malas y violentas muertes.

---

[4] En el ms. antes de *presten* se lee *observen*, tachado.

29. DE LAS PIELES[5] DE LOS ANIMALES QUE TIENEN SENTIDO DEL TACTO QUÉ HAY EN LAS ESCRITURAS. Cuanto más se hable con las pieles, vestidura del sentimiento, más sabiduría se adquirirá[6].
30. DE LOS CURAS QUE TIENEN LA HOSTIA EN SU CUERPO. Entonces casi todos los tabernáculos, donde está el Corpus Domini, se verán manifiestamente recorrer por sí mismos los distintos caminos del mundo.
31. Y los que pazcan hierba harán de la noche día.
Sebo.
32. Y muchos animales de tierra y agua subirán a las estrellas.
Los planetas.
33. Se verá a los muertos llevar a los vivos a distintas partes.
Los carros y las naves.
34. A muchos se les quitará la comida de la boca.
A los hornos.
35. DEL HORNO. Y a los que se alimenten por mano de otro se les quitará la comida de la boca.
El horno[7].
36. DE LOS CRUCIFIJOS VENDIDOS. Yo veo de nuevo vendido y crucificado a Cristo y martirizados sus santos.
37. LOS MÉDICOS QUE VIVEN DE LOS ENFERMOS. Llegarán los hombres a tal vileza que tendrán por un favor que otros triunfen con sus males, o sea, con su perdida riqueza.
Es decir la salud.
38. DE LAS RELIGIONES DE LOS FRAILES QUE VIVEN POR SUS SANTOS, MUERTOS HACE MUCHO TIEMPO. Los que hayan muerto, al cabo de mil años, serán los que den ganancias a muchos vivos.
39. DE LAS PIEDRAS CONVERTIDAS EN CAL, CON LA QUE SE AMURALLAN LAS PRISIONES. Muchas, que serán deshechas por el fuego, le quitarán antes la libertad a muchos hombres.
40. DE LOS NIÑOS QUE MAMAN. Muchos Franciscos, Domingos y Benedictas comerán de lo que otros otras veces habrán comido allí, y pasarán muchos meses antes de que puedan hablar.
41. DE LAS CONCHAS Y CARACOLAS, QUE SON ARROJADAS POR EL MAR, QUE SE PUDREN DENTRO DE SUS CAPARAZONES. Ah cuántos serán los que, cuando hayan muerto, se pudrirán en sus propias casas llenando todo lo que los rodea de hediondo olor.

---

[5] En el ms. en lugar de *pelle* («pieles») se lee *belle* («bellas»).
[6] La piel es *vestidura del sentimiento* tanto cuando, unida al cuerpo vivo, contiene el sentido del tacto, como cuando, convertida en pergamino, recoge con la escritura el pensamiento o sentimiento del hombre.
[7] El título hacía aquí inútil la explicación.

42. Todas las cosas que durante el invierno estén ocultas y bajo la nieve quedarán descubiertas y visibles en el verano.
Dicho de la mentira, que no puede permanecer oculta.
43. DE LOS GRAJOS Y ESTORNINOS. Los que se fíen de vivir a su lado, y serán multitud, casi todos morirán[8] de una muerte cruel. Y se verá a los padres con las madres en compañía de sus familias ser devorados y matados por crueles animales.
44[9]. DE LOS VILLANOS EN CAMISA QUE TRABAJAN. Llegarán las tinieblas desde Oriente, las cuales con gran oscuridad teñirán el cielo que cubre Italia.
45. DE LOS BARBEROS. Todos los hombres huirán a África.
46. PRONÓSTICO. Pon por orden los meses y las ceremonias de costumbre, y haz lo mismo con el día y con la noche[10].
47. DE LOS SEGADORES. Habrá muchos que irán unos contra otros teniendo en la mano el afilado hierro. Éstos no se harán otro daño que el cansancio, porque cuando uno se adelante, el otro se retirará otro tanto. Pero triste del que se ponga en medio, porque al final será cortado a trozos.
48. EL HUSO DE HILAR SEDA. Se oirán los dolientes gritos, los altos chillidos, las roncas y apagadas voces de los que serán con tormento despojados y al final dejados desnudos y sin movimiento: y esto será a causa del motor que hace girar todo.
49. DEL METER Y SACAR EL PAN DE LA BOCA DEL HORNO. Por todas las ciudades, aldeas y castillos, villas y casas, se verá, por deseo de comer, quitarse la comida de la boca uno a otro sin poder defenderse en modo alguno.
50. LAS TIERRAS TRABAJADAS. Se verá dar vuelta a la tierra de abajo arriba, y contemplar los opuestos hemisferios y abrir las cavernas a los más feroces animales.
51. DE SEMBRAR. Entonces gran parte de los hombres que queden vivos arrojarán de sus casas las provisiones guardadas dejándolas como libre presa de las aves y animales terrestres, sin cuidarse de ellas para nada.
52. DE LAS LLUVIAS QUE HACEN QUE LOS RÍOS ENTURBIADOS ARRASTREN LAS TIERRAS. Vendrá de lo alto alguien que desplazará esa gran parte de África que se muestra al cielo, a Europa, y la de Europa a África, y las de las provincias se mezclarán entre sí con gran revolución.

---

[8] En el ms. *murieron.*

[9] En este fragmento, al igual que en el siguiente, la relación entre título y profecía no es clara.

[10] *pronóstico* está escrito en el margen superior del folio a modo de promemoria, no como parte del texto. Cfr. *Profecía* n.º 134 y nota.

53. DE LOS HORNOS DE LADRILLOS Y CAL. Al final la tierra se volverá roja por el incendio de muchos días, y las piedras se convertirán en cenizas.
54. DE LA MADERA QUE ARDE. Los árboles y arbustos de las grandes selvas se convertirán en cenizas.
55. LOS PESCADOS COCIDOS. Los animales de agua morirán en las aguas hirvientes.
56. LAS ACEITUNAS QUE CAEN DE LOS OLIVOS Y NOS DAN EL ACEITE QUE DA LUZ. Caerá con furia del cielo quien nos dará alimento y luz.
57. DE LAS LECHUZAS Y BÚHOS QUE SE USAN PARA CAZAR AL ESPARTILLO. Muchos perecerán rompiéndose la cabeza, y saltarán sus ojos en gran parte de la cabeza a causa de animales medrosos salidos de las tinieblas.
58. DEL LINO QUE HACE PAPEL DE HARAPOS. Será reverenciado y honrado[11], y con reverencia y amor escuchados sus preceptos, quien primero fue despreciado, maltratado y martirizado con muchos y diversos golpes.
59. DE LOS LIBROS QUE ENSEÑAN PRECEPTOS. Los cuerpos sin alma nos darán sus sentencias preceptivas para morir bien.
60. DE LOS QUE SON PEGADOS Y AZOTADOS. Los hombres se ocultarán bajo las cortezas de los árboles pelados, y allí, gritando, martirizarán ellos mismos con azotes sus propios miembros.
61. DE LA LUJURIA. Enloquecerán por las cosas más hermosas para buscar, poseer y practicar sus partes más feas, y luego, recobrado el juicio con daño y penitencia, sentirán gran asombro de sí mismos.
62. DEL AVARO. Muchos serán aquellos que con gran estudio y solicitud seguirán furiosamente las cosas que siempre han temido, no conociendo su malignidad.
63. DE LOS HOMBRES QUE CUANTO MÁS VIEJOS SON, MÁS AVAROS SE VUELVEN, Y QUE, QUEDÁNDOLES POCA VIDA, DEBERÍAN VOLVERSE LIBERALES. Se verá a aquellos a los que se considera con más experiencia y juicio, cuando menos cosas necesitan, buscarlas y guardarlas con mayor avidez.
64. DE LA FOSA. *Dila en forma de frenesí o delirio, de enfermedad de mente*[12]. Estarán muchos ocupados quitándose esa cosa que tanto crece cuando se levanta.
65. DEL PESO ECHADO EN EL JERGÓN[13]. Y muchos cuerpos, al quitarles la cabeza, se verán crecer a ojos vista, y devolviéndoles la cabeza perdida, decrecer en el acto.
66. DEL COGER PIOJOS. Y habrá muchos cazadores de animales que, cuanto más cojan menos tendrán; y al revés, tendrán más cuanto menos cojan.

---

[11] En el ms. *reverenciada y honrada*.
[12] Cfr. *Introducción*, p. 38.
[13] El título está tachado en el ms.

67. DEL SACAR AGUA CON DOS CALDEROS Y UNA SOLA CUERDA. Y estarán ocupados muchos que, cuanto más tiren hacia abajo de una cosa, más se les escape ésta en la dirección opuesta.
68. SALCHICHA QUE ENTRA EN LAS TRIPAS[14]. Muchos harán casa de las tripas y habitarán en las suyas.
69. LAS LENGUAS DE CERDOS Y TERNERAS EN LAS TRIPAS. ¡Oh cosa nefanda!, pues se verá que un animal mete su lengua en el culo de otro.
70. DE LOS AGUJEROS HECHOS DE PIEL DE ANIMAL. Se verá el alimento de los animales entrar en sus pieles por todas partes menos por la boca, y pasar a la parte opuesta hasta caer en tierra[15].
71. DE LAS LINTERNAS. Los fieros cuernos de los poderosos toros defienden la luz nocturna de la impetuosa furia de los vientos.
72. DE LAS PLUMAS EN LAS CAMAS. Los animales voladores sostendrán a los hombres con sus propias plumas.
73. LOS HOMBRES QUE VAN POR LOS ÁRBOLES CON ZUECOS. Será tan grande el barrizal, que los hombres caminarán sobre los árboles en sus tierras.
74. DE LAS SUELAS DE ZAPATO DE PIEL DE BUEY. Y se verán en gran parte de la tierra caminar sobre las pieles de los grandes animales.
75. DEL NEVAR. Soplarán fuertes vientos que harán las cosas orientales, occidentales, y del mediodía, en gran parte mezcladas con la corriente de los vientos, seguirlo por muchos países.
76. DE LAS PINTURAS DE LOS SANTOS VENERADOS. Los hombres hablarán a hombres que no oyen; tendrán los ojos abiertos, y no verán; hablarán a otros, y no les responderán; pedirán gracias a quien tiene oídos y no oye; pondrán velas a quien está ciego...[16].
77. DEL SOÑAR. Los hombres caminarán y no se moverán, hablarán a quien no está allí, oirán a quien no habla.
78. DE LA SOMBRA QUE SE MUEVE CON EL HOMBRE. Se verán formas y figuras de hombres y animales que seguirán a esos animales y hombres dondequiera que huyan: y el movimiento del uno será idéntico al del otro, pero parecerán cosa admirable los diferentes tamaños que van tomando.
79. DE LAS SOMBRAS DEL SOL Y DE SU REFLEJARSE EN EL AGUA AL MISMO TIEMPO. Se verá muchas veces al hombre hacerse tres y que todos lo sigan: y que a menudo uno, el más seguro, lo abandona.

---

[14] Puede recordar la *novella* de Fray Cipolla en el *Decameron* de Boccaccio: «y luego, pasando a las tierras de los Abruzos, donde los hombres y las mujeres van con zuecos por los montes, revistiendo a los cerdos con sus propias tripas [...]». También el llevar zuecos es tema de una *Profecía* leonardiana (n.º 73).

[15] Siguen dos títulos tachados: *De la llenura de las ocas* y *De las velas que se ponen ante los muertos*.

[16] La *Profecía* continuaba en el margen inferior del folio, luego arrancado. Se lee: «a sordos [...] con gra... re».

80. De las cajas que guardan muchos tesoros. Se hallarán dentro de los nogales, los árboles y otras plantas inmensos tesoros que están allí ocultos.

81. Del apagar la luz al acostarse. Muchos, por soplar muy deprisa, perderán la vista y en breve todo el sentido.

82. De los cascabeles de los mulos que están junto a sus orejas. Se oirán en muchas partes de Europa instrumentos de distinto tamaño producir diversas melodías con gran trabajo de quien de cerca los escucha.

83. De los asnos. Sus muchas fatigas serán remuneradas con hambre, sed, incomodidad, azotes y pinchazos[17].

84. De los soldados a caballo. Se verá a muchos ser llevados por grandes animales con veloz carrera a la ruina de su vida y rapidísima muerte.

Por aire y por tierra se verá a animales de distintos colores llevar furiosamente a hombres a la destrucción de su vida.

85. De las estrellas de las espuelas. A causa de las estrellas se verá a los hombres correr a gran velocidad como cualquier animal veloz.

86. El bastón que está muerto. El movimiento de los muertos hará huir con dolor y lágrimas, gritando, a muchos vivos.

87. De la yesca. Con piedra y hierro se harán visibles las cosas que antes no se veían.

88. De los bueyes que se comen. De las posesiones comerán el amo y sus propios trabajadores.

89. Del sacudir el colchón para hacer la cama. Llegarán los hombres a tanta ingratitud, que quien los hospede sin cobrar nada, será molido a palos hasta que gran parte de sus entrañas se salgan de su sitio y se remuevan por su cuerpo.

90. De las cosas que se comen y antes se matan. Será matado por ellos quien los alimenta, y torturado con despiadada muerte.

91. Del reflejarse las murallas de la ciudad en el agua de sus fosos. Se verán los altos muros de las grandes ciudades boca abajo en sus fosos.

92. Del agua que corre turbia mezclada con tierra, del polvo y la niebla mezclados con aire, y del fuego mezclado con todo mediante su calor. Se verán todos los elementos mezclados con gran revolución, correr ora hacia el centro del mundo, ora hacia el cielo, y cuando vengan del sur con furia hacia el frío norte, a[l]gu[n]a vez de oriente hacia occidente, y asimismo de un hemisferio a otro.

93. En cualquier punto se pueden dividir los dos hemisferios. Todos los hombres cambiarán al instante un hemisferio por otro.

---

[17] Siguen unas palabras tachadas: «y juramentos y grandes villanías».

94. En todo punto hay división entre oriente y occidente. Todos los animales se moverán de oriente a occidente, y asimismo de aquilón a meridión.

95. Del movimiento de las aguas, que arrastran los maderos muertos. Cuerpos sin alma se moverán solos, y llevarán consigo innumerable prole de muertos, arrebatando sus riquezas a los vivos de los contornos.

96. De los huevos, que, siendo comidos, no pueden hacer polluelos. ¡Oh cuántos serán aquellos a quienes les será impedido nacer!

97. De los peces que se comen con sus huevas. Infinita prole se perderá por la muerte de las preñadas.

98. De los animales que se castran. A gran parte de la especie masculina, al quitárseles los testículos, les será prohibido procrear.

99. De los animales que hacen el requesón. La leche le será quitada a los recién nacidos.

100. De la matanza de las cerdas. Aparte de las hembras latinas les quitarán y les cortarán los pechos junto con la vida[18].

101. Del llanto que se hace en viernes santo. En todas las partes de Europa muchos pueblos llorarán a un solo hombre[19].

102. De los mangos de cuchillo hechos de cuerno de castrón. En los cuernos de los animales se verán afilados metales con los que se quitará la vida a muchos de su especie.

103. De la noche no se conoce ningún color. Se llegará hasta el punto de no distinguir la diferencia entre los colores, es más, se volverán todos de color negro.

104. De las espadas y lanzas, que por sí no hacen daño a nadie. Quien por su propia naturaleza es manso y no ofende a nadie se volverá terrible y feroz con las malas compañías, y le quitará la vida con gran crueldad a mucha gente, y más mataría si cuerpos sin alma, salidos de las profundidades, no los defendiesen.

Es decir, las corazas de hierro.

105. De los lazos y trampas. Muchos muertos se moverán furiosamente y cogerán y atarán a los vivos, y los reservarán para sus enemigos, para buscar su muerte y destrucción.

106. De los metales. Saldrá de las oscuras y tenebrosas cavernas quien traerá grandes afanes a la especie humana, peligros y muerte; a muchos de sus secuaces, tras muchos afanes, dará deleite; y quien no sea partidario suyo morirá con penuria y calamidades. Éste cometerá infinitas traiciones, éste aumentará y arrastrará a los hombres malvados a asesinatos, robos y servidumbres, éste tendrá en sospecha a sus partidarios, éste qui-

---

[18] Siguen las palabras tachadas: «teniendo ellas sus crías en el vientre».
[19] Siguen las palabras tachadas: «muerto en oriente».

tará su estado a las ciudades libres, éste le quitará la vida a muchos, éste sembrará cizaña entre los hombres con muchos halagos, engaños y traiciones. ¡Oh animal monstruoso, cuánto mejor sería para los hombres que volvieses al infierno! Por obra suya quedarán los bosques desnudos de sus árboles, por él infinitos animales perderán la vida.

107. DEL FUEGO. Nacerá de pequeño principio que se hará pronto grande. Éste no sentirá aprecio por cosa alguna; es más, con su poder tendrá la facultad de transformar el ser de casi todo en otra cosa.

108. DE LAS NAVES QUE SE HUNDEN. Se verán enormes cuerpos sin vida llevar con furioso ímpetu a multitud de hombres a la destrucción de su vida.

109. DEL ESCRIBIR CARTAS DE UN PAÍS A OTRO. Se hablarán los hombres desde remotísimos países y se responderán.

110. DE LOS HEMISFERIOS QUE SON INFINITOS Y POR INFINITAS LÍNEAS DIVIDIDOS DE MODO QUE SIEMPRE CADA HOMBRE TIENE UNA DE ESAS LÍNEAS ENTRE AMBOS PIES. Se hablarán, se tocarán, se abrazarán los hombres, estando en uno y otro hemisferio, y entenderán sus lenguajes.

111. DE LOS CURAS QUE DICEN MISA. Muchos serán aquellos que, para ejercer su oficio, se vestirán con gran lujo: y parecerá haber sido hecho a modo de mandiles[20].

112. DE LOS FRAILES [QUE] CONFIESAN. Las desdichadas mujeres irán por su propia voluntad a declarar a los hombres todos sus lujurias y actos vergonzosos y secretos[21].

113. DE LAS IGLESIAS Y CASAS DE LOS FRAILES. Muchos serán los que abandonen los ejercicios y fatigas y la pobreza de vida y bienes, e irán a vivir entre riquezas y regios edificios, mostrando que éste es el medio de ganarse a Dios.

114. DEL VENDER EL PARAÍSO. Una infinita muchedumbre venderá pública y manifiestamente cosas de enorme valor sin permiso de su dueño, y sin haberlas poseído ni tener potestad sobre ellas, y tal cosa no será castigada por la justicia humana.

115. DE LOS MUERTOS QUE SE LLEVAN A ENTERRAR. ¡Oh humanas simplezas, oh vivas locuras![22]. Los pueblos simples llevarán gran cantidad de antorchas para alumbrar en sus viajes a todos los [qu]e han perdido por completo la facultad de ver.

116. DE LAS DOTES DE LAS JÓVENES. Donde antes la juventud femenina no se podía defender de la lujuria y robo de los hombres, ni por

---

[20] Se refiere a las casullas.

[21] Una primera redacción decía: «Muchos serán los que querrán saber lo que hacen las mujeres en sus lujurias con ellas mismas y con otros hombres; y las desgraciadas habrán de contar todas sus ocultas y vergonzosas acciones, y premiar a los oyentes con sus miserias y malvadas infamias». El texto fue luego tachado y sustituido al margen por el aquí trascrito.

[22] La exclamación inicial ha sido escrita en un segundo momento al final de la *Profecía*, pero con la advertencia: «Estos dos epítetos van al comienzo de la frase».

custodia de parientes ni por fortaleza de muros, tiempo vendrá que padres y parientes de esas jóvenes hayan de pagar grandes sumas a quien quiera dormir con ellas, aunque sean ricas, nobles y de gran belleza. Ciertamente parece que la naturaleza quiera extinguir la especie humana, como algo inútil para el mundo y nocivo para todo lo creado.

117. DE LA CRUELDAD DEL HOMBRE. Se verán animales en la tierra que siempre lucharán entre sí, y con gran daño y frecuente muerte de cada una de las partes. Éstos no pondrán fin a su maldad; por obra de sus feroces miembros caerá al suelo gran parte de los árboles de los grandes bosques del universo; y cuando se hayan saciado, el alimento de sus deseos será dar muerte y sufrimiento y fatigas y miedo, y hacer huir a toda cosa animada. Y por su desmesurada soberbia éstos querrán subir hasta el cielo, pero el excesivo peso de sus miembros los retendrá abajo. Nada quedará sobre la tierra o bajo la tierra y el agua que no[23] sea perseguido, quitado o dañado; y lo de un país llevado a otro; y el cuerpo de éstos se convertirá en sepulcro y tránsito de todos los cuerpos animados matados por ellos.

Oh mundo, ¿cómo no te abres y precipitas en las profundas grietas de tus simas y cavernas, y dejas de mostrar al cielo tan cruel y despiadado monstruo?

118. DEL NAVEGAR. Se verán los árboles de las grandes selvas de Taurus y Sinaí, Apenino y Talas correr por el aire de oriente a occidente, de aquilón a meridión, y llevar por los aires a gran multitud de hombres.

¡Oh cuántos vacíos, oh cuántos muertos, oh cuánta separación de amigos y parientes, oh cuántos serán los que no volverán a ver sus regiones ni sus patrias, y morirán sin sepultura, con sus huesos esparcidos en distintos lugares del mundo!

119. DEL DESALOJAR EL TODOS LOS SANTOS. Muchos abandonarán sus casas y llevarán consigo sus bienes e irán a vivir a otros países.

120. DEL DÍA DE LOS DIFUNTOS. ¡Cuántos serán los que lloren a sus antiguos muertos, llevándoles velas!

121. DE LOS FRAILES QUE DICIENDO PALABRAS RECIBEN GRANDES RIQUEZAS Y DAN EL PARAÍSO. Las monedas invisibles harán triunfar a muchos que las gastan.

122. DE LOS ARCOS FABRICADOS CON CUERNOS DE TORO. Muchos serán los que por causa de los cuernos de toro morirán con dolorosa muerte.

123. DE LOS CRISTIANOS. Muchos que profesan fe en el hijo sólo hacen templos en el nombre de la madre.

124. DEL ALIMENTO QUE FUE ANIMADO. Gran parte de los cuerpos animados pasará por los cuerpos de los otros animales; *esto es*[24], las casas

---

[23] Desde «Nada» hasta «que no» aparece tachado, bien sea por error, bien sea por una modificación pensada pero no llevada a efecto.

[24] *Esto es* = o bien, e introduce la repetición con palabras distintas de la misma *Profecía*.

deshabitadas pasarán a trozos por las casas habitadas, haciendo el provecho de aquéllas y llevando consigo su propio daño.
Quiere esto decir: la vida del hombre proviene de las cosas comidas, que llevan consigo la parte del hombre que ha muerto[25].
125. DE LOS HOMBRES QUE DUERMEN EN LA TABLA SACADA DEL ÁRBOL. Los hombres dormirán, comerán y vivirán entre los árboles, nacidos en las selvas y campos.
126. DEL SOÑAR. A los hombres les parecerá ver en el cielo insólitas ruinas, les parecerá subir volando y huir con miedo de las llamas que bajan de él, oirán a los animales de cualquier clase hablar en lenguaje humano, correrán en el acto con su persona a distintas partes del mundo sin moverse, verán en las tinieblas grandísimos resplandores. ¡Oh asombro de la humana especie!, ¿qué frenesí te ha guiado? Hablarán con los animales de cualquier suerte, y ellos contigo, en lenguaje humano, te verás caer de grandes alturas, sin sufrir daño, los torrentes te acompañarán[26].
127. DE LAS HORMIGAS. Habrá muchos pueblos que se esconderán a sí mismos, a sus hijos [y] provisiones dentro de oscuras cuevas: y allí, en los lugares tenebrosos, se alimentarán ellos y sus familias durante largos meses sin otra luz accidental o natural.
128. DE LA ABEJA. Y a muchos otros les serán quitadas sus municiones y alimentos, y cruelmente serán sumergidos y anegados por gente sin razón. Oh justicia divina, ¿por qué no te despiertas viendo en tan mal estado a tus criaturas?
129. DE LAS OVEJAS, VACAS, CABRAS Y SEMEJANTES. A un número incontable le serán arrebatados sus pequeños, y éstos desollados y cruelmente descuartizados.
130. DE LAS NUECES, ACEITUNAS, BELLOTAS, CASTAÑAS Y SEMEJANTES. Muchas crías, con despiadados golpes, serán arrebatadas de los brazos a sus madres, arrojadas al suelo y laceradas.
131. DE LOS NIÑOS ATADOS POR REFAJOS. ¡Oh ciudades marinas! Yo veo a vuestros habitantes, tanto hembras como varones, estrechamente unidos por fuertes ataduras con brazos y piernas, ser sujetados por gente que no entenderá vuestro lenguaje, y sólo podréis desahogar vuestros dolores, y perdida la libertad, mediante lacrimosos llantos, suspiros y lamentos con vosotros mismos, pues quien os ata no os entenderá, ni vosotros los entenderéis a ellos.

---

[25] Seguía otro breve fragmento sobre el mismo tema, pero el folio rasgado permite sólo leer «y las comen [...] muertas volverá a hacer [...] pero no es».

[26] El fragmento continuaba, pero el deterioro del margen inferior del folio permite sólo leer: «y mezcladas [...] te con su rápido curso usará car [...] en madre y hermanas [...] arás con los a [...] an de s [...] ánimos [...] las plumas».

132. DE LAS GATAS QUE COMEN RATONES. En vosotras, ciudades de África, se verá a vuestros hijos ser descuartizados dentro de sus propias casas por crudelísimos y rapaces animales de vuestro país.

133. DE LOS ASNOS APALEADOS. ¡Oh naturaleza descuidada! Por qué has sido parcial, haciéndote amante y benigna madre de algunos hijos tuyos, y cruelísima y despiadada madastra de otros? Yo veo que tus hijos son dados en esclavitud, sin obtener nunca beneficio alguno; y que en vez de remuneración por el bien hecho, son pagados con martirios sin fin; y emplean siempre su vida en beneficio de quien los maltrata.

134[27]. DIVISIÓN DE LA PROFECÍA. Primera sobre las cosas de los animales racionales, segunda sobre los irracionales, tercera sobre las plantas, cuarta sobre las ceremonias, quinta sobre las costumbres, sexta sobre los casos, o edictos o cuestiones, séptima sobre los casos que no pueden darse en la naturaleza, como decir: «de esa cosa, cuanto más le quitas más aumenta», y reserva los grandes casos para el final y los débiles para el principio, y muestra primero los males y luego los castigos; octava, sobre las cosas filosóficas.

135. DE LOS OFICIOS, FUNERALES, PROCESIONES, VELAS, CAMPANAS Y DEMÁS. A los hombres les serán hechas grandes honras y pompas sin que lo sepan.

136. DE LO COMÚN. Un desdichado será adulado, pues los aduladores serán siempre engañadores, ladrones y asesinos del desdichado.

137. LA PERCUSIÓN DE LA ESFERA DEL SOL. Aparecerá una cosa que, quien crea cubrirla, será cubierto por ella[28].

138. DEL DINERO Y EL ORO. Saldrá de los cavernosos antros el que hará con sudor trabajar a todos los pueblos del mundo con grandes afanes, ansiedad, sudores, para ser ayudado por él.

139. DEL MIEDO A LA POBREZA. Ella, malvada y espantosa, atemorizará tanto a los hombres, que casi como locos, creyendo huir de ella, se entregarán con veloz carrera a sus inmensas fuerzas.

140. DEL CONSEJO. Y el que haga más falta a quien lo necesite, será ignorado y, si es conocido, más despreciado.

141. DE PROFECÍA[29]. Todos los astrólogos serán castrados.

Es decir, los gallos.

142. Yo diré una palabra, o dos o diez o más, como a mí me gusta, y en ese momento quiero que más de mil personas en ese mismo instante digan la misma, es decir que inmediatamente digan lo mismo que yo, y no me vean a mí, ni oigan lo que yo diga.

---

[27] Este fragmento y el n.º 46 muestran que Leonardo consideraba sus *Profecías* dignas de ser reordenadas y recopiladas.

[28] La esfera del sol golpea con sus rayos al hombre que, para defenderse, la cubre con una protección, pero en realidad es cubierto por ella.

[29] *Profecía* es título que distingue un apunte aislado del folio 367 v.b.

Éstas serán las horas por ti contadas, que cuando tú digas una, todos aquellos que como tú cuentan las horas, dirán el mismo número que tú en ese mismo momento.
143. DE LAS CULEBRAS LLEVADAS POR LAS CIGÜEÑAS. Se verá a gran altura por los aires larguísimas serpientes que combaten con las aves.
144. DE LAS BOMBARDAS QUE SALEN DEL FOSO Y DE LA FORMA. Saldrá de debajo de la tierra quien con espantosos gritos atronará a los que estén en torno, y con su soplo hará morir a los hombres y derrumbarse ciudades y castillos.
145[30]. Será anegado quien ponga velas al culto divino.
Las abejas, que hacen la cera de las velas.
146. Los muertos saldrán de debajo de la tierra y con sus furiosos movimientos echarán del mundo a innumerables criaturas humanas.
El hierro salido de la tierra está muerto, y con él se fabrican la armas que han matado a tantos hombres.
147. Las gigantescas montañas, aunque estén muy lejos de las playas, arrojarán al mar de su sitio.
Son los ríos que arrastran las tierras arrancadas por ellos a las montañas y las depositan en las playas y, donde entra la tierra, se retira el mar.
148. El agua caída de las nubes mudará de tal forma su naturaleza, que se detendrá largo tiempo sobre las laderas de los montes sin hacer movimiento alguno. Y esto ocurrirá en muchas y diferentes regiones.
La nieve que cae a copos, y es agua.
149. Las grandes piedras de los montes arrojarán tanto fuego que quemarán la madera de muchos e inmensos bosques y muchos animales salvajes y domésticos.
La piedra del fusil que hace fuego, y consume todas las cargas de leña, con lo cual se destruyen los bosques, y con ella se cocerá la carne de los animales.
150. ¡Cuántos grandes edificios se derrumbarán a causa del fuego!
Por el fuego de las bombardas.
151. Los bueyes serán en gran parte causa de la ruina de las ciudades y de modo semejante cab[a]llos y búfalos.
Tira[n] de las bombardas.
152. Muchas serán las que crezcan en sus ruinas.
La bola de nieve rodando sobre la nieve.
153. Gran turba será la que, olvidando su ser y su nombre, estará como muerta sobre los despojos de otros muertos.
El dormir sobre las plumas de las aves.

---

[30] El f. 42 v. de *Códice Arundel* está dividido en tres columnas, las dos primeras ocupadas por las *Profecías*, la tercera por la *Fábulas*. Arriba, en el centro del folio, figura como título general la palabra: *Profecías*.

154. Se verán las partes orientales correr a las occidentales, las meridionales al septentrión, dando vueltas por el universo con gran estruendo, furia y temblor.
El viento de oriente que corre hacia poniente.
155. Los rayos solares encenderán el fuego en la tierra, y con ellos se incendiará lo que está bajo el cielo, y chocando contra su impedimento, volverán abajo.
El espejo cóncavo prende el fuego, con el cual se calienta el horno cuyo fondo está sobre su cielo.
156. Gran parte del mar huirá hacia el cielo, y durante mucho tiempo no volverá a bajar.
Es decir, las nubes.
157. DEL TRIGO Y OTRAS SIMIENTES. Arrojarán fuera de sus casas las provisiones que estaban destinadas a sustentar su vida.
158. DE LOS ÁRBOLES QUE ALIMENTAN LOS INJERTOS. Se verá a los padres y las madres favorecer mucho más a los hijastros que a sus verdaderos hijos.
159. DEL TURÍBULO[31] DEL INCIENSO. Con vestiduras blancas irán con arrogante movimiento amenazando con metal y fuego a quien no les hacía daño alguno.
160. DE LOS CABRITOS. Volverán los tiempos de Herodes porque los hijos inocentes serán arrebatados a sus nodrizas y por mano de crueles hombres morirán de grandes heridas.
161. DEL SEGAR HIERBA. Se extinguirán innumerables vidas, y se harán en la tierra innumerables agujeros.
162. DE LA VIDA DE LOS HOMBRES QUE CADA DIEZ AÑOS CAMBIAN DE CARNE. Los hombres pasarán muertos por sus propias tripas.
163. DE LOS ODRES. Las cabras llevarán el vino a las ciudades.
164. LOS ZAPATEROS. Los hombres verán con placer estropear y romper sus obras.
165. DE LA SOMBRA QUE HACE EL HOMBRE POR LA NOCHE CON LA LUZ. Aparecerán gigantescas figuras de forma humana, que cuanto más se acerquen, más disminuirá su inmenso tamaño.
166. DE LOS MULOS QUE LLEVAN LAS RICAS CARGAS DE PLATA Y ORO. Muchos tesoros y grandes riquezas estarán con los animales de cuatro patas, que las llevarán a diferentes lugares.
167[32]. DEL CONSEJO Y DE LA MISERIA. He aquí una cosa que, cuanto más se necesita, más se rechaza. Y es el consejo, escuchado de mala gana por quien más lo necesita, es decir por los ignorantes.

---

[31] El incensario. Leonardo lo llama «turibil», nombre utilizado aún en Lombardía.

[32] Desde el n.º 167 hasta el n.º 172 las adivinanzas ya no tienen forma de profecía. De hecho el verbo ya no está en futuro.

He aquí una cosa que, cuanto más la temes y la huyes, más te acercas a ella. Es la miseria, que cuanto más huyes de ella, más mísero estás y sin reposo.

168. ¿Qué es esa cosa muy deseada por los hombres que, cuando se posee, no se puede conocer?
El dormir.

169. El vino es bueno, pero[33] el agua sobra.
En la mesa.

170. LA LLAMA DE UNA VELA. He aquí una cosa que por más que se le quite, nunca disminuye de tamaño.

171. EL FUEGO. He aquí otra que cuanto más triste y mala es, más te acercas a ella.

172[34]. DE LAS ABEJAS. Viven juntas como pueblos; son anegadas para quitarles la miel. Muchos y grandísimos pueblos serán [...] gados en sus propios [...] serán pue [...].

173[35]. Soy aquel que nació antes que el padre;
matado que hube un tercio de los hombres;
volví después al vientre de mi madre.

174[36]. Oh Moro yo muero si con tu moralidad no me amaras; ¡tan amargo me es vivir![37]

---

[33] La conjunción *pero* engaña aquí, haciendo más difícil la solución de la adivinanza. *El vino es bueno*, por eso el agua sobra, porque los comensales prefieren el primero.

[34] Es un fragmento escrito en el margen arrancado del f. 12587 de Windsor. Podría estar también en la *Fábulas* y en el *Bestiario*.

[35] Esta adivinanza está escrita sobre cinco líneas en el ángulo superior de la última página del ms. Madrid I, pero se trata de un terceto de endecasílabos con rima.

[36] Este extraño juego de palabras forma una sola línea enteramente tachada a lo largo del margen superior del f. 141r del códice Madrid II, que contiene dos mss. independientes en origen. La página 141r era la primera del segundo manuscrito.

[37] En la traducción se pierde el múltiple retruécano *moro* («muero») *Moro* («moro»), *moralità* («moralidad» y «morería»), *amari* («amaras») y *amaro* («amargo») [N. del T.].

Facecias

1. Uno ve a otro que lleva una gran espada colgada del flanco y dice: «¡Pobrecillo! Hace mucho tiempo que te veo atado a ese arma: ¿por qué no te libras de ella, pues tienes las manos libres, y recobras tu libertad?».
A lo que aquél respondió: «Esa gracia no es tuya, y además es vieja».
Él sintiéndose picado, contestó: «Sabiendo que conoces tan pocas cosas en este mundo, creía que la más sabida sería nueva para ti».
2. Disputando y ufanándose uno de saber muchos y variados juegos, otro que estaba allí le dijo: «Yo sé un juego que le hará quitar los calzones a quien yo quiera». El primer jactancioso, hallándose sin calzones, replicó: «¡Quia! ¡A mí no me los podrás quitar! Y vaya por un par de calzas». El que había propuesto el juego, aceptada la invitación, cogió prestados varios pares de calzones y se los tiró a la cara al de las calzas. Y ganó la apuesta.
3. Uno dijo a un conocido suyo: «Se te han puesto los ojos de un color raro». Aquél le contestó que le pasaba a menudo. «¿Y no le has puesto remedio? ¿Y cuándo te pasa eso?». Respondió el otro: «Cada vez que mis ojos ven tu extraña cara, me causan tan mala impresión, que con esa violencia se demudan en el acto y cambian de color».
4. Uno le dijo a otro: «Se te han puesto los ojos de un color raro». Aquél le respondió: «Es porque mis ojos ven tu extraña cara».
5. Uno dijo que en su tierra nacían las cosas más raras del mundo. El otro respondió: «Tú que naciste allí, confirmas que es verdad, por lo extraño de tu aspecto».
6. FACECIA. Iban dos de noche por un camino inseguro, y el que iba delante hizo un gran ruido con el culo; el otro compañero dijo: «Ahora veo que me quieres bien». «¿Cómo?», dijo el otro. Aquel respondió: «Tú me echas la ventosa[1] para que no me despegue de ti y no me pierda».
7. FACECIA. Una mujer estaba lavando la ropa y tenía los pies muy rojos por el frío. Pasando cerca un cura, le preguntó con asombro de dónde venía aquella rojez; a lo cual la mujer contestó sin tardanza que el efecto venía del fuego que tenía dentro. Entonces el cura echó mano a ese miembro que lo había hecho ser cura en vez de monja, y, arrimándose a

---

[1] En el original el juego de palabras —que aquí se intenta entre *ventosear* y *ventosa*— se construye de forma mucho más natural a partir de la polisemia del italiano *correggia*, a la vez «correa» y «pedo».

ella, con suave y musitante voz, le rogó por favor que le encendiera aquella vela.

8. FACECIA. Un cura iba repartiendo, como es costumbre en sábado santo, el agua bendita por las casas de su parroquia, y llegó a la casa de un pintor, donde, echando el agua a una pintura de aquél, el pintor se volvió irritado y preguntó por qué rociaba así sus cuadros. El cura respondió que ésa era la costumbre, que era su obligación hacerlo, y que hacía el bien y quien hace el bien debe esperar el bien y más aún, pues eso prometía Dios, y que todo el bien que se hacía en la tierra subiría a las alturas centuplicado. Entonces el pintor esperó a que saliese de allí, se asomó a la ventana y arrojó un gran cubo de agua al cura diciendo: «Mira, te viene de las alturas centuplicado, como dijiste que pasaría con el bien que me hacías con tu agua bendita, que me ha estropeado la mitad de mis pinturas».

9. Los frailes menores, en ciertas épocas, acostumbran a hacer unas cuaresmas durante las cuales no se come carne en sus conventos; pero cuando viajan, viviendo de limosna, tienen licencia para comer lo que les pongan delante. Pues bien, llegaron en uno de esos viajes dos frailes a una posada en compañía de cierto me[r]cadercillo, que, estando en la misma mesa a la que, por la pobreza de la posada, no llevaron más que un pollo asado, el mercader, viendo que era poco para él, se volvió a los frailes y dijo: «Si no recuerdo mal, en vuestro convento no coméis carne por estas fechas». Al oírlo los frailes, obligados por su regla, hubieron de confesar que era cierto sin vacilar, con lo que el mercadercillo se salió con su deseo; y así se comió el pollo, y los frailes se las apañaron como pudieron.

Después del almuerzo los tres comensales se marcharon juntos, y al cabo de bastante trecho, hallado un río ancho y profundo, yendo los tres a pie —los frailes por pobreza, el otro por avaricia—, fue preciso que uno de los frailes, por ir descalzos, llevase a hombros al mercader: de modo que, dándole éste los zuecos al fraile para que los sujetase, se montó sobre sus hombros.

Y ocurrió que, al llegar a la mitad del río, el fraile se acordó de su regla, y deteniéndose como San Cristóbal, alzó la cabeza hacia el que llevaba encima, y dijo: «Dime: ¿llevas dinero contigo?». «Lo sabes de sobra», respondió éste, «¿cómo creéis, si no, que viajan los mercaderes como yo?». «¡Ay de mí!», dijo el fraile, «nuestra regla prohíbe que llevemos dinero encima», y al punto lo arrojó al agua. Lo cual, entendiendo el mercader con buen humor que la ofensa hecha había sido vengada, con apacible risa, pacíficamente y medio sonrojado de vergüenza, soportó la venganza.

10. Uno dejó de tener trato con un amigo suyo porque aquél le hablaba mal a menudo de sus amigos. Éste, al ser abandonado por el amigo, quejándose un día con él, después de muchos lamentos, le rogó que le dijese qué razón lo había movido a olvidar tan buena amistad. A lo que aquél respondió: «No quiero seguir tratándote porque te tengo afecto y no deseo que, hablando tú a otros mal de mí, que soy tu amigo, los demás tengan como yo una impresión mala de ti por hablar mal de tu amigo; así, no teniendo ya trato, parecerá que somos enemigos, y por el hecho de que hables mal de mí como acostumbras, no podrás ser tan criticado como si nos tratásemos».

11. FACECIA. Queriendo probar uno con la autoridad de Pitágoras que había tenido otras vidas, no dejándole acabar otro que escuchaba su razonamiento, éste tal le dijo: «Y como prueba de que viví en otro tiempo, tú eras molinero». Entonces aquél, sintiéndose picado, le confirmó que era cierto, y que por más señas se acordaba de que él era el asno que le llevaba la harina.

12. FACECIA. Le preguntaron a un pintor por qué, haciendo unas figuras tan bellas, que eran cosas muertas, le habían salido unos hijos tan feos. Entonces el pintor respondió que las pinturas las había hecho de día, y los hijos de noche.

13. AGUDEZA DICHA POR UN JOVEN A UN VIEJO[2]. Despreciando un viejo en público a un joven, el joven, dando audazmente prueba de no temerle, le respondió que su mucha edad era para él mejor escudo que la lengua o la fuerza.

14. FACECIA. Estando un enfermo en punto de muerte, oyó llamar a la puerta, y preguntando uno de sus criados quién era, respondieron que era una que se llamaba la Señora Bona. Entonces el enfermo, alzando los brazos al cielo, dio gracias a Dios en voz alta, y dijo enseguida a sus criados que la hicieran pasar para poder ver a una mujer buena antes de morir, porque en toda su vida no había visto una.

15. FACECIA. Le dijeron a uno que se levantase de la cama porque ya había salido el sol, y él respondió: «Si tuviera yo que viajar y trabajar tanto como él, me habría levantado ya, pero debiendo hacer tan poco trecho, no quiero levantarme todavía».

16. Yendo a menudo un artesano a visitar a un hombre poderoso sin pedir cosa alguna, éste le preguntó qué deseaba. Aquél le dijo que venía para ver los placeres que él no tenía; ya que de buena gana veía hombres más poderosos que él, como hacen las gentes del pueblo, mientras que el poderoso no podía ver sino hombres de menos valía: y por eso les faltaba ese placer.

17. Uno, yendo a Módena[3], hubo de pagar cinco centavos de gabela por su persona. Ante lo cual, empezando a dar gritos de asombro, atrajo a muchos que pasaban por allí, y éstos preguntaron de qué se maravillaba tanto; a lo que dijo Maso[4]: «No he de maravillarme de que todo un hom-

---

[2] El título podría ser de otra mano.
[3] Leonardo dice *Modana*.
[4] Maso es un nombre inesperado. Ravaison-Mollien, en nota a su trascrippción, trata de identificarlo con el legendario *Maso* Zoroastro (Tomaso Masini) a quien Leonardo habría

bre no pague más que cinco centavos, y en Florencia yo, sólo por meter la polla dentro, hube de pagar diez ducados de oro, y aquí meto la polla, los cojones y todo lo demás por tan poca tasa? ¡Que Dios salve y guarde esta ciudad y a quien la gobierna!».

18. Uno, viendo a una mujer ante un mostrador para las justas, miró el mostrador y gritó viendo su lanza: «¡Ay, demasiado chico es este trabajador para tan gran tienda!».

19. Una muchacha mostró el coño de una cabra a cambio del suyo a un cura, y cogió uno grande, y así se burló de él.

20. La mujer al atravesar un paso difícil y enfangado, «Tres verdades»[5], subiéndose las faldas por detrás y por delante, se toca el chocho y el culo y dice: «¡He aquí un paso fácil y trillado!».

21[6]. FACECIA. ¿Por qué los húngaros tienen la doble cruz?

22[7]. Cierto holgazán crece en el tedio como la calabaza o el melón por demasiado humor, o como la zocata[8] por los chaparrones. No, no es así; ¿sabes tú a quién se parece? Es como el tonto de Gello[9], que tiene la cabeza pelada, pero le falta el repollo o la hoja de calabaza para esprimir la leche. Di, Sandro, ¿Qué te parece? Te diré la verdad, no me salió bien.

23[10]. Facecia del arcipreste de santa María del Monte, en Varese, que enviaron atado al Duque en vez de un halcón.

---

acompañado en un viaje hasta la frontera de Italia, «*si à Modane est la juste interprétation de ammodana*». Pero es Módena, no Modane. Lo demás es fantasía.

[5] Ponemos entre comillas la expresión de sentido oscuro (ms. *3 verdades*) aunque de escritura clara, como si se tratase de un topónimo asignado al «paso»; pero no estamos seguros de ello.

[6] La frase nos parece una pregunta y por eso ponemos el signo de interrogación. El chiste debía de estar en la parte que falta.

[7] Colocamos entre las *Facecias* este fragmento de dudoso significado. Según Fumagalli (*op. cit.*, p. 202) Leonardo mostraría a Sandro (¿Botticelli?) un esbozo de caricatura poco conseguido. ¿Son posibles otras interpretaciones? Creemos que sí, incluida (para decirlo todo) la alusión obscena, aunque velada, a un episodio de impotencia masculina. Se puede ver también un diálogo entre Leonardo, o X, y Sandro (X: *Cierto*... S: *No, tú*... X: *Anda, di*...S: *Te diré*...).

[8] Ciruela carcomida (N. del T.).

[9] Ms. *gucho dagello*. Está todavía viva en Toscana la tradición de los chistes sobre la simpleza de los habitantes de Gello. Cfr. A. Marinoni, *Giucco da Gello*, en «Raccolta Vinciana», XVIII, 1960, p. 160.

[10] Este apunte contiene una sencilla alusión a un conocido chiste. En el cuento número ciento ocho de las *Cento trenta novelle o Facetie* de Lodovico Carbone (ed. de Abd-el-Kader Salza, Livorno, 1900, p. 74) se narra que el Duque de Ferrara envió un día al podestàd de Carpaneto, en Módena, la siguiente orden: «capias accipritem et mitte nobis ligatum in sacculo ne aufugiat» («cójase un halcón y envíesenos atado en un saco para que no se escape»). El podestàd, «que sabía la gramática de montaña, leyendo la palabra *accipritem* entendió que significaba arcipreste», de acuerdo con su yerno Pavaione que sabía tanto latín como él. Ambos arrestaron al arcipreste y, así, «metido en un saco, lo llevaron a Ferrara». Añade Carbone que, después de aquello, el Duque decidió utilizar la lengua romance en su

24. Uno le echó en cara a un hombre de bien que no era hijo legítimo. A lo que éste respondió que era legítimo según las reglas de la especie humana y las leyes de la naturaleza, mientras que él en una era bastardo, porque tenía costumbres de bestia más que de hombre, y en la ley de los hombres no estaba seguro de que fuera legítimo.

25. FACECIA. Sabiendo un ladrón que un conocido suyo, comerciante, tenía mucho dinero en una caja en su tienda, planeó robárselo, y entrando a medianoche en la tienda del mercader, cuando empezaba a poner en obra su intención, fue sorprendido por aquél al ver abierto el candado de la tienda. Y, mirando con gran miedo por las rendijas de las que salía la luz del ladrón, cerró al punto por fuera el candado; y dejando dentro de la tienda al ladrón, corrió a buscar a los hombres del rector. Entonces el ladrón, viéndose encerrado, improvisó una treta para salvarse, y encendiendo dos velas del mercader y sacando un par de barajas, una, que tenía mal juego, la tiró al suelo, y otra, que tenía buen juego, la guardó, y así se puso a esperar a los hombres del rector. Los cuales, apenas llegaron con el caballero, el que estaba en la tienda, oyendo abrir el candado, gritó: «¡Voto a Dios!, tú me has encerrado aquí para no pagarme el dinero que te gané. Pues te juro que pagarás lo que debes. No debe jugar el que no quiere perder. Tú me has hecho jugar a la fuerza, y cuando pierdes, te marchas de la tienda con tu dinero y con el mío, y me dejas encerrado para que no corra detrás de ti». Y dicho esto, echó mano a su bolsa para quitársela. Entonces el caballero, creyéndole burlado, hizo que el mercader le diese el dinero que aquél reclamaba por suyo.

26. FACECIA. Un hombre pobre fue al ujier de un gran caballero y le pidió que dijese a su señor que había venido un hermano suyo que tenía gran necesidad de hablar con él. Este ujier, referida la embajada, recibió el encargo de hacer entrar al tal hermano. El cual, llegando ante el caballero, le explicó que, habiendo descendido todos del gran padre Adán, él era hermano suyo y sus bienes estaban mal repartidos, y le rogaba que lo librase de tanta pobreza, porque a duras penas sacaba para vivir con las limosnas. Entonces el caballero dijo que era muy lícita esa demanda, llamó a sus tesoreros e hizo que le dieran un centavo. El pobre sintió gran asombro y dijo que aquello no era lo que correspondía a un hermano. El caballero respondió que él tenía muchos hermanos como él, y al dar tanto a cada uno, no le quedaba nada para sí, y el centavo era bastante para aquel reparto. Así con justa licencia despidió al heredero.

---

correspondencia con los *podestà*. Se ve que en Milán el chiste había sufrido alguna variante con la sustitución del Duque de Ferrara por el de Milán y del arcipreste Carpaneto por el de Santa María del Monte en Varese.

Proemios

1. Aunque no supiera aducir autoridades como ellos, mucho mayor y más digna cosa aduciré, aduciendo la experiencia, maestra de sus maestros. Éstos van hinchados y pomposos, vestidos y adornados, no con las suyas, sino con las fatigas ajenas; y a mí no me reconocen las mías; y si me desprecian a mí, inventor, cuánto más podrán ser reprobados ellos que no son inventores, sino trompetas y repetidores de las obras ajenas.

2. PROEMIO. Ha de juzgarse y estimarse a los hombres inventores, que son intérpretes entre la naturaleza y los hombres —por contraste con los repetidores y trompetas de las obras ajenas—, como la diferencia que hay entre el objeto fuera del espejo y la imagen aparente en el espejo, que el uno por sí es algo, y el otro nada. Gente poco obligada a la naturaleza porque son sólo accidentales vestiduras[1], sin las cuales podrían estar entre los rebaños de animales.

3. Muchos creerán poder reprenderme con razón aduciendo que mis pruebas van contra las autoridades de hombres que merecen gran reverencia por sus inexpertos juicios, sin considerar que mis cosas han nacido de la simple y mera experiencia, que es la verdadera maestra.

4. PROEMIO. Viendo que no puedo elegir materia de gran utilidad o deleite porque otros antes que yo han tomado para sí todos los temas útiles y necesarios, haré como aquel que por su pobreza llega el último a la feria, y no pudiendo comprar nada, coge todo lo que los demás han despreciado por su poco valor. Yo esta mercancía rechazada y despreciada que han dejado muchos compradores, la echaré a mi frágil espalda, y con ella, no por las grandes ciudades, sino por las pobres aldeas, iré repartiéndola, y recibiendo el premio que merece la cosa por mí dada.

5. PROEMIO. Por naturaleza los hombres buenos desean saber.

Sé que muchos dirán que esta obra es inútil, y serán aquellos de quienes Demetrio dijo que el viento que en su boca originaba las palabras contaba para él lo mismo que el viento que salía de las partes inferiores; hombres que desean sólo riquezas corporales, placer, y están completamente privados del placer de la sabiduría, alimento y segura riqueza del alma; por-

---

[1] Leonardo contrapone «accidental» a «natural». El primer adjetivo se aplica a todo lo que es obra del hombre frente a lo que es don de la naturaleza. En este caso los hombres *trompeta* poseen sólo dotes «accidentales» (fruto de su trabajo, de su estudio diligente) y no dotes naturales (inteligencia, etc.).

que así como el alma es más digna que el cuerpo, tanto más dignas serán las riquezas del alma que las del cuerpo. Y a menudo cuando veo a uno de éstos tomar esta obra en sus manos, dudo que, como el simio, no se la lleve a la nariz, o me pregunte si se come.

6. PROEMIO. Sé bien que, por no ser yo literato, algún presuntuoso creerá poder criticarme con razón aduciendo que soy hombre sin letras. ¡Gente necia! No saben estos tales que yo podría, tal como Mario respondió a los patricios romanos, responder también: «Los que se adornan con las fatigas de otros, no me quieren reconocer a mí las mías». Dirán que, por no tener yo letras, no puedo decir bien lo que quiero tratar. No saben que mis cosas son más para ser tratadas por la experiencia que por la palabra ajena; la cual fue maestra de quien bien escribió, y así por maestra la tomo y a ella apelaré en todos los casos.

7. PROEMIO SOBRE LA PERSPECTIVA, O LA FUNCIÓN DEL OJO. Observa, lector, el crédito que podemos dar a los antiguos, que han querido definir lo que es alma y vida, cosas no demostrables, c[uando] las que se pueden conocer siempre y probar con claridad mediante la experiencia son durante tantos siglos ignoradas y falsamente creídas. El ojo, que tan claramente hace experiencia de su función, ha sido hasta mis tiempos definido por infinidad de autores de una forma, y yo por experiencia veo que es de otra.

8. Estas reglas te permiten distinguir lo verdadero de lo falso, lo cual hace que los hombres se prometan cosas posibles y con más moderación, y que tú no te nubles de ignorancia, y que, no realizándose, con desesperación te des a la melancolía.

9. EFECTO DE MIS REGLAS. Si tú me dijeras: «¿Qué efecto producen tus reglas? ¿Para qué sirven?»; yo te respondo que sujetan las riendas a los ingenieros e investigadores para que no se dejen prometer a sí mismos o a otras cosas imposibles, y no los tomen por locos o por estafadores.

10. La definición del alma la dejo a las mentes de los frailes, padres de los pueblos, los cuales por inspiración saben todos los secretos.

No te ocupes de las letras coronadas, porque son suma verdad.

11. Quien disputa aduciendo autoridades, no utiliza el ingenio, sino más bien la memoria.

12. Las buenas letras han nacido de lo bueno natural, y, como se debe alabar más la causa que el efecto, más ha de alabarse una buena naturaleza sin letras que un buen literato sin don natural.

13. Contra algunos comentaristas que censuran a los antiguos inventores de los que nacieron las gramáticas y las ciencias, y se arman contra los inventores muertos.

14. Yo tengo tantos vocablos en mi lengua materna, que más me he de doler de entender bien las cosas que de falta de palabras con que poder expresar el concepto de mi mente.

15[2]. Entre los estudios de las observaciones naturales, la luz deleita más al espectador; entre las cosas grandes de las matemáticas, la certeza de la demostración eleva más preclaramente los ingenios de los investigadores. La perspectiva, pues, debe ser antepuesta a todas las traducciones y disciplinas humanas, en el campo de la cual la complicada línea de rayos proporciona los modos de las demostraciones, donde reside no tanto la gloria de las matemáticas cuanto la de la física, adornada con las flores de la una y de la otra; los enunciados de ésta, expresados con circumloquios, yo los condensaré con conclusiva brevedad, tejiendo, según el tipo de materia, naturales y matemáticas demostraciones, a veces extrayendo los efectos de las causas, otras las causas de los efectos, añadiendo asimismo a mis conclusiones alguna que no está en ellas; sin embargo de ellas se extrae luz de cada cosa, si el Señor se digna ilustrarme a mí, estudioso de la luz, que dividiré la presente obra en tres partes.

16[3]. Y tú que dices que es mejor ver hacer una anatomía que ver sus dibujos, tendrías razón si fuese posible ver todas las cosas que en tales dibujos muestra una sola figura; en la cual, con todo tu ingenio, no verás y no tendrás noticia sino de unas cuantas venas; mientras que yo, para tener de ellas plena y cierta noticia, he seccionado más de diez cuerpos humanos, destruyendo todos los demás miembros, consumiendo con partículas menudísimas toda la carne que se encontraba alrededor de ellas sin ensangrentarlas salvo el imperceptible derrame de los capilares. Y un solo cuerpo no bastaba para tanto tiempo, por lo cual había que proceder de uno en otro con muchos cuerpos hasta completar el examen; cosa que repetí dos veces para ver las diferencias.

Y si te aficionas a esto, puede que te lo impida el estómago; y si no te lo impide, tal vez te lo impida el miedo de estar en las horas nocturnas en compañía de esos muertos descuartizados, desollados y espantosos a la vista; y si eso no te lo impide, podría faltarte el arte de dibujar bien, tal como requiere este tipo de representación.

Y si tienes el dibujo, no está acompañado por la perspectiva; y si va acompañado por ella, te faltará la regla de las demostraciones geométricas y la regla de los cálculos de las fuerzas y del valor de los músculos; o tal vez te falte la paciencia y no seas diligente.

Si en mí ha habido todas estas cosas o no, los[4] ciento veinte libros por mí compuestos dirán si sí o si no, en los cuales no he estado impedido ni por avaricia ni por negligencia, sino sólo por el tiempo. Vale.

---

[2] El fragmento sería mucho más interesante si no supiéramos que es una traducción literal de la *Perspectiva* de John Peckam.

[3] Este fragmento es conocido como *Proemio de la Anatomía*, y Leonardo aplica aquí lo mejor de su elocuencia.

[4] La transcripción oficial dice *io centoventi* (= *yo ciento veinte*), pero a nosotros nos parece leer en el manuscrito: *i ccento* (= *los ciento*).

17. Oh escritor, ¿con qué palabras describirás tú la figura completa con la misma perfección que hace aquí el dibujo? El cual[5], por no tener tú noticia de él, describes confusamente y permites conocer poco las verdaderas formas de las cosas, la cual[6] tú, engañándote, crees poder satisfacer plenamente a quien te escucha cuando describes la forma de cualquier cosa corporal circundada por superficie. Pero yo te recuerdo que no eches mano de las palabras sino para hablar con ciegos, o, si quieres mostrar algo con palabras a los oídos y no a los ojos de los hombres, habla de sustancias o de naturalezas, y no te empeñes en hacer pasar por los oídos las cosas que pertenecen a la vista, porque serás superado con mucho por las obras de los pintores.

¿Con qué palabras podrás describir un corazón sin llenar un libro? Y cuanto más te detengas en detalles[7], tanto más confundirás la mente de quien te oye y siempre necesitarás ejemplos y volver a la experiencia, la cual en vosotros es muy poca, y da noticia de pocas cosas respecto a la totalidad del objeto del que desees dar noticia completa.

18. Oh investigador de esta máquina nuestra, no te apenes porque con la muerte ajena extraigas conocimientos, mas alégrate de que nuestro Autor haya llevado el intelecto hasta tan excelsa facultad.

19. Yo descubro a los hombres el origen primero, o quizá segundo, de la causa de su ser[8].

20. Y tú, hombre que en este trabajo mío contemplas las obras admirables de la naturaleza, si consideras como algo infame destruirlo, piensa qué suma infamia será quitarle la vida a un hombre, del cual, si esta composición suya te parece de maravilloso artificio, piensa que no es nada en comparación con el alma que en tal arquitectura habita, y verdaderamente, sea cual sea ésta, es cosa divina, (así) que[9] déjala habitar en su obra a su voluntad, y no quieras que tu ira o malicia destruya tanta vida —pues, verdaderamente, quien no la estima, no la merece[10]—, ya

---

[5] Ha de entenderse *del cuál.* «No entendiendo de dibujo, escribes confusamente». Para Leonardo, nada supera en claridad y certeza al dibujo (o pintura), al menos en la representación de los fenómenos naturales.

[6] La noticia, es decir, el conocimiento imperfecto de la forma de las cosas deja al oyente insatisfecho.

[7] Estas ideas están ampliamente expuestas en la primera parte del llamado *Tratado de la Pintura.*

[8] «Primero o quizá segundo» es corrección interlineal del ms. La frase redactada en un primer momento decía: «Yo descubro a los hombres el origen || de su segunda causa de su ser». El texto es una página dedicada a los órganos reproductores. Éstos producen el *origen primero* de nuestro ser, si se considera exclusivamente el ciclo biológico. Pero dicho ciclo está precedido y determinado por una infinidad de otras causas, razón por la cual es mejor decir: *origen segundo.*

[9] En el ms. *(sig) che,* en lugar de *(sì) che.* Tal vez Leonardo quería tachar la *g*, y tachó también *si,* indispensable para el sentido de la frase.

[10] El inciso está escrito en el margen, con un signo de reenvío al texto.

que de tan mala gana abandona el cuerpo, y bien creo que su llanto o dolor no es sin causa.

Preocúpate de conservar la salud, cosa que conseguirás cuanto más te guardes de los físicos[11], porque sus compuestos son sacados de la alquimia, de la cual no hay menos libros que medicinas.

21[12]. Yo he hallado entre otras excesivas e increíbles creencias de los hombres, la de la búsqueda del movimiento perpetuo, que algunos llaman «rueda perpetua». Ésta ha durado muchos siglos, con largas búsquedas y experimentos y gran dispendio de dinero, ocupando a casi todos los hombres que sienten afición por máquinas de agua y de guerra, y por otros sutiles inventos. Y al final siempre les pasa como a los alquimistas, que por una pequeña parte se perdía todo. Ahora quiero yo dar esta limosna a esta secta de investigadores, es decir dar tanta tregua a su búsqueda como el tiempo que dure esta pequeña obra mía. Y además de esto, lo que prometan a otros, tendrá su deseado fin, y no habrán de estar siempre huyendo por las cosas imposibles que prometen a príncipes y gobernantes. Yo recuerdo haber visto a muchos y de distintos países, por su pueril credulidad, ir a la ciudad de Venecia con grandes esperanzas de ganancia, y hacer molinos en el agua muerta*, de modo que, tras grandes gastos, no pudiendo mover tal máquina, se veían obligados a mover las piernas a gran velocidad para cambiar de aires.

*Es decir, subir con instrumentos el agua quieta, como la de pantanos, pozos o mar, y este agua, subida[13], al bajar ha de hacer como el agua en los molinos[14]. Oh simples, oh hombres sin inteligencia natural, ¿[qué] es lo que queréis?

22. Oh investigadores del movimiento perpetuo, ¡qué vanos proyectos habéis creado en semejante búsqueda! ¡Juntáos con los buscadores de oro!

23. ¡Cuánto más difícil es entender las obras de la naturaleza que un libro de un poeta!

---

[11] Los médicos, conforme a la denominación antigua (N. del T.).

[12] Este fragmento, que se encuentra en la hoja de guardas del manuscrito Madrid I, podría situarse entre los apuntes polémicos contra el nigromante y el alquimista, pero la alusión a «esta pequeña obra mía» nos hace considerarlo como un proemio de todo el volumen madrileño, que se ocupa precisamente de elementos e instrumentos mecánicos. Las últimas líneas, marcadas con asterisco, constituyen una nota explicativa puesta por Leonardo en el margen del folio para aclarar la frase «mulina (= molinos) en agua muerta». Algunas letras del escrito se han perdido con el deterioro del folio. Nuestros dos asteriscos sustituyen el trazo de pluma que en el manuscrito une la nota marginal a las palabras «agua muerta» del texto.

[13] Después de *subida* (it. *levata*) se lee una *r* que probablemente iba seguida de una palabra hoy perdida.

[14] ms. *munimulina* («munimolinos»).

Dos obras de arte
y un descubrimiento[1]

1. Si no quieres hacerlas de bronce para que no las roben, sabe que todas las cosas buenas de Roma le fueron quitadas a ciudades y tierras vencidas por los romanos. Y no valió de nada que tuvieran un peso extraordinario, como fue la aguja y dos caballos. Y si tú la haces hacer tan tosca[2] que no sea llevada, la convertirán en murallas y cal. Hazla como te agrade, que todas las cosas tienen su muerte. Y si dijeras que no quieres algo que dé más honra al artista que al que paga, sabe que la mayoría de las obras dan más honra a su artífice que al pagador.

---

[1] De los dos manuscritos de Madrid reproducimos tres breves apuntes de notable interés. El primero (1493 aprox.) parece reflejar ciertas dudas y meditaciones de Leonardo a propósito del gran caballo para la estatua de Francesco Sforza. Si se hacía de bronce, podía despertar la avaricia de los ejércitos invasores, ávidos de aquel metal para hacer cañones. Su mole y gran peso no serían un obstáculo suficiente para impedir su robo; sirvan como ejemplo los romanos que llevaron a Roma obeliscos («aguja») y grandes estatuas como botín de guerra. Si se hacía de mármol, no sería llevado lejos, pero se convertiría en material útil para otras construcciones. «Haz lo que a ti te agrade, que todas las cosas tienen su muerte», es la amarga, y sin embargo alentadora, conclusión. Una segunda duda concierne a la gloria de la empresa, que debería dividirse entre el artista y el comitente. ¿Es justo que el primero se lleve la mayor parte? Es simplemente normal.

El segundo fragmento, de 1505, se refiere a otra trágica obra maestra: la *Batalla de Anghiari*. La mañana del 6 de junio, a las nueve y media (o sea a las 13 horas, ya que las horas se contaban de un ocaso a otro), Leonardo empezó a pintar en el Palazzo Vecchio, poco antes de que la campana del Tribunal («Banco») anunciase el inicio de las audiencias («causa»). En ese momento el cielo se oscureció, y de aquel cielo encapotado comenzó a caer «muchísima agua» hasta la noche. Probablemente la insólita oscuridad y cierta agitación provocaron algunos incidentes dentro de la sala donde se realizaba la pintura y el gran cartón de la «batalla» quedó dañado. Sin embargo, parece que la atención de Leonardo se dirige más al gran fenómeno meteorológico que a su obra de arte destinada a tener muy pronto «su propia muerte» (cfr. A. Marinoni, «Leonardo: "Addì 6 di giugno 1505"», en *Italianistica*, 1973, pp. 305-310).

El tercer fragmento es un rápido apunte que, en cambio, registra un triunfo ilusorio: cuando, para convencer a Leonardo de haber descubierto la cuadratura del círculo, contribuyó la extraordinaria coincidencia de sucesos menudos, pero considerados significativos: la noche, la hora, la luz, el papel simultáneamente acabados. Por un lado, pues, la presencia de dos obras de arte que pronto encontrarían su trágica y prematura muerte, por el otro la alegría de una victoria inexistente (cfr. A. Marinoni, «Leonardo, Luca Pacioli e la geometria vinciana», en *Atti dell'Accademia Petrarca*, Arezzo, 1973).

[2] ms. *goffa* tal vez por *grossa* (gruesa, maciza).

2. A día 6 de junio de 1505, viernes, al toque de las trece horas, empecé a pintar en el Palacio. A punto de aplicar el pincel, se estropeó el tiempo, y tocaron en Banco llamando a la causa. El cartón se rompió, el agua se derramó y se rajó la jarra de agua que llevaban. Y al instante se puso mal tiempo, y cayó hasta la noche muchísima lluvia, y el tiempo se hizo como de noche.

3. La noche de San Andrés hallé el fin de la cuadratura del círculo. Y el fin de la vela, de la noche y del papel en que escribía, se cumplieron. Al final de la obra.

Discurso contra los compendiadores[1]

1. No compendiadores, sino olvidadores deben ser llamados los que abrevian obras como éstas.

2. Haz un discurso sobre la reprensión que merecen los estudiantes que obstaculizan las anatomías y las abrevian.

3. *a)* Quien critica la suma certeza de las matemáticas se alimenta de confusión, y nunca acallará las disputas de las ciencias sofísticas, con las cuales se aprende un eterno griterío.

b) Los compendiadores de obras insultan al conocimiento y al amor, ya que el amor por cualquier cosa es hijo del conocimiento, y el amor es tanto más ferviente cuanto más cierto es el conocimiento; cuya certeza nace del conocimiento completo de todas las partes, las cuales, están unidas entre sí, forman el todo de las cosas que deben ser amadas.

¿De qué le vale al que, para compendiar parte de las cosas que asegura dar a conocer íntegramente, deja a un lado la mayoría de las cosas que forman el todo?

Es verdad que la impaciencia, madre de la estulticia, es la que alaba la brevedad. ¡Como si estos tales no tuvieran vida bastante para poder alcanzar entera noticia de un solo particular, cual es un cuerpo humano! ¡Y luego queremos abarcar la mente de Dios, en la que se contiene el universo, sopesando y desmenuzándola en infinitas partes, como si hubieran de hacerle la anatomía!

¡Oh humana estulticia! ¿No adviertes que has pasado contigo toda tu vida, y no has conocido eso que posees en mayor medida, a saber, tu locura? Y quieres luego con la multitud de los sofistas, engañarte a ti y a los demás, despreciando las ciencias matemáticas, en las cuales se encuentra la verdadera noticia de las cosas que en ellas se tratan; ¿o acaso quieres ocuparte de los milagros y escribir y dar noticia de las cosas que la mente humana no es capaz de entender, y no pueden demostrarse por medio de ningún ejemplo natural?; ¡y te parece haber hecho milagros cuando has estropeado la obra de algún ingenio especulativo; y no adviertes que tú caes en el mismo error que el que desnuda un árbol del adorno de sus ramas,

---

[1] En el primero de los *Quaderni d'Anatomia* se lee en el margen superior del f. 4 v. un breve promemoria para un *discurso* proyectado contra los alumnos impacientes y compendiadores de las sesiones de anatomía, los que desprecian el trabajo oscuro, fatigoso de la investigación experimental.

llenas de frondas con olorosas flores y frutos, [y] muestras que con aquel árbol han de hacerse desnudas tablas!

Como hizo Justino, compendiador de las Historias escritas por Troco Pompeo[2] —el cual escribió de bella manera todos los hechos ilustres de sus antiguos, que estaban llenos de hermosísimas cualidades—, y así hizo una cosa desnuda, digna sólo de ingenios impacientes, a los que les parece que pierden tanto tiempo como el que se emplea útilmente, me refiero al estudio de las obras de la naturaleza y de las cosas humanas.

Pero quédense estos tales en compañía de los brutos, y sean sus cortesanos perros y otros animales de rapiña, y vayan con ellos corriendo siempre detrás de quien huye, persiguiendo a los inocentes animales[3] que, como el hambre, en la época de las grandes nieves, vienen a tu casa a pedir limosna, como [a] su protector.

Y si eres como has escrito, el rey de los animales —pero mejor será decir rey de las bestias, siendo tú la mayor— ¿por qué no los ayudas a que te entreguen luego a sus crías para disfrute de tus fauces[4], con las que has intentado convertirte en sepultura de todos los animales? Y más diría, si el decirlo todo me fuese permitido. Pero no salgamos de las cosas humanas diciendo una suma infamia, lo que no se da en los animales terrestres, porque en ellos no los hay que coman a su propia especie salvo por pérdida del cerebro —que también hay entre ellos locos, como entre los hombres, aunque no en tan gran número— y eso no ocurre salvo con los animales de rapiña, como en la especie del león, y leopardos, panteras, linces, gatas y otros parecidos, los cuales algunas veces se comen a sus hijos; ¡pero tú, además de a tus hijos, te comes a tu padre, a tu madre, a tus hermanos y amigos, y no te basta con esto, sino que vas de caza por las islas de otros apresando a los demás hombres[5]; y cortándoles el miembro y los testículos, los engordas y los engulles! ¿Es que la naturaleza no produce bastantes simples como para saciarte? Y si no te bastan los simples, no puedes tú, mezclándolos, formar infinitos compuestos, como escribió el Platina[6] y las demás autoridades en asunto de comida?

---

[2] Entre los libros poseídos por Leonardo y enumerados en el *Códice Atlántico*, está *Iustino*, es decir el epítome de los *Historiarum Philippicarum libri XLIV* de Pompeo Trogo, traducido en Venecia en 1477 con el título *Il libro di Iustino posto diligentemente in materna lingua*; y el *De onesta Voluttà*, es decir *De la honesta Voluptade*, traducción del *Opusculum de obsoniis ac honesta voluptate* de Platina (Bartolomeo Sacchi). Véase Apéndice I, en la p. 167.

[3] Alude a la caza.

[4] Se refiere ahora a la cría de animales, en vez de la caza.

[5] Para las noticias que Leonardo pudo tener sobre las Indias y las costumbres de los salvajes y caníbales, cfr. Solmi, *Le fonti dei manoscritti di Leonardo da Vinci*.

[6] Cfr. la nota 2 en esta misma página.

Contra el nigromante y el alquimista

1. No puede haber voz donde no hay movimiento y percusión de aire; no puede haber percusión de aire, donde no hay instrumento, no puede haber instrumento incorpóreo. Siendo esto así, un espíritu no puede tener ni voz, ni forma, ni fuerza y, si toma cuerpo, no podrá penetrar ni entrar donde las puertas están cerradas. Y si alguien dijera: «por aire condensado y comprimido a la vez el espíritu toma cuerpos de distintas formas, y por ese medio habla y se mueve con fuerza», digo que, donde no hay nervios y huesos, no puede haber fuerza puesta en acto, en ningún movimiento, por parte de los imaginarios espíritus. Huye de los preceptos de esos especuladores cuyas razones no están confirmadas por la experiencia.

2[1]. Considera bien que, mediante el movimiento de la lengua, con la ayuda de los labios y los dientes, la pronunciación de todos los nombres de las cosas conocidas, y los vocablos sencillos y compuestos de un lenguaje, llegan a nuestros oídos mediante tal instrumento. Los cuales, si todos los hechos naturales tuvieran un nombre, se extenderían hasta el infinito, junto con las infinitas cosas que existen en acto y en potencia en la naturaleza; y esto no ocurriría sólo en un lenguaje, sino en muchísimos; los cuales se extienden también hasta el infinito, porque continuamente varían de siglo a siglo y de país a país mediante la mixtión de los pueblos, que por guerras u otros accidentes se mezclan; y los mismos lenguajes están sujetos a olvido y son mortales al igual que las demás cosas creadas; y si concedemos que nuestro mundo es eterno, diremos que tales lenguajes han nacido, y serán en el futuro, de infinita variedad, mediante infinitos siglos que en la infinitud del tiempo tienen cabida, etc.

---

[1] Este largo fragmento está precedido en el f. 28 v. por otros dos, muy breves, que hablan *de los músculos que mueven la lengua*. Leonardo aquí considera la capacidad humana de formar con la voz infinitas palabras en infinitos lenguajes, para pasar a una reflexión para él más habitual: que el hombre puede, combinando los elementos que le ha suministrado la naturaleza, producir infinitos compuestos, pero no conseguirá crear uno solo de los elementos simples que la naturaleza crea con medios misteriosos. Así pues, el esfuerzo de los alquimistas por crear oro es vano. La parte más amplia, sin embargo, está dedicada al nigromante, que pretende tener a sus órdenes a los «espíritus». Leonardo sabe que las «virtudes espirituales» producen y mueven las formas naturales penetrando íntimamente en la materia, con lo que se crean sus propios «instrumentos corpóreos», pero excluye que el espíritu pueda moverse entre los elementos materiales como algo separado, sin compenetrarse con ellos. Tampoco el alma puede estar «entre los elementos» sin el cuerpo, que es su instrumento. Separada de él, debe salir del mundo elemental y volver a su Mandatario (cfr. el capítulo siguiente).

Y esto no ocurre en ningún otro sentido, porque sólo se extienden en las cosas que continuamente produce la naturaleza, la cual no varía las ordinarias especies de las cosas por ella creadas como, en cambio, se modifican de tiempo en tiempo las cosas creadas por el hombre, máximo instrumento de la naturaleza, porque la naturaleza sólo se aplica a la producción de los simples. El hombre con estos simples produce una infinidad de compuestos, pero no tiene poder para crear ningún simple, salvo a otro sí mismo, es decir a sus hijos: y esto me lo certificarán los alquimistas, los cuales nunca, ni por azar ni por voluntaria experiencia, lograron crear la mínima cosa que crear se pueda directamente de la naturaleza; y esta tal generación de alquimistas merece infinitas alabanzas por la utilidad de las cosas que ha descubierto para servicio de los hombres, y más merecerían si no hubieran sido inventores de cosas nocivas, como venenos y otras semejantes ruinas de la vida y de la mente, de la cual ellos no están libres, queriendo crear con gran estudio y experimentaciones, no ya el menos noble producto de la naturaleza, sino el más precioso, es decir el oro, verdadero hijo del sol, porque más que a ninguna otra criatura se le parece y ninguna cosa creada es eterna como el oro. Éste está libre de la destrucción del fuego, que se extiende a todas las cosas creadas reduciéndolas a cenizas o a cristal o a humo. Y si la estulta avaricia te empuja a tal error, ¿por qué no vas a las minas, donde la naturaleza produce ese oro, y aquí te haces discípulo suyo, que lealmente te curará de tu necedad mostrándote cómo ninguna cosa por ti operada en el fuego es lo que ella emplea para producir el oro? Aquí no mercurio, aquí no azufre de ninguna clase, aquí no fuego ni otro calor más que el de la naturaleza vivificadora de nuestro mundo, la cual te mostrará cómo las ramificaciones del oro se extienden por la pizarra o por el azul ultramarino, que es color inmune al poder del fuego. Y observa bien esa ramificación del oro y verás en sus extremos que con lento movimiento crecen continuamente, cómo esos extremos convierten en oro lo que tocan, y nota que aquí hay un alma vegetativa que no está en tu poder producir.

3. Pero entre los discursos humanos sumamente necio debe considerarse el que se extiende a la credulidad de la nigromancia, hermana de la alquimia, generadora de las cosas simples naturales[2]; tanto más digna de represión que la alquimia, puesto que no produce cosa alguna salvo lo que se le asemeja, es decir mentiras, lo que no ocurre en la alquimia, que administra sustancias simples producidas por la naturaleza, lo cual está sólo en la facultad de la propia naturaleza, porque en ella no hay instrumentos orgánicos con los que realizar lo que lleva a cabo el hombre con sus ma-

---

[2] Leonardo afirma que que el hombre puede combinar las sustancias simples produciendo infintos compuestos, pero sólo la Naturaleza crea los simples mediante el alma vegetativa que el hombre nunca podrá reproducir.

nos, que con ese medio ha fabricado los cristales, etc. Mientras que la negromancia, estandarte y bandera al viento, guía de la necia muchedumbre, que continuamente es testigo con sus ladridos[3] de infinitos efectos de ese arte, y con él han llenado libros afirmando que los encantamientos y espíritus actúan y sin lengua hablan, y sin instrumentos orgánicos, sin los cuales hablar no se puede, hablan[4] y llevan grandísimos pesos, producen tormentas y lluvia, convierten a los hombres en gatas, lobos y otras fieras, aunque entre las bestias ya se cuentan los que tales cosas afirman. Y ciertamente, si tal nigromancia existiera como los bajos ingenios creen, ninguna cosa habría en la tierra que para daño y servicio del hombre tuviera más valor: porque si fuese verdad que en tal arte se tuviese poder para turbar la tranquila serenidad del aire, convirtiéndolo en nocturno aspecto, y centellas y vientos con espantosos truenos y rayos corriendo entre las tinieblas, y con impetuosos vientos derruir los altos edificios y arrancar de cuajo los bosques, y con ellos golpear a los ejércitos, derrotándolos y sometiéndolos, y además de esto, con dañinas tempestades privar a los agricultores del fruto de sus fatigas, ¡oh, qué forma de guerra puede haber que con tanto daño pueda ofender a su enemigo, tener potestad para privarlo de sus cosechas? ¿Qué batalla marítima puede haber que se parezca a la de aquel que manda sobre los vientos y arruina fortunas, y destruye cualquier ejército? Ciertamente, quien puede dar órdenes a tan impetuosas potencias será señor de los pueblos, y ningún ingenio humano podrá resistir a sus perniciosas fuerzas: los tesoros ocultos y piedras preciosas en el seno de la tierra le serán manifiestos por entero; ninguna cerradura o inexpugnable fortaleza podrán salvar a nadie contra la voluntad del nigromante. Éste se hará llevar por los aires de oriente a occidente y por todos los opuestos parajes del universo. ¿Pero por qué sigo? ¿Cuál es la cosa que un artífice así no pueda hacer? Casi ninguna, salvo evitar la muerte. Así pues, queda demostrado el daño y parcial utilidad que en tal arte se contiene, si es verdadero. Y si es verdadero, ¿por qué no se ha quedado entre los hombres que tan[to lo] desean, no teniendo respeto a ninguna deidad? Y eso que sólo infinitos[5] estarían dispuestos a destruir a Dios con todo el universo por satisfacer un apetito. Y si no ha quedado entre los hombres, siendo tan necesario para ellos, es que nunca existió ni nunca existirá, por la definición misma del espíritu, el cual es invisible e incorpóreo, y entre los elementos no hay cosas incorpóreas porque, donde no hay cuerpo, hay vacío y el vacío no se da entre los elementos pues inmediatamente sería llenado por el elemento[6].

---

[3] El aplauso de la multitud.
[4] Esta repetición probablemente habría desaparecido en la redacción definitiva.
[5] «Sólo» es irónico, naturalmente.
[6] El ms. añade: *da vuelta a la hoja.*

4. DE LOS ESPÍRITUS. Hasta aquí, detrás de esta hoja[7], hemos dicho cómo la definición del espíritu es «una potencia[8] unida al cuerpo, pues por sí mismo no puede sostenerse, ni adquirir ninguna suerte de movimiento local». Y si tú dices que se sostiene por sí mismo, este ser no puede formar parte de los elementos[9], porque si el espíritu es cantidad incorpórea, esa cantidad es llamada vacío, y el vacío no se da en la naturaleza, y si se da, inmediatamente sería ocupado por la ruina de ese elemento en el cual tal vacío se produjera.

Así pues, por la definición del peso, que dice: «la gravedad es una potencia accidental, creada por un elemento arrastrado o empujado por otro», se sigue que ningún elemento, no pesando sobre el mismo element[o], pesa en el elemento superior, que es más ligero que él; y así la parte del agua no tiene gravedad o levedad en otra agua, pero si la arrojas al aire, entonces adquiere peso, y si echas aire bajo el agua, entonces el agua que está encima de ese aire adquiere peso, y ese peso no puede sostenerse a sí mismo, por lo que es forzoso que se venga abajo, y así cae dentro del agua[10], en la parte de ese agua que está vacía. Lo mismo ocurriría al espíritu estando entre los elementos, que continuamente generaría vacío en el elemento en el que se encontrase, por lo cual sería necesaria su continua huida hacia el cielo, hasta salir de dichos elementos.

5. SI EL ESPÍRITU TIENE CUERPO ENTRE LOS ELEMENTOS. Hemos demostrado que el espíritu, como espíritu, no puede por sí mismo estar sin cuerpo entre los elementos, y no se puede mover por sí solo con movimiento voluntario, salvo hacia arriba, pero ahora diremos que, tomando cuerpo de aire, es necesario que tal espíritu se infunda en ese aire, porque si estuviese unido, sería separado de él y caería en la generación del vacío, como se ha dicho más arriba. Así pues, es necesario que, queriendo estar en el aire, se infunda en una cantidad de aire, y si se mezcla con el aire, se siguen dos inconvenientes, a saber, que aligera esa cantidad de aire con la que se ha mezclado, por lo que el aire aligerado vuela hacia lo alto y no queda entre el aire más pesado que él; y además, esa virtud espiritual, es-

---

[7] En el reverso del folio (véase nota anterior).

[8] Antes escribe, y luego tacha: *un nombre no unido*.

[9] Probablemente Leonardo no excluye la existencia de los espíritus fuera de los elementos. En otro lugar rechaza definir la naturaleza del alma. Aquí acoge una definición del espíritu para demostrar la imposibilidad de que viva y actúe en medio de los cuerpos pero separado de ellos. En la *Disputa* (p. 119) afirma en cambio que la «quintaesencia, espíritu de los elementos [...] hallándose encerrada como alma del cuerpo humano, desea siempre volver a su mandatario». En cualquier caso aquí combate la creencia supersticiosa en los espíritus o fantasmas agitados por los nigromantes; cosa bien distinta de las potencias espirituales cuya existencia sostiene en otro lugar.

[10] El agua cae en el vacío que se ha formado *dentro del agua*; no creemos, por tanto, que deba corregirse por «dentro del aire» como hacen otros editores.

parcida, se divide y altera su naturaleza, por lo que le viene a faltar su primera virtud[11].

Añádase un tercer inconveniente, esto es, que dicho cuerpo de aire tomado por el espíritu está sujeto a la penetración de los vientos, que continuamente desunen y rompen las partes unidas del aire, haciéndolas girar y vagar por el otro aire. Así pues, el espíritu infuso en tal aire sería desmembrado, o sea rasgado y roto junto con la laceración del aire en la que se infundió.

6. SI EL ESPÍRITU, HABIENDO TOMADO CUERPO DE AIRE, PUEDE MOVERSE POR SÍ MISMO O NO. Imposible es que el espíritu infuso en una cantidad de aire pueda mover ese aire; y esto se pone de manifiesto por la anterior[12] donde dice: «el espíritu aligera esa cantidad de aire en la cual se infunde». Así pues, dicho aire se elevará por encima del otro aire, y será un movimiento provocado por la levedad del aire y no por el movimiento voluntario del espíritu: y si ese aire choca contra el viento, por la tercera ese aire será movido por el viento y no por el espíritu en él infuso.

7. SI EL ESPÍRITU PUEDE HABLAR O NO. Queriendo demostrar si el espíritu puede hablar o no, es necesario ante todo definir qué es la voz y cómo se produce. Y lo diremos así: «la voz es movimiento de aire congregado en cuerpo denso, o el cuerpo denso congregado en el aire, que es lo mismo; esta congregación de denso con ralo condensa lo ralo y lo hace resistente; además lo veloz ralo y el ralo lento se condensan uno a otro en los contactos, produciendo sonido y gran estrépito. Es el sonido o murmullo producido por lo ralo lo que se mueve en lo ralo con moderado movimiento, como la llamarada, generadora de sonido en el aire; y el gran estruendo producido por ralo contra ralo es cuando lo ralo veloz penetra en lo ralo inmóvil, como la llama que sale de la bombarda y choca contra el aire, o también como el relámpago salido de la nube, que, chocando con el aire, produce centellas»[13].

Así pues, diremos que el espíritu no puede producir voz sin movimiento de aire, y en él no hay aire, ni lo puede arrojar por sí mismo si no lo tiene; y si quiere mover aquel en el que está infuso, es necesario que el espíritu se multiplique, y no se puede multiplicar si no tiene cantidad, y por la cuarta que dice: «ningún ralo se mueve si no tiene lugar estable donde tomar movimiento», y sobre todo debiendo moverse el elemento en el elemento, que no se mueve por sí solo, sino por vaporación uniforme en el cen-

---

[11] Puede recordar el *Pensamiento* n.º 30.

[12] Más adelante dice «por la tercera... y por la cuarta». Son bastante frecuentes en los mss. de Leonardo las referencias numéricas —como éstas— a definiciones contenidas en tratados que dice haber escrito, pero que desgraciadamente no han llegado hasta nosotros.

[13] Esta larga definición y la que viene poco después resultan demasiado amplias respecto a la demostración emprendida en el fragmento. Parece como si Leonardo se dejase desviar por un tema distinto pero no de menor interés.

tro de la cosa evaporada, como ocurre con la toalla escurrida en la mano, que está bajo el agua, de la cual huye el agua en todas direcciones con igual movimiento por las fisuras que hay entre los dedos de la mano que la aprieta.

8[14]. Si el espíritu tiene voz articulada, y el espíritu puede ser oído, y qué es oír y ver, y cómo la onda de la voz va por el aire y cómo las especies de los objetos van a los ojos.

9. ¡Oh matemáticos haced luz en tal error!

El espíritu no tiene voz, porque donde hay voz hay cuerpo, y donde hay cuerpo hay ocupación de espacio, el cual impide a los ojos ver cosas situadas detrás de ese lugar: así pues, el cuerpo llena todo el aire en torno con sus especies.

10. Las cosas mentales que no han pasado por los sentidos, son vanas, y no producen ninguna verdad que no sea dañina, y ya que tales ideas nacen de pobreza de ingenio, pobres son siempre tales argumentos, y si han nacido ricos, morirán pobres en su vejez, porque parece como si la naturaleza se vengase de los que quieren hacer milagros, y tienen menos que los hombres más tranquilos, y los que quieren hacerse ricos en un día, viven largo tiempo en gran pobreza, como les pasa y pasará siempre a los alquimistas que intentan crear oro y plata, y a los ingenieros que quieren que el agua muerta se dé vida motriz a sí misma con el movimiento perpetuo, y al sumo necio, nigromante o encantador.

11. Los mentirosos intérpretes de la naturaleza que afirman que el mercurio es simiente común a todos los metales, no recuerdan que la naturaleza diversifica las simientes según la diversidad de las cosas que quiere producir en el mundo.

---

[14] Es un apunte sumario, escrito en el margen inferior. Contiene el esquema de una argumentación para desarrollar, y que hallamos desarrollada en el *Códice Atlántico* en el f. 190 v.b. y *B* 4 v.

Disputa «pro» y «contra» la ley de la naturaleza

CONTRA. ¿Por qué la naturaleza no ordenó que un animal no viviese de la muerte de otro?

PRO. La deseosa naturaleza, sintiendo placer en crear y producir continuamente vida y formas porque sabe que acrecientan su materia terrestre, es más determinada y rápida creando que el tiempo consumiendo, y por eso ha ordenado que muchos animales sean alimento uno de otro, y no bastando esto para satisfacer tal deseo[1], a menudo produce ciertos venenosos y pestilentes vapores y continua peste sobre la gran congregación y multiplicación de animales, y máxime sobre los hombres que mucho crecen porque los demás animales no se nutren de ellos, y suprimiendo las causas, desaparecerán los efectos[2].

CONTRA. Así pues, esta tierra trata de perder su vida, deseando la continua multiplicación por tu prefijada y monstruosa razón. A menudo los efectos parecen sus causas. Los animales son ejemplo de la vida mundial[3].

PRO. Has de saber que la esperanza y el deseo de repatriarse y volver al primer caos, hace al hombre semejante a la mariposa[4], que con incesante deseo espera, siempre en fiesta, la nueva primavera, siempre el nuevo verano, siempre nuevos meses y nuevos años, pareciéndole que las cosas deseadas son demasiado lentas en llegar, y no advierte que desea su disolución. Pero este deseo reside en aquella quintaesencia, espíritu de los elementos, que hallándose encerrada en el alma del cuerpo humano, desea

---

[1] La recíproca destrucción de los animales no basta para producir el deseado equilibrio.

[2] Suprimida la destrucción (causa de equilibrio) desaparecerá el equilibrio entre el excesivo incremento de seres y el espacio o alimento disponible.

[3] Los animales son un producto (efectos) de la naturaleza o *vida mundial*, y de ella revelan (son ejemplo) su íntima finalidad y su modo de obrar.

[4] La vicisitud de la *mariposa a la luz de la llama* nos recuerda las *Fábulas* n.º 4 y n.º 31; pero el juicio moral aparece aquí profundamente transformado. Allí *la pintada mariposa vagabunda* representa la estulticia del hombre, que ignora la naturaleza y la potencia de los instrumentos de los cuales, sin embargo, pretende servirse; aquí la mariposa simboliza una ignorancia más feliz y, en vez de una necia, momentánea y dañina avidez, revela un deseo de naturaleza cósmica y por tanto ineluctable.

siempre volver a su mandatario[5]. Y quiero que sepas que ese deseo está en esa quinta esencia compañera de la naturaleza, y el hombre es modelo del mundo.

---

[5] Sobre la *quintaesencia* consideramos oportuno reproducir esta anotación del *Códice Atlántico*, f. 393 v.a: «La quintaesencia está infundida por el aire, al igual que el elemento del fuego, si bien cada uno de ellos tiene en sí, o por sí, su región, y mediante el hecho de que a cada partícula suya le es dada materia nutritiva, toma forma creciente y aumentativa; y si se les quita el alimento, al instante abandonan ese cuerpo y vuelven a su primera naturaleza».

Esbozo para una demostración[1]

1. Digo que la virtud visiva se extiende por rayos visuales hasta la superficie de los cuerpos no transparentes, y la virtud de estos cuerpos se extiende hasta la virtud visiva, y cada cuerpo semejante llena todo el aire antepuesto con su semejanza. Cada cuerpo por sí, y todos juntos, hacen lo mismo, y no sólo lo llenan de la similitud de la forma, sino también de la similitud de la potencia.

EJEMPLO. Tú ves el sol, cuando se encuentra en el medio de nuestro hemisferio, y que las especies de su forma están por todos los sitios por donde se muestra, ves que las especies de su esplendor están todas en esos mismos lugares; y añade aún la similitud de la potencia del calor; y todas

---

[1] En dos folios muy próximos del *Códice Atlántico* se encuentran, formando una suerte de elenco, muchos argumentos para una misma demostración. Casi todos los escritos de Leonardo tienen la forma provisional y preparatoria para una, sólo imaginada, redacción más orgánica; pero estos dos fragmentos se distinguen por su forma esquemática. En ellos Leonardo afirma que el fenómeno óptico de la visión está determinado por la convergencia de dos virtudes espirituales: una que sale de los ojos en busca de los objetos, la otra que de los objetos se irradia por el aire en todas direcciones. Algunos científicos (*matemáticos*) niegan que el ojo emita tal energía, ya que ésta debería consumir la materia misma del ojo. Leonardo replica que no se trata de materia, sino de una virtud espiritual que no consume nada. Analizar la naturaleza de dichas potencias inmateriales es imposible. La única tarea de las *demostraciones matemáticas* es la de comprobar y describir con exactitud los fenómenos naturales. Leonardo invita, pues, a su adversario a comprobar una serie de hechos inexplicables sin la noción de un modo de obrar que no requiere ni tiempo ni materia, en los que no se puede ver al agente, sino sólo el efecto. Tal es la facultad visiva emanada por el ojo. Su existencia y su modo de actuar no puede sorprendernos más que la existencia y la acción de tantas otras facultades espirituales. La demostración no puede hacerse, por tanto, más que a través de ejemplos. Los aportados en el primero y en el segundo fragmento habrían debido, sin duda, fundirse en la redacción definitiva. Primero habría venido el que se refiere al alma o sentido común, que percibe instantáneamente, a través de los ojos o el tacto, las formas y las cualidades de los objetos; luego las imágenes de los cuerpos luminosos (sol, luna, estrellas, llama) transmitidas por el aire; después el sol que ilumina, calienta la tierra y produce en ella la vida sin consumirse a sí mismo. ¿Y el sonido y el olor no se propagan acaso a gran distancia sin consumir mínimamente a los cuerpos que los emiten? ¿Y no se conocen las innumerables y misteriosas virtudes que se concentran en los ojos de los animales que hipnotizan a sus víctimas, o les quitan la voz o incluso la vida sólo con su mirada? ¿Y no dicen acaso los poetas y los teóricos del amor que ese sentimiento es despertado por una potencia emanada de los ojos femeninos? Y es notable el hecho de que la facultad amorosa requiera de Leonardo tan pocas palabras. Muchas menos que el *pez llamado linno*, que de noche ilumina las aguas profundas del mar, matando a todos los peces alcanzados por su luz.

estas potencias descienden de su causa por líneas radiosas, nacidas en su cuerpo y acabadas en los objetos opacos, sin disminución alguna de sí mismas.

El viento de tramontana está continuamente con la similitud de su potencia extendida y encarnada, no sólo en los cuerpos rarefactos, sino también en los densos, transparentes y opacos, y no disminuye por eso su tamaño.

CONFUTAR[2]. Por tanto esos matemáticos que dicen que el ojo no tiene virtud espiritual que se extienda fuera de él, ya que, si así fuese, no sería sin gran merma suya al ejercer la facultad visiva, y que si el ojo fuese tan grande como el cuerpo de la tierra, convendría que al mirar las estrellas se consumiese, y por esa razón afirman que el ojo recibe pero no envía nada de sí mismo.

EJEMPLO. ¿Qué dirán entonces éstos del moscatel que siempre tiene gran cantidad de aire impregnada de su olor, y quien lo llevase encima mil millas, mil millas ocupará de ese volumen de aire sin disminuir su tamaño? ¿Qué dirán éstos del repique de campana producido por el contacto del badajo, que llena cada día con su sonido un pueblo?, ¿que desgasta la campana? Ciertamente, me parece que estos hombres son[3] únicamente y basta.

EJEMPLOS. ¿No ven acaso a diario los labriegos esa culebra llamada lamia, atraer al ruiseñor como el imán al hierro con su fija mirada, y éste con quejumbroso canto correr a su muerte?

También se dice que el lobo tiene poder con su mirada de volver ronca la voz de los hombres.

Del basilisco se dice que tiene el poder de privar de la vida a toda cosa vital con su mirada.

Del avestruz, de la araña, se dice que incuban sus huevos con la vista.

Las muchachas se dice que tienen poder con sus ojos de atraer el amor de los hombres.

El pez llamado linno, que algunos llaman de San Ermo, y nace en las costas de Cerdeña, ¿no ha sido acaso visto por los pescadores durante la noche alumbrar con sus ojos, a modo de dos velas, gran cantidad de agua, y todos los peces que se encuentran en dicho resplandor salir al instante a flote panza arriba, muertos?

2. CÓMO LAS LÍNEAS RADIOSAS LLEVAN CONSIGO LA VIRTUD VISIVA HASTA SU PERCUSIÓN. Este alma nuestra, o sentido común, que los filósofos dicen está alojada en medio de la cabeza, extiende sus miembros espirituales a gran distancia y claramente se ve en las líneas de los rayos vi-

---

[2] *Confutar* está escrito como título, pero probablemente rige también, *esos matemáticos*. Se puede entender en cualquier caso, *confutaremos*.
[3] = existen tan sólo, vegetan.

suales, los cuales, terminando en el objeto, dan inmediatamente a su causa[4] la cualidad de la forma que toman al romperse.

También en el sentido del tacto, que deriva de ese mismo sentido común, ¿no se ve acaso que se extiende con su potencia hasta las puntas de los dedos, y estos dedos, en cuanto han tocado el objeto, al instante el sentido sabe si está caliente o frío, si es duro o blando, si es puntiagudo o plano?

CÓMO LOS CUERPOS ENVÍAN FUERA DE SÍ SU FORMA Y EL COLOR Y LA VIRTUD. Cuando el sol por un eclipse toma forma lunar, coge una delgada lámina de hierro, haz en ella un pequeño agujero y vuelve la cara de la lámina hacia el sol, sujetando detrás de ella un papel a una distancia de medio brazo, y verás en ese papel aparecer la similitud del sol en cuerpo lunar, semejante a su causa por la forma y el color.

SEGUNDO EJEMPLO. También hará esa lámina lo mismo de noche con el cuerpo de la lun[a] y con el de las estrellas; pero entre el papel y la lámina no debe haber en ningún caso otra entrada más que una apertura angosta a modo de una caseta cuadrada, cuya parte de abajo y de arriba y las dos traviesas de los lados han de ser de sólida madera, la de delante ha de sostener la lámina y la de atrás un delgado papel blanco, o bien un papiro pegado a los bordes de la madera.

TERCER EJEMPLO. Luego, tomada una vela de sebo que dé mucha luz y colocada delante de ese agujero, aparecerá en la cara opuesta del papel dicha llama con una forma alargada y semejante a la forma de su causa, pero boca abajo.

PROPIEDADES DEL SOL. El sol tiene cuerpo, figura, movimiento, esplendor, valor y virtud generativa, cosas todas que emana de sí mismo sin disminución suya.

---

[4] Es decir, a los ojos que los emiten, y por tanto al alma.

El primer vuelo[1]

Tomará el gran pájaro el primer vuelo sobre el flanco de su magno Cécero[2], llenando[3] de asombro el universo, llenando con su fama todas las escrituras, y dando gloria eterna al nido en que nació.

---

[1] Es uno de los fragmentos más notables de Leonardo. En la parte interior de la cubierta del *Códice Sobre el Vuelos de las Aves* él ha reproducido un momento en el que en la conmovida fantasía «veía» su maravillosa máquina (*el gran Pájaro*) alejarse del monte Ceceri y volar finalmente por el cielo. Acontecimiento clamoroso, realización de uno de los más arduos y antiguos deseos del hombre, digno de ser celebrado en *todos los escritos* y de dar fama y gloria. Sin embargo, humildemente, no habla de sí mismo; la fama será para el aparato prodigioso, la gloria para Florencia, el *nido donde nació el gran pájaro*. Es también notable que su palabra haya cobrado aquí un ritmo poético. El pasaje está formado por una cadencia endecasilábica, a excepción de *llenando con su fama todas las escrituras*.
Un primer esbozo se encuentra en el folio 18 v. del mismo códice, y dice: «Del monte, que tiene el nombre del gran pájaro, tomará el vuelo el famoso pájaro, que llenará el mundo con su gran fama».
[2] = monte Ceceri, cerca de Florencia (Cecero = cisne).
[3] ms. *y llenando (e empiendo)*, pero la primera *e* parece tachada.

El primer vuelo

El diluvio

1. Descripción del Diluvio. *a*) Represéntese primero la cima de un arduo monte con un amplio valle en torno a su falda, y en los lados de éste véase la corteza del terreno levantarse junto con las menudas raíces de las pequeñas[1] zarzas, y arrasar gran parte de las peñas circundantes; descienda furiosa[2] de tal destrozo; con turbulento curso vaya golpeando y arrancando las retorcidas y enmarañadas raíces de los grandes árboles, y haciéndolos caer boca abajo. Y las montañas, desnudándose, dejen al descubierto las profundas grietas abiertas en ellas por los antiguos terremotos; y los pies de las montañas sean en gran parte levantados y cubiertos con las ruinas de los arbustos caídos de las laderas de las altas cumbres de esos mismos montes, los cuales estarán mezclados con fango, raíces, ramas de árboles, con distintas hojas, mezclados con barro, tierra y piedras.

Y las ruinas de algunos montes vayan a caer a las profundidades de algún valle, y vuélvanse dique del agua atascada del río, cuyo dique ya roto, corra[3] con grandísimas olas, las más altas de las cuales golpeen y derruyan las murallas de las ciudades y aldeas de ese valle. Y las ruinas de los altos edificios de dichas ciudades levanten gran polvareda; el agua suba en forma de humo, y las enroscadas nubes láncense contra la lluvia que cae.

Pero el agua estancada vaya ondeando por el piélago que la aprisiona, y con remolinos vertiginosos chocando contra diversos objetos, y saltando en el aire con su fangosa espuma, volviendo luego a caer y salpicando el aire con el agua sacudida. Y las olas circulares que se alejen del lugar del choque, caminando con su ímpetu al través, sobre el movimiento de las otras olas circulares, láncense contra ellas, y[4], tras ese choque, vuelvan a saltar sin separarse de su base.

Y al salir el agua del piélago, se ven las olas deshechas extenderse hasta su salida; tras la cual, cayendo o bien descendiendo por el aire, cobra peso y movimiento impetuoso; después, penetrando el agua sacudida, abre y entra con furor hasta chocar con el fondo, saltando luego a la superficie del piélago acompañada por el aire que con ella se sumergió; y éste se que-

---

[1] ms. «de pequeños y espinos» (*de picholi e sterpi*). Tal vez falte un sustantivo (¿arbustos?).
[2] ms. «la lluvia» (*ella pioggia*) tachado antes de *furiosa (ruvinosa)*. No tener en cuenta la parte tachada o aceptar como sujeto «la corteza». Quizá sea preferible la primera opción.
[3] Cambio de sujeto frecuente en Leonardo, que pasa del dique a las aguas del río.
[4] Conjunción parahipotáctica.

da en la globulosa[5] espuma mezclada de astillas y otras cosas más ligeras que el agua; en torno a las cuales arrancan las olas, que tanto más crecen en circuito cuanto más impulso cobran; y ese movimiento las hace tanto más bajas cuanto más se amplía su base, y por eso son poco perceptibles en su consumición. Pero si las olas chocan contra varios objetos, entonces saltan hacia atrás dando en otras que llegan, con el mismo aumento de la curvatura que habría tomado de seguir el movimiento inicial. Pero la lluvia, al caer de las nubes, es del mismo color que esas nubes, es decir, igual que su parte oscura, si los rayos solares no la hubieran atravesado ya; lo cual, si ocurriese, haría que la lluvia fuese menos oscura que la nube. Y si los grandes pesos de las ruinas mayores de los grandes montes o de otros magníficos edificios chocan con los grandes piélagos de las aguas, entonces saltará gran cantidad de agua por el aire y su movimiento tendrá un aspecto opuesto al producido por el del percusor de las aguas, es decir el ángulo de la refracción será semejante al ángulo de la incidencia. De las cosas arrastradas por la corriente de las aguas, se alejará más de las opuestas orillas la que sea más pesada o de mayor volumen. Los remolinos tienen sus partes tanto más veloces, cuanto más cerca están de su centro. La cima de las olas marinas cae hacia su base chocando y conflagrándose contra las protuberancias de su superficie, y tal conflagración desmenuza en menudas partículas el agua al caer; la cual, convirtiéndose en espesa niebla, se mezcla con el curso de los vientos a modo de retorcido humo o revolución de nublado, y la eleva[6] al fin por los aires y se convierte en nubes. Pero la lluvia que cae por el aire, al ser combatida y golpeada por la corriente de los vientos, se vuelve rala o densa según la rarefacción o densidad de los vientos, y por eso se produce en el aire una inundación de translúcidas nubes, la cual está hecha de dicha lluvia, y en ella se hace perceptible bajo forma de líneas formadas por la caída de la lluvia que está cerca de los ojos que la ven.

Las olas del mar que choca contra la curva de los montes que con él confinan, corren espumeantes con gran velocidad contra el flanco de dichas montañas, y al retroceder, chocan con la oleada que llega y, tras su gran estruendo, vuelven con gran inundación al mar del que salieron. Gran cantidad de pueblos, de hombres, de anima[les] diferentes se veían arrojados por la crecida del diluvio huyendo a las cimas de los montes próximos a aquellas aguas.

b)[7]   Olas del mar de Piombino, todas de agua luminosa.

c)[8]   Del agua que salta; de los vientos de Piombino.

Remolinos de viento y lluvia con ramas de árboles mezcladas con aire.

Vaciad el agua que cae en las barcas.

---

[5] Llena de bolsas de aire.
[6] Se eleva.
[7] En el ángulo inferior, bajo algunos dibujos.
[8] En el margen inferior.

2. DILUVIO Y SU REPRESENTACIÓN Y PINTURA. *a*) Se veía el oscuro y nublado aire combatido por la corriente de distintos y revueltos vientos, mezclados con la pesadez de la continua lluvia, los cuales aquí y allá llevaban infinitos ramajes de los árboles arrancados, mezclados con infinitas hojas del otoño. Se veían los antiguos árboles arrancados y arrastrados por la furia de los vientos. Se veían las ruinas de los montes, ya arrancados por la corriente de los ríos, desplomarse sobre los mismos ríos y cerrar sus valles; los ríos, empantanados, inundaban y sumergían muchísimas tierras con sus pueblos. Habrías podido ver también, en las cumbres de muchos montes, congregarse muchas diferentes especies de animales asustados y moribundos, y estar domésticamente en compañía de los hombres y mujeres que habían huido con sus criaturas. Y los campos anegados de agua mostraban sus olas en gran parte cubiertas de mesas, lechos, barcas y otros objetos fabricados por la necesidad y el miedo a la muerte, sobre los cuales iban mujeres y hombres con sus hijos con llantos y lamentos, espantados del furor de los vientos, que con grandísima fortuna revolvían las aguas junto con los muertos en ellas ahogados. Y no había ninguna cosa más ligera que el agua que no estuviese cubierta de diversos animales, los cuales, hecha tregua entre sí, estaban juntos en medrosa alianza, entre los cuales había lobos, zorros, serpientes y de toda especie, fugitivos de la muerte. Y todas las olas que chocaban contra sus costas los combatían con los golpes de los cuerpos ahogados, con cuya sacudida daban muerte a los que habían sobrevivido.

Habrías podido ver algunas congregaciones de hombres que con la mano ar[m]ada defendían los pequeños lugares que les habían quedado de leones y lobos y animales rapaces que allí buscaban salvación. ¡Oh cuántos ruidos espantosos se oían por el aire oscuro, sacudido por el furor de los truenos y los relámpagos que a través de él furiosamente corrían, golpeando todo lo que se oponía a su carrera! ¡Oh cuántos habrás podido ver taparse con sus manos los oídos para no escuchar el inmenso fragor producido por el aire tenebroso, por el furor de los vientos mezclados con lluvia, truenos y furor de rayos!

Otros, no bastándoles con cerrar los ojos, con sus propias manos, puesta una sobre otra, se los tapaban para no ver la cruel matanza de la especie humana por la ira de Dios.

¡Oh cuántos lamentos, oh cuántos espantados se arrojaban por los acantilados! Se veían las grandes ramificaciones de los grandes robles cargadas de hombres ser arrastradas por el aire con el ímpetu de los vientos!

¡Cuántas barcas se habían volcado, unas enteras, otras en pedazos, con gente encima, debatiéndose por su salvación con gestos y movimientos dolorosos, presagiando su espantosa muerte! Otros con gestos desesperados se quitaban la vida, desesperándose por no poder soportar tanto dolor; de los cuales, algunos se arrojaban por los acantilados, otros se ahogaban con sus propias manos, algunos cogían a sus hijos y con gran ímpetu los arrojaban al suelo, alguno se hería y se mataba con sus propias manos, otros, poniéndose de rodillas se encomendaban a Dios. Oh cuántas madres lloraban a sus hijos ahogados, teniéndolos sobre las rodillas, alzando los brazos abiertos hacia el cielo, y con distintos gritos reprochaban la ira de los Dioses; la otra juntando las manos y entrecruzando los dedos, muerde y con sangrientos mordiscos devoraba a aquél, doblándose hasta dar con el pecho en las rodillas por el inmenso e insoportable dolor.

Se veían manadas de animales, como caballos, bueyes, cabras, ovejas, rodeados ya por las aguas, como en una isla en las cumbres de los montes, apretarse entre sí, y los del medio subir más arriba y caminar por encima de los otros, y entablar pelea entre sí, muchos de los cuales morían por falta de alimento.

Y ya los pájaros se posaban sobre los hombres y otros animales, no hallando tierra descubierta que no estuviese ocupada por los vivos. Ya el hambre, mensajera de la muerte, le había quitado la vida a gran parte de los animales, cuando los cuerpos muertos, perdiendo peso, subían desde el fondo de las profundas aguas y ascendían a lo alto, y entre el oleaje, sobre el cual chocaban uno contra otro, como globos llenos de viento, saltaban hacia atrás desde el punto de su percusión. Éstos[9] se abalanzaban sobre dichos muertos. Y por encima de esas maldiciones se veía el aire cubierto de oscuras nubes, divididas por los movimientos serpenteantes de los furiosos relámpagos del cielo, que centelleaban ora aquí ora allá por entre la oscuridad de las tinieblas.

b) DIVISIONES. Tinieblas, viento, fortuna de mar, diluvio de agua, selvas incendiadas, lluvia, relámpagos del cielo, terremotos y ruina de montes, allanamiento de ciudades.

Vientos huracanados que arrastran agua, ramas de árboles y hombres por los aires.

Ramas arrancadas por el viento, mezcladas con su corriente, con gente encima.

Árboles rotos cargados de gente.

Naves hechas pedazos golpeadas por las rocas.

Granizo, rayos, vientos huracanados.

Sobre los rebaños.

Gente subida a árboles que no pueden so[s]tenerse.

Árboles y rocas, torres, colinas llenas de gente, barcas, tablas, artesas y otros utensilios para describir.

Colinas cubiertas de hombres, y mujeres, y animales, y rayos saliendo de las nubes que iluminan las cosas.

---

[9] Los pájaros.

3. Descripciones del Diluvio. El aire era oscuro por la espesa lluvia, la cual, con oblicua caída, plegada por la corriente transversal de los vientos, formaba ondas por el aire de modo no diferente a como se ve hacer al polvo; pero sólo se distinguía de él porque tal inundación estaba atravesada por las líneas que forman las gotas de agua al caer. Pero su color estaba teñido del fuego producido por los rayos que hendían y rasgaban las nubes, cuya llamarada golpeaba y abría los grandes piélagos de los valles inundados, y esas aberturas mostraban en sus vientres[10] las cimas dobladas de los árboles.

Y se veía a Neptuno en medio de las aguas con el tridente[11], y se veía a Eolo con sus vientos envolver a los nadantes árboles arrancados, mezclados con las inmensas olas.

El horizonte, con todo el hemisferio, estaba turbio e incendiado por el resplandor de los continuos relámpagos. Se veía a los hombres y los pájaros que poblaban los grandes árboles, dejados al descubierto por las dilatadas olas que formaban montes en torno a grandes abismos.

4. Veíase por las corrientes de los huracanados vientos llegar de lejanos países gran cantidad de bandadas de pájaros, y éstos se mostraban de modo casi imperceptible, porque en sus evoluciones, a veces en una bandada se veían todos los pájaros de costado, es decir por el lado de menos grosor, y otras veces por el de su mayor anchura, es decir de cara; y al comienzo de su aparición era en forma de invisible nube, y las segundas y terceras escuadras se hacían tanto más visibles cuanto más se acercaban a los ojos de quienes las contemplaban.

Y las bandadas más próximas descendían con movimiento oblicuo y se posaban sobre los cuerpos muertos arrastrados por las olas y el diluvio, y de ellos se alimentaban; esto hicieron hasta que la ligereza de los cuerpos hinchados fue faltando, de manera que con lento descenso fueron bajando al fondo de las aguas.

5. Se veía a gente que con gran solicitud metía enseres en diferentes tipos de naves, velocísima por la necesidad.

El brillo de las olas no se percibía en aquellos lugares, donde las tenebrosas lluvias con sus nubes se reflejaban.

Pero donde se reflejaban los resplandores producidos por los relámpagos, se veían tantos destellos hechos por los simulacros de sus resplandores como olas se reflejaban en los ojos de los presentes.

Tanto crecía el número de los simulacros formados por los relámpagos sobre las olas, como crecía la distancia respecto a los ojos de los espectadores. Y del mismo modo disminuía el núme[ro] de simulacros conforme

---

[10] En su interior.
[11] Cfr. Pulci, *Morgante*, XIV, 69: «Poi si vedea Nettuno col tridente» (= Luego se veía a Neptuno con el tridente).

se acercaban a los ojos de quienes los veían, como está probado en la definición del resplandor de la luna y de nuestro horizonte marino, cuando el sol se refleja con sus rayos y los ojos que reciben tal reflejo se alejan de dicho mar.

6. DUDA. Nace aquí una duda, y es si el diluvio ocurrido en tiempos de Noé fue universal o no; y aquí parecerá que no por las razones que se indican. Nosotros en la Biblia tenemos que dicho diluvio duró cuarenta días y cuarenta noches de continua y universal lluvia, y que tal lluvia se subió diez codos por encima del monte más alto del universo; y si fue así, que la lluvia fue universal, cubrió nuestra tierra de forma esférica, y la superficie esférica tiene todas sus partes a igual distancia del cetro de su esfera; de modo que la esfera del agua, hallándose en la condición que se ha dicho, es imposible que el agua que está encima se mueva si no desciende. Así pues, el agua de tanto diluvio, ¿cómo pudo marcharse, si se ha demostrado aquí que no tiene movimiento? Y si se marchó, ¿cómo se movió, si no subía hacia lo alto? Y aquí fallan las razones naturales, cuando para resolver tal duda es preciso recurrir al milagro, o decir que dicha agua fue evaporada por el calor del sol.

Caverna[1]

a) A semejanza de un viento huracanado que corra por un valle arenoso y profundo, cuyo veloz curso arrastra al centro todas las cosas que se oponen a su furioso paso...
  b) No de otro modo el nórdico aquilón golpea con su tempestad...
  c) No forma tan gran muralla el mar tempestuoso, con sus espumosas olas, entre Escila y Caribdis, cuando el nórdico aquilón lo golpea; ni Estrómboli o Etna cuando las sulfúreas llamas que estaban encerradas, abriendo con fuerza y rompiendo el gran monte, arrojando por el aire piedra y tierra, junto con la salida y vomitada llama; ni cuando las llameantes cavernas del Etna devuelven el mal guardado elemento, vomitándolo y empujándolo a su región con furia, arrastrando cualquier obstáculo que se interponga en su impetuoso furor.
  d) Y llevado por mi ávido deseo, ansioso de ver la gran cantidad de variadas y extrañas formas hechas por la artificiosa naturaleza, después de deambular bastante tiempo por las umbrías rocas, llegué a la entrada de una gran caverna; ante la cual, habiéndome quedado estupefacto e ignorante de tal cosa, doblándome por la cintura en arco, y apoyando la cansada mano en una rodilla, con la derecha me hice tinieblas sobre los párpados cerrados; y plegándome a menudo aquí y allá para ver si dentro discernía alguna cosa, impidiéndomelo la gran oscuridad que allí había. Pasado un rato, de pronto surgieron en mí dos cosas, miedo y deseo: miedo por la amenazadora y oscura caverna, deseo de ver si allí dentro había alguna cosa prodigiosa.

---

[1] Los cuatro fragmentos ocupan una página completa del *Códice Arundel*. A primera vista parecería que deberían reunirse los dos primeros en una sola comparación *A semejanza... no de otro modo*; pero el espacio que los separa indica claramente que se trata de dos comienzos distintos del tercer fragmento, que han quedado interrumpidos. Otro espacio separa el cuarto fragmento.

El monstruo marino[1]

1. (Oh poderoso y antes animado instrumento de la artificiosa naturaleza, no valiéndote tus grandes fuerzas, hubiste de abandonar la tranquila vida, obedecer la ley que Dios y el tiempo dio a la madre natura).

A ti no te valieron los ramosos y gallardos lomos con los que tú, persiguiendo a tu presa, surcabas, rompiendo con el pecho la tempestad, las olas saladas.

¡Oh cuántas veces se vio a las amedrentadas manadas de delfines y grandes atunes huir de tu impía furia! Y tú con las veloces y ramosas alas y con la horcada cola azotando, producías en el mar súbita tempestad con gran estrago y naufragio de navíos, con gran oleaje inundabas las descubiertas costas de asustados y aturdidos peces. Huyendo de ti, dando en seco al dejar el mar, se convertían en rica y abundante presa de los pueblos cercanos.

Oh tiempo, consumidor de todas las cosas, haciéndolas girar en ti, das a las vidas nuevas y variadas moradas.

---

[1] El f. 156 r. del *Códice Arundel* aparece atormentado por enmiendas y correcciones. El primer fragmento está tachado enteramente, salvo las últimas palabras *A ti no te valió...* que hemos unido al fragmento siguiente, aunque de él lo separe un espacio en blanco. Otros espacios separan entre sí los distintos fragmentos. *Por las cavernosas...* constituye una línea aislada. El último fragmento *Ahora destruido...* está escrito con letra ligeramente distinta, en un segundo momento o al menos con pluma diferente.

Los tres fragmentos siguientes, del *Códice Atlántico* f. 265 r.a., son tres variantes de un mismo pensamiento, sin que emerja una clara preferencia por uno de ellos, a menos que en ellos pueda advertirse un desarrollo de imágenes determinado por el movimiento progresivo del animal. Al principio es contemplado en la majestad de su forma, sin que el movimiento tenga importancia. En el segundo fragmento, la atención se concentra en el movimiento, aunque sea todavía limitado. *Volteando* es término marinero a menudo utilizado por Pulci, y significa «cambiar a menudo la dirección de la proa para sortear el viento y no alejarse del sitio» (Pulci, *Morgante*, XXVIII, 25: «mas porque volteando se adelanta». Cfr. *Lingua Nostra*, XII, p. 41).

En el tercer pasaje el movimiento se acentúa con majestuosa potencia y el monstruo «surca» triunfalmente las aguas. Así entendidos, los tres fragmentos formarían una secuencia de imágenes con un despliegue progresivo de las fuerzas concentradas en el monstruo soberbio. Éstos se leen dando vuelta al folio, en el espacio dejado libre por los *Ejemplos y pruebas del agrandamiento de la tierra*, donde entre otras cosas se habla de *antiguas y derruidas ciudades ser por el agrandamiento de la tierra ocupadas o escondidas*. El monstruo marino debería ser un nuevo ejemplo, pero fue pensado en un momento diferente, poético y no ya científico; por eso Leonardo da la vuelta al folio y lo describe como algo independiente.

¡Oh tiempo, veloz depredador de las cosas creadas, cuántos reyes, cuántos pueblos has destruido, y cuántas mutaciones de estados y sucesos se han sucedido después de que la maravillosa forma de este pez murió!
Por sus cavernosas y retorcidas vísceras...
Ahora destruido por el tiempo, paciente yaces en este sitio cerrado.
Con tus despojados, descarnados y desnudos huesos has hecho armadura y sostén al monte de arriba.

2. *a)* ¡Oh cuántas veces se te vio entre las olas del hinchado y gran océano, con soberbio y grave movimiento ir volteando entre las aguas marinas. Y con cerdoso y negro lomo, a guisa de montaña, y con grave y soberbio compás!

b) ¡Y muchas veces se te veía entre las olas del hinchado y gran océano, y con soberbio y grave movimiento ir volteando entre las aguas marinas. Y con cerdoso y negro lomo, a guisa de montaña, vencerlas y superarlas!

c) ¡Oh cuántas veces se te vio entre las olas del hinchado y grande océano, a guisa de montaña vencerlas y superarlas, y con tu cerdoso y negro lomo surcar las marinas aguas, y con soberbio y grave compás!

La morada de Venus[1]

1. *a*) PARA LA MORADA DE VENUS. Harás las escalinatas de cuatro fachadas, por las cuales se llegue a un prado formado por la naturaleza sobre una piedra; la cual estará hueca y sostenida por delante por pilares, y abajo tallada con magno pórtico; en los cuales las aguas han de estar en diversos recipientes de granito, pórfidos y serpentinos dentro de hemiciclos, y arrojar el agua sobre sí mismos y en torno al pórtico. Hacia poniente sitúese el lago con una pequeña isla en medio, en la cual ha de haber un profundo y espeso bosque. Las aguas encima de los pilares han de verterse en fuentes colocadas al pie de sus basamentos, de los que se esparcerán arroyuelos.

b) Saliendo de las costas de Cilicia hacia el sur se [descubre] la belleza de la isla de Chipre, la cual...

2. Desde las meridionales costas de Cilicia se ve por la zona austral la bella isla de Chipre, que fue reino de la diosa Venus, y muchos, incitados por su belleza, rompieron sus navíos y sartas en las rocas, envueltos por los torbellinos de las olas. Aquí la belleza de la dulce colina invita a los errabundos navegantes a recrearse en su florido verdor, a través del cual ondeando los vientos, llenan la isla y el mar en torno de suaves aromas. ¡Oh cuántas naves se han hundido aquí! ¡Oh cuántos navíos rotos en las rocas! Aquí se podrían ver innumerables naves: una rota y medio cubierta por la arena, otra que muestra la popa, otra la proa, una el casco, otra de costado. Y parecerá a semejanza del Juici[o] final, como si quisiera resucitar navíos muertos, tan grande es su número que cubre toda la costa septentrional. Aquí los vientos de aquilón resonando, producen varios y temerosos sonidos.

---

[1] El fragmento 1 da indicaciones a un pintor que desee representar el reino de Venus, pero en el segundo Leonardo canta sus bellezas fatales, en uno de sus momentos mejores, aunque la página sea desigual. (Cfr. A. Marinoni, «Il regno e il sito di Venere», en «Il Poliziano e il suo tempo», en *Atti del IV Congreso di studi sul Rinascimento*, Florencia, 1957, pp. 273-287.)

El gigante[1]

1. *a*) Querido Benedetto De[i][2], para darte noticia de las cosas de aquí de Levante, sabe que en el mes de junio ha aparecido un gigante que viene de la desierta Libia.

b) Este gigante había nacido en el monte Atlas, y era negro; tuvo en contra a Artajerjes con los egipcios y los árabes; vivía en el mar de las ballenas, de grandes cachalotes y de los navíos.

c) Caído el fiero gigante a causa de la ensangrentada y fangosa tierra, pareció derrumbarse una montaña[3], de modo que los campos semejaron un terremoto con espanto de Plutón infernal. Y por la gran sacudida yació sobre la llana tierra algún tiempo aturdido. Así, creyendo la gente que había muerto por algún rayo, volviendo atrás la gran turba a guisa de hormigas que corren furiosamente por el cuerpo del caído árbol, del mismo modo iban corriendo por los amplios miembros y atravesándolos con frecuentes heridas.

De modo que, vuelto en sí el gigante, y casi cubierto por la multitud, sintiéndose al instante aguijoneado por los pinchazos, lanzó un rugido que pareció un trueno espantoso; y apoyando sus manos en el suelo y levantando el horrendo rostro, al llevarse una mano a la cabeza, la halló repleta de hombres pegados a sus cabellos a semejanza de los menudos animales que entre ellos suelen nacer: por lo que, sacudiendo la cabeza, los hombres iban por el aire no menos que hace el granizo cuando lo arrastra el furor de los vientos. Y muchos de estos hombres fueron muertos por los que les caían encima, y, enderezándose luego, los golpeaban con sus pies.

d) Y agarrándose a los cabellos e ingeniándose para esconderse entre ellos, hacían como los marineros en peligro, que suben corriendo a las cuerdas para calar la vela a sotavento.

---

[1] El folio 311 r.a. del *Códice Atlántico* estaba ya parcialmente escrito por otra mano. Leonardo utiliza la parte en blanco redactando en lugares separados los distintos fragmentos de la descripción de un gigante imaginario, devastador de los países orientales. La página presenta un notable desorden. La tinta, en algunos puntos sumamente descolorida, resulta de difícil lectura. Los fragmentos *f*) y *g*) representan variantes de frases contenidas en el fragmento *c*). También el folio 96 v.b, un poco más ordenado, presenta cuatro fragmentos separados por considerables intervalos.

[2] B. Dei es una singular figura de viajero florentino que vivió también en Milán. Entre otras obras, compuso un glosario toscano-milanés.

[3] Tal vez recuerde las estruendosas caídas de los gigantes en el *Morgante* de Pulci.

e) Marte, temiendo por su vida, había huido bajo el lecho[4] de Júpiter.

f) A semejanza de las hormigas que corren furiosamente de aquí para allá sobre el roble abatido por el hacha del duro campesino.

g) Y por la caída pareció temblar toda la región.

2. *a)* La negra cara en la primera figura es horrible y espantosa a la vista, y sobre todo los cavernosos y enrojecidos ojos, colocados bajo terribles y oscuras cejas, tales como para hacer nublarse el tiempo y temblar la tierra.

Y créeme que no hay hombre tan valiente que donde dirigía los ojos de fuego, no echase alas de buena gana para huir, pues Lucifer infernal parecería un rostro angélico en comparación con él. La nariz encogida con amplias ventanas de las que salían muchas y grandes cerdas, bajo las cuales se fruncía la boca con gruesos labios, de cuyas extremidades salían pelos a modo de los gatos y dientes amarillos. Avanza sobre las cabezas de los hombres a caballo, desde los pies hasta arriba.

b) Y molestándole el mucho inclinarse y al estar vencido por la importunidad del [...][5], convertida la ira en furor, empezó con los pies, movidos por la furia de las poderosas piernas, a entrar entre la turba, y con patadas lanzaba a los hombres por los aires, que caían sobre los otros hombres como si se tratase de espeso granizo. Y muchos fueron los que, muriendo, dieron muerte; y esta crueldad duró hasta que el polvo levantado por sus grandes pies obligó a esa furia infernal a volver atrás.

Y nosotros seguimos su fuga.

c) ¡Oh cuántos vanos asaltos fueron hechos contra esta endiablada, para la cual cualquier ataque era nada! ¡Oh míseras gentes, no os sirven de nada las inexpugnables fortalezas, no las altas murallas de las ciudades, no el ser una multitud, no las casas ni los palacios! ¡No os han quedado sino pequeños hoyos y cuevas subterráneas, y a modo de cangrejos o grandes grillos o animales semejantes halláis salvación en vuestra huida!

¡Oh cuántos infelices madres y padres fueron privados de sus hijos! ¡Oh cuántas míseras mujeres privadas de su compañía!

¡En verdad, en verdad, querido Benedetto, yo no creo que, desde que el mundo fue creado, se haya visto jamás un lamento, un llanto público formado de tal terror![6].

d) Ciertamente en este caso la especie humana ha de envidiar a cualquier otra especie de animales: ya que, si el águila vence por [p]otencia a las otras aves, los menos no son vencidos por la velocidad de vuelo, y así

---

[4] Ms. *sotto le to*, o bien *la to* (es decir, *lato* = lado).
[5] Ms. *vina dalla ilportunità delaprel.*
[6] En los momentos patéticos Leonardo ama recurrir a este tipo de exclamaciones reiteradas propias de la elocuencia popular. Y le gusta también concluir el énfasis de una serie de interrogativas o exclamativas con un *¡En verdad, en verdad!*

las golondrinas, con su presteza se salvan del mirlo; los delfines con su veloz fuga se salvan de las ballenas y de los grandes cachalotes; ¡pero a nosotros, desdichados, no nos vale fuga alguna, ya que ésta, con lento paso, vence con creces la carrera de cualquier veloz corcel. No sé qué decir ni qué hacer, y me parece estar nadando todavía cabeza abajo por la gran garganta, y quedar con muerte confusa sepultado en el gran vientre.

3[7]. Era más negro que un negro avispón,
los ojos rojos como fuego ardiente,
y cabalgaba sobre un percherón
seis palmos de ancho, largo más de 20,
con seis gigantes colgados del arzón
y uno en la mano royendo con su diente,
y detrás puercos con colmillos iban
que de la boca seis palmos les salían.

---

[7] Leonardo transcribe de memoria, o tal vez de un texto corrompido, una octava del *Cuarto Cantar* de la *Reina de Oriente* de Antonio Pucci (1310 ca-1388), cuyos últimos versos dicen, en cambio (texto editado por A. Bonucci, Bolonia, 1862): «Cuatro leones tenía atados al arzón / mordía adrede sus flancos con los dientes, / seis mil puercos en torno con colmillos / fuera de la boca más de siete palmos». También Luigi Pulci en el *Morgante* (XIV, 73): «De la boca afuera salían dos colmillos, / de marfil eran y largos seis palmos».

Al Diodario de Soría[1]

1. *a*) DIVISIÓN DEL LIBRO. La predicación y persuasión de la fe.
La súbita inundación hasta su fin.
La ruina de la ciudad.
La muerte de la gente y desesperación.
La persecución del predicador y su liberación y benevolencia.
Descripción de la causa de la caída del monte.
El daño que hizo.
Avalanchas de nieve.
Hallazgo del profeta.
Su profecía.
Inundación de las partes bajas de Herminia occidental, cuyas entradas de agua se debían al corte del monte Tauro.
Cómo el nuevo profeta (muestra decir) esta ruina favorece su propósito.
Descripción del monte Tauro y del río Éufrates.

b) Por qué el monte resplandece en su cima durante la mitad o un tercio de la noche, y parece un cometa a los de poniente después del atardecer, y antes del amanecer a los de levante.

Por qué ese cometa parece de variable forma, de modo que ora es redondo, ora alargado, ora dividido en dos o tres partes, ora unido, y unas veces desaparece y otras vuelve a verse.

---

[1] El f. 145 r.a. contiene un pequeño mapa geográfico con varios nombres de localidades, entre ellos *Pariardes mons, Antitaurus, Argeo mons, Celeno mons, Tigris, Eufrates...* y un dibujo de montaña con los nombres *Gobba, Arnigasar, Carunda*. El v. del mismo folio tiene un amplio dibujo de un paisaje alrededor del cual están colocados los distintos fragmentos del *Libro* fantástico sobre los sucesos extraordinarios de Oriente. Sobre estos fragmentos leonardianos se ha construido la hipótesis de un misterioso viaje a Oriente realizado por Leonardo entre 1473 y 1486; hipótesis que no hace falta confutar aquí, ya que ha sido rechazada por la generalidad de los estudiosos. El fragmento 1 *a*) situado en el margen derecho, contiene el índice de los temas que se han de tratar, y así también el *b*), situado en el margen superior, enuncia dos problemas para aclarar. El *c*) es una carta regularmente estructurada, ya que se compone de la «Remisión» al destinatario (*Al Diodario*, etc.), del «Tema» (*El nuevo accidente*, etc.), y de la «Narración» (*Hallándome*, etc.). Leonardo imagina haber sido enviado por Diodario de Siria al otro lado de la frontera para estudiar un fenómeno singular: la luminosidad nocturna del monte Trano, que a los sirios les había parecido un cometa. Durante esta misión científica habría ocurrido un *nuevo accidente*, identificable con la súbita inundación y peligro mortal, con diluvios repentinos y avalanchas de nieve, tal como se describen en el fragmento n.º 4 que se enlaza ciertamente con los otros tres.

c) Al Diodario[2] de Soría, lugarteniente del sagrado Soldán de Babilonia.

El nuevo accidente ocurrido en estas partes nuestras septentrionales, el cual estoy seguro de que no sólo a ti, sino a todo el universo causará horror, te será narrado a continuación por orden, mostrando primero el efecto y después la causa.

Hallándome yo en estas tierras de Herminia poniendo en obra con amor y solicitud la tarea para la que me enviaste, y comenzando por aquellas zonas que me parecían más convenientes a nuestro propósito, entré en la ciudad de Calindra, próxima a nuestros confines. Esta ciudad está situada en la falda de esa parte del monte Tauro que está dividida por el Éufrates, y mira hacia los cuernos del gran monte Tauro por poniente. Estos cuernos tienen tal altura que parecen tocar el cielo, pues en el universo no hay ninguna parte terrestre más elevada que su cumbre, y siempre cuatro horas antes del día dan en ella los rayos del sol por oriente; y, siendo de piedra blanquísima, brilla con fuerza y cumple con estos Herminios la misma función que una hermosa luz de la luna en medio de las tinieblas; y por su gran altura sobrepasa las sumas cimas de las nubes por espacio de cuatro millas en línea recta. Esta cumbre es vista en gran parte de occidente iluminada por el sol desde su ocaso hasta la tercera parte de la noche, y es la que en vuestras tierras, en un día claro, hemos pensado que era un cometa, y parece en las tinieblas de la noche transformarse en diversas figuras, y en ocasiones dividirse en dos o tres partes, a veces larga, a veces corta; y esto ocurre por las nubes que se interponen entre parte del monte y el sol, y, al cortar éstas los rayos solares, la luz del monte se interrumpe a lo largo de varios trechos de nubes, por lo cual es de forma variable en su esplandor.

2[3]. *a*) FORMA DEL MONTE TAURO. No merezco, oh Diodario, ser acusado por ti de pereza, como tus reproches parecen sugerir, sino que el desmedido amor que ha engendrado el beneficio que me otorgas me ha obligado a buscar con suma solicitud y a investigar con diligencia la causa de tan grande y asombroso efecto; cosa que no sin tiempo he podido llevar a cabo. Ahora, para darte cuenta de la causa de tan gran efecto, es necesario que te muestre la forma del paraje, y luego vendré al efecto, con lo cual, creo, quedarás satisfecho.

b) No te duelas, oh Diodario, de mi tardanza en responder a tu apremiante petición, porque las cosas que me preguntas son de tal naturaleza

---

[2] Autoridad local, *devadar*.
[3] El primer fragmento constituye un intento de iniciar la carta con un tono solemne, áulico. La tensión estilística se rompe en el primer punto y coma, y el tono cae tomando una forma seca y esquemática, que hace pesada la repetición de la palabra *efecto*. En el segundo fragmento la carta es recomenzada desde el principio con un tono menos áulico, pero más ágil y seguro.

que no se pueden explicar sino con tiempo, y máxime porque, si se desea mostrar la causa de tan gran efecto, hay que describir de forma adecuada la naturaleza del sitio, y mediante ésta tú podrás con facilidad ver satisfecha tu pregunta.

Yo dejaré de lado la descripción de la forma de Asia Menor, y qué mares o tierras son las que delimitan la figura de su extensión, porque sé que la diligencia y solicitud de tus estudios no te han privado de esa noticia; empezaré, pues, a dar cuenta de la verdadera forma del monte Tauros, que es el causante de tan asombrosa y dañina maravilla y sirve al cumplimiento de nuestro propósito.

Este monte Tauro es el que muchos dicen que es la cumbre del monte Cáucaso. Pero habien[d]o preferido asegurarme bien, he querido hablar con bastantes gentes que viven a orillas del mar Caspio, las cuales declaran que, aunque sus montes tienen el mismo nombre, son de mayor altura, y por eso confirman que éste es el verdadero monte Cáucaso, ya que Cáucaso en lengua escita quiere decir suma altura. Y en verdad no hay noticia de que ni oriente ni occidente posean un monte tan alto, y la prueba de que es así, es que los habitantes de los países que se encuentran a poniente ven que los rayos del sol iluminan hasta una cuarta parte de la noche más larga, parte de su cima, y lo mismo hace en los países que se encuentran a oriente.

3. CUALIDAD Y EXTENSIÓN DEL MONTE TAURO. La sombra de esta cumbre del Tauro es de tal altura que cuando a mediados de junio el sol se halla en el mediodía, su sombra se extiende hasta el principio de Sarmacia, que son doce jornadas, y a mediados de diciembre se extiende hasta los montes Hiperbóreos, que es un viaje de un mes hacia tramontana; y siempre su parte opuesta al viento está llena de nubes y niebla, porque el viento, que se abre al golpear la piedra, después de la piedra se vuelve a cerrar, y de ese modo se lleva consigo las nubes de todas partes y las deja en su percusión; y siempre está llena de choques de rayos por la gran multitud de nubes que allí hay juntas, de forma que la roca está completamente rota y llena de grandes desprendimientos. Sus faldas están habitadas por riquísimos pueblos, y se halla repleta de fuentes y ríos hermosísimos, es fértil y abunda en todo género de bienes, especialmente en las partes que miran a mediodía. Pero cuando se sube hasta unas tres millas, se empiezan a encontrar bosques de grandes abetos, pinos y robles y otros árboles semejantes; después, por espacio de otras tres millas, se hallan praderas y enormes pastizales; y todo lo demás hasta el nacimiento del monte Tauro son nieves eternas que nunca desaparecen, y se extienden hasta una altura de unas catorce millas en total. Desde este nacimiento del Tauro hasta la altura de una milla, no pasan nunca las nubes, porque aquí hay quince millas, que están a cinco millas de altura en línea recta, y otro tanto más o menos tiene la cima de los cuernos del Tauro, en los cuales, desde la mitad para arriba, se empieza a encontrar aire que calienta, y no se siente soplar el viento, pero no hay nada que pueda vivir allí demasiado tiempo. Ahí no nace cosa alguna salvo ciertas aves rapaces que viven en las grietas del Tauro y descienden luego bajo las nubes para cazar sus presas sobre los montes con vegetación. Éste es todo mera piedra, es decir de las nubes para arriba, y es piedra blanquísima, y a la cima más alta no se puede subir por la áspera y peligrosa pendiente[4].

4[5]. *a)* Habiéndome yo alegrado contigo muchas veces, con cartas, por tu próspera fortuna, ahora sé que, como amigo, te entristecerás conmigo por el miserable estado en que me encuentro. Y ello es que en estos días pasados he sufrido tantos afanes, miedos, peligros y daños al lado de estos míseros aldeanos, que bien podíamos envidiar a los muertos. Y ciertamente yo no creo que, después de que los elementos deshicieron con su separación el gran caos, reuniesen su fuerza, o mejor su rabia, para hacer tanto daño a los hombres como ahora hemos visto y sentido nosotros, de modo que no puedo imaginar qué puede añadirse a tanto mal.

Primero fuimos asaltados y combatidos por el ímpetu y furor de los vientos; a esto se sumó la caída de las grandes montañas de nieve que han llenado todos estos valles y destrozado gran parte de nuestra ciudad. Y no contentándose con esto, la fortuna con súbitos dilu[v]ios sumergió toda la parte baja de esta ciudad. Además de esto se añadió una lluvia repentina, o mejor una tormenta catastrófica, llena de agua, arena, barro y piedras mezclados con raíces, matas y troncos de diversos árboles, y todo tipo de cosas, corriendo por el aire, bajaba hasta nosotros; y por fin un incendio que parecía traído no por los vientos sino por treinta mil diablos que lo arrastraban, ha quemado y deshecho todo este país, y aún no ha cesado. Y los pocos que hemos sobrevivido, hemos quedado con tanto espanto y tanto miedo que, como insensatos, apenas nos atrevemos a hablar unos con otros. Habiendo abandonado cualquier ocupación, estamos todos juntos en las ruinas de unas iglesias, mezclados hombres y mujeres, pequeños y grandes a modo de rebaños de cabras; y si no fuera por ciertas gentes que nos han socorrido con provisiones, todos habríamos muerto de hambre.

---

[4] La cima del Cáucaso tiene cinco millas de altura medidas en la vertical. La pendiente discurre por espacio de quince millas, así repartidas: de cero a tres, tierras cultivadas y pobladas; de tres a seis, bosque; de seis a nueve, praderas; de nueve a catorce, nieves perpetuas. En este punto se alza por otra milla la cima de roca blanquísima en cuyas grietas anidan las aves rapaces, y hacia cuya mitad se empieza a sentir el aire caliente (creo por la cercanía de la esfera del fuego según la cosmología antigua).

[5] El fragmento *a)* está precedido por dos primeras redacciones tachadas. El *b)* está en la parte inferior del folio, separado del resto: es un apunte que se encuentra ya desarrollado al comienzo del fragmento *a)*. El *c)* está en el margen del folio, y probablemente para ser insertado en el relato.

Ve ahora cómo nos encontramos; y todos estos males no son nada en comparación con los que en breve tiempo se anuncian.

b)   Sé que como amigo te entristecerás de mi desgracia, del mismo modo que con cartas te mostré efectivamente que me alegraba de tu bien.

c)   Los vecinos por compasión nos han socorrido con provisiones, y antes eran nuestros enemigos.

Cartas

1[1]. Habiendo, Señor mío Ilustrísimo, visto & considerado ya lo suficiente las pruebas de todos los que se reputan maestros & constructores de instrumentos bélicos, y que la invención y operación de dichos instrumentos no son en absoluto ajenos al uso común, me esforzaré, no delegando en ningún otro, en hacerme entender por V. Excelencia, abriéndole mis secretos, & luego, ofreciéndolos a cualquier deseo suyo cuando fuere oportuno, para ponerlos en práctica en todas las cosas que por brevedad serán en parte aquí enumeradas:

---

[1] Es ésta la famosa carta a Ludovico el Moro, uno de los escritos más conocidos de Leonardo. Transcrita por Oltrocchi a finales del siglo XVIII, publicada por Amoretti en 1804 (en la *Vida de Leonardo* antepuesta al *Tratado de la Pintura*), fue considerada autógrafa hasta el artículo de Ravaison-Mollien en la *Gazette des Beaux-Arts* («Les écrits de Léonard da Vinci», París, 1881). Contra Ravaison-Mollien y contra Calvi («Contributi alla biografia di Leonardo da Vinci», en *Archivio Storico Lombardo*, XLIII), Beltrami sostuvo que todos o casi todos los fragmentos del *Códice Atlántico* escritos en sentido normal son de Leonardo, que debía de escribir con igual soltura en los dos sentidos (Luca Beltrami, *La destra mano di Leonardo da Vinci e le lacune nella edizione del «Codice Atlantico»*, Milán, 1919). Pese a los argumentos de Beltrami, hoy se cree que la carta, aun siendo auténtica, no es autógrafa. A nosotros nos parece que a las razones paleográficas se pueden añadir otras lingüísticas para excluir que la carta sea de puño de Leonardo. Hay una cantidad de latinismos inusual en Leonardo. No decimos los *similiter, sub brevità, obsidione*, que se pueden encontrar también en otros escritos vincianos y aquí serían aún más previsibles tratándose de una carta dirigida a una autoridad importante; pero el uso tan regular de *et, cum, ad omni*, el empleo frecuente de *de* por *di* y ciertas expresiones como *levare et ponere, me offero paratissimo ad farne experimento*, etc., nos hacen pensar en un hábito cancilleresco que no se percibe sólo en la pluma, sino también en la lengua.

Compárese, en fin, esta carta con todas las demás de Leonardo, y especialmente las dirigidas a personas importantes, y se notará una notable diferencia en el ritmo mismo de la frase. También cuando escribe a *Su Excelencia*, Leonardo recurre a esa rígida y monótona articulación de los periodos y las frases que aparece en todos sus escritos de una cierta extensión. En cambio la carta a Ludovico el Moro tiene una nítida arquitectura, periodos netamente separados y contrapuestos, y una sobriedad y una soltura del todo insólitas.

Añádase que el autor es un Leonardo de treinta años, todavía al comienzo de su experiencia literaria, y parecerá legítima la suposición de que, debiendo dirigirse por primera vez al Duque en Milán, Leonardo pidiera ayuda a un literato, el cual —aun escribiendo al dictado— habrá hecho más ágil y articulado el pensamiento del autor, y lo habrá revestido de un barniz latinizante, que era obligatorio en documentos de ese tipo. Los números deben de haber sido puestos en un momento posterior, para modificar el orden de los párrafos en la redacción definitiva. En efecto, el n.º 9, que contiene indicaciones referentes a la guerra naval, interrumpe los que se refieren a los combates por tierra; debía, por tanto, desplazarse detrás de éstos y antes del último párrafo, que trata de obras de paz.

1. Tengo puentes ligerísimos & fuertes, & aptos para transportarse con suma facilidad, *et cum* ellos perseguir a los enemigos, & alguna vez huir de ellos, & otros seguros & inofensivos de fuego & de combate, fáciles & cómodos de quitar & poner. Y sistemas para quemar & destrozar los del enemigo.

2. Sé en el asedio de una tierra quitar el agua de los fosos *et* hacer infinidad de puentes, gatos & escalas & otros instrumentos pertinentes a dicha expedición.

3. *Item*, si por altura del dique, o por fortaleza del lugar & del sitio, no se pudiera en el asedio de una tierra recurrir a las bombardas, tengo sistemas para derruir cualquier roca u otra fortaleza, a menos que no esté fundada en la piedra.

4. Tengo también bombardas comodísimas & fáciles de llevar, *et cum* ellas lanzar menudas (piedras a semejanza) de[2] tempestad; & *cum* el humo de ella produciendo gran espanto en el enemigo, *cum* grave daño suyo & confusión.

9. Y cuando se estuviese en el mar, tengo muchos instrumentos sumamente aptos para atacar & defender, *et* naves que resistirán el golpe de cualquier gloriosísima bombarda & pólvora & humo.

5. *Item* tengo sistemas para subterráneos & vías secretas & retorcidas, sin ningún ruido, para llegar (a un seguro) & designado [lugar], aunque hubiera que pasar por debajo de fosos o de algún río.

6. *Item*, haré carros cubiertos, seguros & inofensivos, los cuales, entrando entre los enemigos *cum* sus artillerías, no hay tan gran muchedumbre de gente que no la rompa. Y detrás de ellos podrá ir mucha infantería, ilesa y sin ningún impedimento.

7. *Item*, habiendo necesidad, haré bombardas, morteros y pasavolantes de bellísimas & útiles formas, fuera de lo común.

8. Donde fallase la operación de las bombardas, construiré brigolas, balistas, trabucos & otros instrumentos de admirable eficacia & fuera de lo común; *et,* en suma, según la variedad de los casos, construiré varias & infinitas cosas para atacar & de[fender].

10. En tiempo de paz creo satisfacer perfectamente, en comparación con cualquier otro en arquitectura, en lo tocante a la construcción de edificios públicos privados & en llevar el agua de un sitio a otro.

Item, llevaré en escultura de mármol, de bronce & de barro, *similiter* en pintura, lo que se pueda hacer en comparación con cualquier otro, sea quien sea.

También se podrá realizar el caballo de bronce, que será gloria inmortal & eterno honor de la feliz memoria de vuestro Señor padre & de la ínclita casa Sforzesca.

---

[2] Ms. *minuta (saxi a di similitudine) di.*

Et si alguna de las cosas arriba dichas le pareciese a alguien imposible o irrealizable, me ofrezco paratísimo[3] a hacer una demostración en vuestro parque o en el sitio que agradase a V. Excelencia, a quien humildemente me encomiendo cuanto puedo.

2[4]. Mucho siento que el tener que ganarme el sustento me obligue a interrumpir la obra que V. Señoría me encargó; mas espero en breve haber ganado lo suficiente como para satisfacer con ánimo reposado a Vuestra Excelencia, a la cual me encomiendo. Y si Vuestra S.ª creyese que tengo dinero, se engañaría, porque he mantenido seis bocas durante treinta y seis meses, ¡y he recibido cincuenta ducados!

Tal vez vuestra Excelencia no dio otro encargo (a) micer Gualtieri creyendo que yo tenía dinero.

3[5]. *a)* Y si me hacéis algún encargo de alguna [...] del premio por mi servicio, porque no he de ser[...] cosas asignaciones, porque ellos tienen entradas de p[...] tias que bien pueden acomodarse más que yo [...]

no mi arte, que quiero cambiar y d[...]

dado algún ropaje.

b) Señor, conociendo yo que la mente de vuestra Excelencia está ocupada [...].

el recordar a vuestra Señoría mis pequeñas y habría guardado silencio acerca de ellas [...]

que el callar fuese causa de hacer enojar a Vuestra Señoría [...]

mi vida a vuestro servicio me tiene continuamente dispuesto a obedecer [...]

del caballo no diré nada porque conozco los tiempos [...]

a Vuestra Señoría como dejé de recibir el salario de dos años del [...]

con dos maestros que continuamente dependen de mi salario y gast[...]

que al final encontré que me quedaba ta[l] obra a unas 15 liras m[...]

obras de fama mediante las cuales yo pudiese mostrar a los que vendrán que he si[...].

hace por doquier, pero yo no sé dónde podría emplear mis obras a per [...]

c) El haberme yo ocupado de ganarme la vida [...]

d) Por no estar informada (en qué estado yo me encuentro cómo y me) [...]

se acuerda del encargo de pintar los camerinos [...]

llevaba yo a Vuestra Señoría sólo pidiéndole a ella [...].

---

[3] Dispuestísimo (del lat. *paratus*), es decir, según la fórmula actual: «con mucho gusto» (N. del T.).

[4] Apuntes para una carta a Ludovico el Moro, en un momento (entre 1495 y 1498) en el que las relaciones entre ambos no eran buenas por las dificultades financieras del Duque, que influían en los pagos a Leonardo. Éste hubo de buscar otros encargos para mantener *seis bocas*. El fragmento está precedido por tres tentativas descartadas.

[5] También éstos son apuntes para una carta al Moro. El folio está cortado verticalmente y se ha perdido casi la mitad de la carta. La decoración de los *camerinos* del Castillo Sforzesco había comenzado en 1495.

4[6]. *a*) Ilustrísimos Señores míos, habiendo visto cómo los Turcos no pueden llegar a Italia por ninguna otra parte de la tierra firme que no sea pasando por el río Isonzo, y aunque sé que no puede ponerse ninguna defensa de larga duración, no dejaré, sin embargo, de recordar que pocos hombres con ayuda de tales ríos valen por muchos, ya que donde tales ríos [...].

b) He considerado que no puede ponerse defensa en ningún otro sitio que sea tan válida como la que se haga sobre dicho río.

c) Cuanto más turbia está el agua, más pesa, y cuanto más pesa, más veloz es en su bajada, y lo que es más veloz, más daño hace a su objetivo. O la cosa nada sobre el agua o ella [...].

d) El agua no cae si no se mueve, y moviéndose lo que se encuentra bajo su superficie y no se posa en su fondo, se mueve tanto más despacio que el agua, cuanto más pesa ésta, y si ella [...].

e) Arrastrando cosas con su corriente, es decir maderas y piedras.

f) No quiero hacer un sostén que sobrepase las orillas más bajas, es decir cuatro brazos y [...].

g) De lo que se dirá contra la permanencia.

Las maderas que son arrastradas por los ríos romperán...

h)[7] A esto respondo que todos los sostenes serán de igual altura que el menor nivel de las orillas y, creciendo el río hasta esa altura, no entra en los bosques próximos a la orilla, y no entrando, no se concede que pueda arrastrar ningún tronco, y por tanto el río corre sólo con su agua de simple turbulencia.

i) Y si ésta sube por encima del arcén, como se vio este año, que superó la orilla más baja en unos cuatro brazos, y si arrastra consigo troncos muy grandes, éstos flotando con su corriente, los deja apoyados a los árboles mayores que pueden resistirle y detenerse porque tienen ramas.

l) Y si entran en el río, entrarán porque tienen pocas o ninguna rama y flotan sin tocar mi sostén dentado.

m) (Pasarán por la noche si tienen mied[...] sospe[...]).

La gente de armas no resiste contra éstos si no está unida, y si está unida, no puede estar más que en un sitio, y si está reunida en un solo sitio,

---

[6] Esbozo para un informe al gobierno de Venecia por encargo del cual Leonardo, entre marzo y abril de 1500, había visitado la frontera oriental a lo largo del río Isonzo para estudiar sus posibilidades defensivas en caso de un ataque de los turcos. El folio (234 v.c. del *Atlántico*) contiene en la parte inferior un croquis del curso del Isonzo con los rótulos *Puente de Gorizia, Vilpago, Alta, Alta*. Arriba, dibujos de palos clavados en el suelo (*Presas silvestres y duraderas*). Luego, diseminados en distintas direcciones y posiciones del folio, los diferentes apuntes fragmentarios para dicho informe. ¿Leonardo, evidentemente insatisfecho, descartó todos los apuntes del folio, tachándolos, o bien hizo una nueva y mejor redacción en una hoja perdida?

[7] Al lado de este fragmento se lee la indicación o título: *Sobre el cambio de sitio del río*.

o es más débil o más fuerte que el enemigo; si es más débil, como los enemigos con sus espías [...] sabido, pasarán con traición.

n) Cuando lleguen los grandes ímpetus, que arrastran maderas y árboles grandísimos, pasará cuatro o cinco brazos por encima de la cima de tales reparos, como muestran las señales entre las cosas que se han quedado prendidas en las ramas de los árboles hasta donde subió.

o) Donde el agua no tiene corriente, aquí con facilidad y presteza se llenará de haces de ramas. Siempre los que han sido arrojados vuelven atrás por de[...].

p) (Habiendo yo) Ilustrísimos Señores (examinado bien el río Isonzo y además sabido) por los lugareños (he sabido) cómo de cualquier parte (los lugareños) los enemigos (en v[...]) si llegan [...].

q) Ilustrísimos Señores míos, habiendo yo examinado bien las características del río Isonzo, y sabido por los lugareños cómo cualquiera que sea la parte por la que lleguen los Turcos a tierras de Italia, han de ir a parar a dicho río, he considerado que, aunque no pueden ponerse defensas en ese río que al final no acaben por caer y destruirse a causa de sus crecidas [...].

r) Ilustrísimos Señores míos, habiendo sabido que sea cual sea la parte de tierra firme por la que los Turcos lleguen a nuestras tierras itálicas, al fin conviene que vayan a parar al río Isonzo [...].

5[8]. Ill.mo ac R.mo D.no D.no mi Hn. Comen. etc. Hace pocos días que llegué de Milán, & hallando que un hermano mío mayor[9] no me quiere reconocer un [te]stamento hecho hace tres años, cuando murió nuestro padre, aunque la razón esté conmigo, para no faltarme a mí mismo en una cosa que estimo mucho, no he querido omitir pedir a la Rma. S. V. una carta de recomendación & favor aquí para el Señor Raphaello Iheronymo, que es en el presente uno de nuestros altos Señores entre los cuales se trata esta causa mía, & en particular ha sido remitida por su Ex.cia el Gonfaloniero al antedicho Señor Raphaello, & su Señoría ha de decidir & acabar antes de la fiesta de Todos los Santos. Et por ello, Señor mío, suplico cuanto mejor sé & puedo a V. R. S. que escriba una carta aquí a dicho Señor Raphaello, en el diestro & afectuoso modo que sabrá, recomendándole a Leonar-

---

[8] La muerte de ser Piero da Vinci, padre de Leonardo (9 de julio de 1504) dio origen a un pleito entre sus hijos, resuelto provisionalmente con un laudo de 30 de abril de 1506. Leonardo, excluido de la herencia paterna, se benefició en cambio de la de un tío suyo, Francesco, pero también ésta le fue disputada por sus hermanos. Con el fin de resolver estos asuntos, obtuvo del gobernador de Milán, Carlos d'Amboise, permiso para ir a Florencia, desde donde el 18 de septiembre dirigió esta carta al cardenal Hipólito de Este solicitando su intervención ante uno de los jueces de la causa. La carta, que pertenece al Archivo del Estado de Módena (Cancillería Estense B. 4), fue dada a conocer en 1885 por el marqués Campori. Tampoco esta misiva es autógrafa (cfr. la carta 1).

[9] El mayor de los hermanos, Giuliano.

do Vincio devotísimo servidor suyo, como me llamo & siempre quiero ser, instándolo y apremiándolo para que no sólo quiera darme razón, sino para que dé sentencia de ejecución favorable, & y yo no dudo por muchas referencias que me han sido dadas, que, siendo el señor Raphaello afectísimo a V. S., la cosa me sucederá *ad votum*. Lo cual atribuiré a la carta de V. R. S. a la que *iterum* me encomiendo. *Et bene valeat*.
Florentie XVIII 7bris 1507.
  E. V. R. D.
S.tor Humil.
Leonardus Vincius pictor

6[10]. *a)* Vosotros aborrecías a Francesco y le dejabais disfrutar de lo vuestro en vida; a mí me detestáis [...]

 b) ¿A quién querías más, a Francesco o a mí? A ti. Él quiso mi dinero después de mí, pues yo no puedo hacer mi voluntad y sabes que no puedo enajenar a mi heredero. Quiero luego preguntar a mis herederos y no como h.f. sino come ajenísimo; y yo como ajenísimo le recibiré a él y a los suyos. ¿Habéis vosotros dado ese dinero a Leonardo? No, o porque él podrá decir que lo habéis metido en esta trampa, falsa o verdadera, sólo para quitarle su dinero, o no le diré nada a él mientras viva. Así pues, vosotros no queréis devolver el dinero prestado a cuenta de lo vuestro a sus herederos, pero queréis que pague las ganancias que ha obtenido de esa posesión.

 c) ¿O acaso vosotros no le dejábais disfrutar en vida, para que volviese a vuestros hijos? ¿Acaso no podía él vivir aún muchos años? Sí. Pues haced cuenta que yo soy él. Vosotros quisisteis que yo fuera heredero para que no pudiese, como heredero, reclamaros el dinero que debo recibir de Francesco.

7[11]. Queridísimo hermano mío. Sólo ésta para avisarte de que en los pasados recibí una tuya por la que supe que habías tenido heredero, de lo que supongo habrás sentido una gran alegría: por lo que, estimando yo que eres prudente, estoy convencido de que me hallo tan lejos de tener buen juicio, como tú de tu prudencia; sin embargo, tú te has alegrado de haberte creado un solícito enemigo que con todos tus sudores[12] anhelará libertad, y no la logrará sin tu muerte.

8. Padre amadísimo, el último del pasado recibí la carta que me escribiste, la cual en breve espacio me dio gozo y tristeza. Gozo, en cuanto

---

[10] Estos apuntes sumarios para una carta a sus hermanos sobre la herencia de su tío Francesco están apiñados en el ángulo superior del f. 214 v.a., en el espacio dejado libre por escritos y dibujos sobre el vuelo de los pájaros que llenan el resto de la hoja.

[11] El disgusto nacido de los pleitos de los hermanos por la herencia puede haber influido en el pesimismo de esta carta o borrador de carta a su hermanastro Domenico.

[12] El ms. dice *sua sudi*: la interpretación no es segura.

que por ella supe que tenías buena salud, de lo cual doy gracias a Dios; tristeza, conociendo vuestro malestar.

9[13]. *a)* (Ill.mo Señor mío habien)
(Mucho me alegro, ilustrísimo Señor mío de vuestro).

Tanto me he alegrado, ilustrísimo Señor mío, de la deseada recuperación de vuestra salud, que casi han huido de mí mis males —por la casi restablecida salud de vuestra Excelencia—. Pero mucho siento no haber podido satisfacer plenamente los deseos de vuestra Excelencia por la malicia de ese mentiroso, al cual no he dejado de hacer cosa alguna con la que hubiera podido beneficiarle —que no haya sido hecha por mí[14]— y primero su salario que le era pagado puntualmente antes de tiempo, lo cual creo que negaría de buena gana —negada[15]— si yo no tuviera el recibo firmado por mano del intérprete, y, viendo yo que no trabajaba para mí sino cuando los trabajos de otros le faltaban, de los cuales él era solícito buscador, le rogué que comiese conmigo y trabajase en la lima conmigo antes que con otro porque, además de la cuenta [...] bien[16] las obras, aprendería la lengua italiana. Él siempre (lo prometió y nunca quiso hacerlo). Y[17] hacía yo eso también porque este Juan alemán que hace espejos, todos los días estaba en el taller y quería ver y oír lo que se hacía, y lo publicaba por todas partes criticando [...] lo que él no entendía. Y hacía esto porque él comía (con unos alemanes que yo sé) con el de la guardia del Papa, y luego se marchaban juntos a matar pájaros con escopetas por estas ruinas, y así desde la hora de la comida hasta la noche. Y si yo mandaba a Lorenzo a pedirle el trabajo, se irritaba y decía que no quería tantos maestros encima de él y que trabaja para el guardarropa de vuestra Excelencia, y pasaron dos meses, y seguía igual, hasta que un día, encontrando a Giannicolò el del guardarropa le pregunté si el alemán había acabado las obras del Magnífico, (y él) me dijo que no era verdad, sino que solamente le había dado para limpiar dos escopetas. Tras lo cual, habiéndole requerido yo, dejó el taller y empezó a trabajar en su casa y a perder mucho tiempo en hacer otro torno, limas y otros instrumentos de tornillo, y aquí fabricaba ruecas para torcer la seda y el o[ro], que escondía cuando algu-

---

[13] El f. 247 v.b del *Atlántico* contiene dos laboriosos borradores de una misma carta. Desde 1513 hasta 1516 Leonardo estuvo en Roma, junto con muchos otros artistas que el mecenazgo de León X había atraído allí. En particular trabajó a las órdenes del hermano del papa, Juliano de Médicis, que le había dado como ayudantes a dos alemanes, Jorge y Juan. Las relaciones de éstos con Leonardo fueron penosas, y Leonardo se lamenta repetidamente de ello con su protector.

[14] Esta frase ha sido insertada entre líneas como variante dudosa.

[15] Otra variante dejada en suspenso.

[16] La frase hasta el punto está escrita en el margen, pero debe de faltar alguna palabra.

[17] Todo este período está en el margen. El final del período está borroso y alguna palabra ilegible.

no de los míos entraba, y con mil maldiciones y gruñidos, de modo que ninguno quería volver a entrar.

b) Tanto me he alegrado, ilustrísimo Señor mío, de la deseada recuperación de vuestra salud, que casi han huido de mí mis males[18]. Pero mucho siento no haber podido satisfacer plenamente los deseos de Vuestra Excelencia, a causa de la malicia de este mentiroso alemán; por el cual no he dejado de hacer cosa alguna con la que haya creído darle gusto. Y ante todo[19], invitarlo a vivir conmigo, para así ver continuamente la obra que hacía, y corregir con facilidad sus errores, y además así aprendería la lengua italiana, mediante la cual con facilidad podría hablar sin intérprete. Y para empezar, su dinero le fue siempre pagado antes de tiempo, y todo. Luego la exigencia suya fue tener los modelos acabados en madera, cuando debían ser de hierro, y los quería llevar a su país, cosa que rechacé diciéndole que yo le daría en dibujo el ancho, el largo, el grosor y la forma de lo que debía hacer; y así quedamos con mal acuerdo.

c) La segunda cosa fue que se hizo otro taller, con nueve tornos e instrumentos en la casa donde dormía, y allí trabajaba para otros; luego iba a comer con los Suizos de la guardia, donde está gente ociosa, en lo cual él los ganaba a todos. De allí salía y la mayor parte de las veces se iban dos o tres de ellos, con escopetas, a matar pájaros por las ruinas, y esto duraba hasta la noche.

d) Al final he descubierto que este Juan de los espejos ha obrado así por dos razones. La primera porque ha ido diciendo que mi venida le ha quitado el trato y el favor de Vuestra Señoría, que siempre vi[...][20], la otra es que la habitación de este herrero dice necesitarla para fabricar los espejos, y la prueba que ha dado de ello es que, además de enemistarlo conmigo, le ha hecho vender todos sus [...] y dejarle a él el taller, donde hace con muchos operarios gran cantidad de espejos para mandar a las ferias.

11[21]. Quise que comiera conmigo, estando en [...].

b) Iba a comer con el guardia, y, además de quedarse dos o tres horas de sobremesa, muy a menudo el resto del día lo pasaba yendo con la escopeta a matar pájaros por estas ruinas.

---

[18] En el f. 283 r.a el texto añade: «de lo que Dios sea loado».

[19] He aquí la variante del f. 283 r.a: «Y ante todo su dinero le fue íntegramente pagado (antes del tiempo en que lo hubiera merecido) del mes en el cual correspondía su liquidación. En segundo lugar, invitarlo a vivir conmigo, para lo cual habría hecho colocar una mesa bajo una de las ventanas donde pudiera trabajar con la lima y acabar las cosas fabricadas al pie para así ver yo continuamente la obra que fuera haciendo y corregirla fácilmente; y además habría aprendido la lengua italiana, gracias a lo cual habría podido hablar con facilidad sin ayuda de intérprete». En la última línea, después de *facilidad* se lee también un *sa* (sabe), aquí eliminado.

[20] Ms. *ve(nendo)* = vi(niendo), o tal vez por «v'è» = está, hay.

[21] Los fragmentos n.º 10, n.º 11 y n.º 12 son borradores muy rudimentarios.

Y si alguno de los míos entraba en su taller, se ponía a rezongar y si le hacían un reproche, decía que trabajaba para el guardarropa, limpiando armaduras y pistolas.
En cuanto al dinero, a principios de mes, solicitísimo en cobrarlo.
Y para que no le reclamasen los encargos, dejó el taller, y se hizo uno en su habitación, donde trabajaba para otros, y si al final mandé a decirle [...].
Viendo yo que raras veces estaba en el taller, y que gastaba mucho, mandé a decirle que, si gustaba, yo le compraría cualquier cosa que hiciese, con valoración, y tanto le daría como lo que acordáramos; él lo discutió con su vecino y le dejó la habitación, vendiéndolo todo y fue a buscar [...].
Este tal me ha impedido hacer la anatomía con el Papa, criticándola, y lo mismo en el hospital, y llenó de talleres de espejos todo este Belvedere o de operarios, y otro tanto ha hecho en casa del maestro Giorzo.

c) No ha hecho obra alguna que no hablase cada día con Juan, sin que las criticase y las tirase al suelo, diciendo que él era maestro de tal arte, y lo que no entendía decía que yo no sabía lo que me hacía, acusándome a mí de su ignorancia.

d) Por culpa suya no puedo hacer cosa que quede en secreto, porque está siempre mirando, ya que una estancia comunica con la otra.

e) Pero todo su propósito era adueñarse de las dos estancias para fabricar espejos allí.

Y si yo lo ponía a hacer mi bóveda, andaba de boca en boca, etc.

f) Dijo que se le habían prometido ocho ducados al mes, a contar desde el primer día que se puso en camino, o lo más tarde, cuando habló con vos y lo aceptasteis, y [...].

12. He comprobado que trabaja para todos y que tiene tienda abierta; por lo cual no quiero que trabaje para mí a sueldo, sino que se le paguen los trabajos que hace para mí; y dado que tiene taller y casa del Magnífico, que le envíe los trabajos del Magnífico antes que a los demás.

13. Todos los males que existen y han existido, puestos en obra por él, no satisfarían los deseos de su inicuo ánimo. Yo no podría, por mucho tiempo que tuviera, describiros su naturaleza, pero concluyo que [...].

14[22]**.** Magnífico Presidente, habiéndome acordado a menudo de los ofrecimientos que Vuestra Excelencia me ha hecho, más de una vez me he

---

[22] El folio 372 v.a del *Atlántico* contiene tres borradores de cartas relativas a un mismo asunto. En 1502 el rey de Francia, nuevo señor de Milán, le había prometido doce onzas de agua del Naviglio de S. Cristóbal. El uso de dicha agua habría entrado en vigor al cesar la sequía, y una vez que se hubieran regulado las bocas de la presa. Pasado el tiempo, aun habiéndose cumplido las dos condiciones prescritas, Leonardo se queja de no poder disfrutar todavía del regalo del rey, y esboza tres cartas: 1) para el presidente o responsable de la gestión del agua; 2) tal vez para el gobernador de Milán, Carlos d'Amboise; 3) para su querido y fiel alumno Francesco Melzi. La segunda carta aparece reescrita con pocas variantes en el f. 317 r.a con una pulcritud gráfica muy superior y ocupando toda la página. Lo cual hace pensar, más que en un borrador, en el texto definitivo.

atrevido a escribir para recordar aquella promesa que se me hizo en la última partida, es decir la posesión de esas doce onzas de agua que me fueron donadas por el Cristianísimo Rey. Vuestra Señoría sabe que yo no entré en su posesión porque en la época en la que me fue donada, había carestía de agua en el Naviglio, tanto por la gran sequía como por no haber sido aún reguladas sus bocas; pero Vuestra Excelencia me prometió que, hecha esta regulación, yo habría tenido lo que me correspondía. Luego, habiendo sabido que el Naviglio estaba regulado, escribí varias veces a Vuestra Señoría y a Micer Girolamo da Cusano, que tiene consigo el escrito de dicha donación, y escribí asimismo a Corigero, y nunca tuve respuesta. Ahora envío ahí a Salai, mi discípulo, con esta carta, al cual V. S. podrá decir de palabra todo lo que ha ocurrido, lo cual ruego a Vuestra Excelencia.

15. M.º Señor mío. el amor que V. Excelencia me ha demostrado siempre, y los beneficios que he recibido de vos no se apartan de mi mente.

Yo sospecho que la poca remuneración de los grandes beneficios que he recibido de Vuestra Excelencia, os han hecho enojar conmigo; y esto es porque de varias cartas que he escrito a Vuestra Excelencia nunca he obtenido respuesta. Ahora os mando a Salai para hacer comprender a V. Señoría que me hallo casi al final del litigio con mis hermanos, y creo que estaré ahí esta Pascua llevando conmigo dos cuadros con dos Vírgenes de distinto tamaño que comencé para el Cristianísimo Rey, tanto si mi provisión gana como si no. Escribo al Presidente de ese agua que me donó el rey, de la que no tomé posesión por haber escasez de ella en el Naviglio a causa de la gran sequía, y porque sus bocas no habían sido reguladas; pero me prometió que, hecha la regulación, habría tomado posesión de ella; por tanto os ruego que si veis al Presidente, ahora que las bocas están reguladas, no tengáis reparo en recordar a dicho Presidente que me dé la posesión de ese agua, pues me parece que en gran parte dependía de él. Otra cosa no necesito. Estoy siempre a vuestras órdenes.

16. Buenos días, micer Francesco, ¿puede permitir Dios que, de tantas cartas como os he escrito, nunca me hayáis respondido? Esperad que vaya yo ahí, por Dios, y os haré escribir tanto que a lo mejor os arrepentiréis.

Querido micer Francesco, mando ahí a Salai para saber qué ocurre con su Magnificencia el Presidente, que finalmente ha tenido la regulación del agua que al partir yo se ordenó hacer en las bocas del Naviglio: porque el Magnífico Presidente me prometió que, apenas hubiera sido hecha esa regulación, se me habría atendido. Pues bien, hace tiempo supe que el Naviglio estaba en orden e igualmente sus bocas, e inmediatamente escribí al Presidente y a Vos, y luego volví a rogar, y nunca tuve respuesta. Por tanto os dignaréis contestarme lo que ha ocurrido, y, si no está a punto de irse, no reparéis, por amor mío, en solicitar un poco al Presidente e igualmente a Micer Girolamo da Cusano, a quien me recomendaréis, y transmitiréis mi deseo de servir a Su Magnificencia.

17²³. *a*)²⁴ Piacenza es tierra de paso, como Florencia.

b) Magníficos Fabriqueros, sabiendo que vuestras magnificencias han decidido mandar hacer ciertas magnas obras de bronce, de las que os recordaré alguna, si no sois tan veloces y prestos en asignarla, que por esa celeridad sea elegido algún hombre que por su insuficiencia haya aprendido a vituperarse a sí mismo y a vuestra época ante vuestros sucesores [...] considerando que esta época está mal provista tanto de hombres de juicio como de buenos artistas, viendo que las otras ciudades, y máxime en las de los florentinos, casi en los mismos tiempos, están dotadas de tan bellas y magnas obras de bronce, entre ellas las puertas del baptisterio; Florencia, al igual que Piacenza, es tierra de paso, donde acuden muchos forasteros, los cuales, viendo las obras bellas y bien hechas, reciben la impresión de que esa ciudad posee dignos habitantes, siendo las obras testimonio de esa opinión, y por contra, viendo tanto dispendio de metal tan mal trabajado, que menos vergüenza sería para la ciudad que las puertas fueran de simple madera, porque el poco precio del material no parecería merecer gran dispendio de artistas, de modo que [...]

c) Las principales cosas que se buscan en las ciudades son las catedrales y, acercándose a ellas, lo primero que salta a la vista son las puertas por las que puede entrarse en esas iglesias.

d) Mirad, Señores Fabriqueros, que la prisa excesiva en querer con tanta presteza asignar tan magna obra, como oigo que habéis ordenado, no sea causa de que lo que se hace para honrar a Dios y a los hombres, traiga gran deshonra a vuestra estima y vuestra ciudad, donde, por ser tierra digna y de paso, hay en ella concurso de innumerables forasteros. Y esta deshonra llegará si por inadvertencia vuestra prestaseis fe a algún jactancioso que por sus presunciones y por el favor que se le hubiese dado ahí, obtuviese una obra semejante, la cual traería para él y para vuestras mercedes larga y grandísima infamia; pues no puedo no entristecerme pensando qué hombres son los que me han comunicado que quieren entrar en esta empresa, sin tener en cuenta su capacidad, [sin] decir nada más: unos son maestros de jarras, otros de corazas, otros de campanas, otros de sonajas, e incluso de bombardas, entre los cuales uno del Señor²⁵ se ha jactado de

---

²³ Apuntes para una carta dirigida a los administradores (fabriqueros) del Duomo de Piacenza, que debían elegir un artista para la realización de las puertas de bronce de la catedral. Muchos artistas o artesanos de la corte de Ludovico el Moro intrigaban para obtener el encargo, y entre ellos el más insistente y presuntuoso era un tal Giannino Alberghetti que se jactaba del apoyo de una personalidad influyente con el Duque: Ambrogio Ferreri.

²⁴ Escrito en el margen superior como idea para desarrollar en la carta.

²⁵ El mencionado más arriba como Giannino Alberghetti.

ser compadre de Micer Ambrosio Ferrere que tiene alguna comisión, del que ha recibido buenas promesas, y que, si eso no bastara, cogerá un caballo e irá a ver al Señor y obtendrá tales cartas que vuestras mercedes no le negarán nunca esa obra. ¡Ved, pues, los míseros artistas capaces de tal obra, a qué se han reducido cuando han de competir con semejantes hombres! ¡Cómo pueden esperar premio para sus méritos! Abrid los ojos, y mirad bien que vuestro dinero no se gaste en comprar vuestra vergüenza. Yo os puedo anunciar que de esta tierra no sacaréis más que obras de fortuna y de vil y tosco arte; no hay hombre que valga, podéis creerme, salvo Lonar Florentino[26], que está haciendo el caballo del duque Francesco en bronce, y no podrá contarse con él, porque tiene trabajo para el resto de su vida, y dudo que, por ser tan gran obra, la acabe algún día.

18[27]. *a)* Señores padres diputados, al igual que médicos, tutores[28], cuidadores de los enfermos, hay que entender qué es el hombre, qué es vida, qué es salud, y de qué forma una paridad, una concordancia de elementos la mantiene, y del mismo modo una discordancia de éstos la arruina y destruye, y conociendo bien dichas naturalezas, podrá poner reparo mejor que quien las ignora.

b)[29] Vosotros sabéis que las medicinas, si se utilizan bien, devuelven la salud a los enfermos, y el que las conoce bien, bien las utilizará; cuando también conozca qué es hombre, qué es vida y complexión, y por tanto salud. Conociendo bien estas cosas, bien conocerá sus contrarios. De este modo, bien se sabrá proteger.

c)[30] Vosotros sabéis que las medicinas, si se utilizan bien, devuelven la salud a los enfermos, y el que las conoce bien, bien las utilizará; cuando también conozca qué es hombre, qué es vida y complexión, qué es salud; conociendo estas cosas, bien conocerá sus contrarios, y de este modo

---

[26] La carta, pues, debía de ir firmada por otra persona. En el reverso del folio hay un apunte que debía servir tal vez para esta misma carta:

«He aquí uno que el Señor, para hacer esta obra suya ha traído de Florencia, que es digno maestro, pero tiene mucho trabajo y no la acabará nunca.

¿En qué creéis que consiste la diferencia entre una cosa bella y una fea? Aduce Plinio».

[27] Apuntes para una carta que, pese a alguna dificultad, se piensa que se refiere a los proyectos para la terminación de la Catedral de Milán. Los distintos fragmentos están separados por un espacio, y tal vez no fueron escritos en el orden en que aparecen. El penúltimo, por ejemplo, enuncia una idea que está desarrollada en el tercero; y tampoco estamos seguros de que el último represente realmente el cierre de la carta.

[28] *Tutores* aparece escrito en el margen, como variante, dejada en suspenso, de *cuidadores*. En el texto definitivo sólo uno de los términos habría sido elegido.

[29] El fragmento *b)* es una breve indicación, diríamos casi estenográfica, de ideas que son retomadas, explicadas y ampliadas en el fragmento siguiente.

[30] Una llave marginal resalta este fragmento, probablemente para indicar que aquí está ya una parte definitiva de la carta, en comparación con los otros, que requieren una elaboración ulterior.

estará más cerca de la salvaguarda que cualquier otro. Lo mismo necesita la catedral enferma, es decir un médico arquitecto que entienda bien qué es un edificio y de qué reglas deriva el buen edificio, y de dónde vienen esas reglas, en cuántas partes se dividen, y por qué motivo hacen que el edificio se sostenga y sea permanente, y de qué naturaleza es el peso, y cuál es el deseo de la fuerza y de qué manera se deben articular y unir, y una vez unidas qué efecto producen. El que tenga verdadero conocimiento de estas cosas os dejará satisfechos con su idea y con su obra.

d) Así que por esto yo procuraré, sin disminuir ni infamar a nadie, satisfaceros en parte con razones y en parte con las obras, alguna vez demostrando los efectos por medio de las causas, otras afirmando las causas por medio de los experimentos (y junto con) éstos adoptando alguna autoridad de los arquitectos antiguos, las pruebas de los edificios construidos, y cuáles son las causas de su ruina o de su permanencia, etc.

e) Y así demostrar qué va antes que la carga y qué y cuántas son las causas que hacen derrumbarse los edificios, y qué es lo que garantiza su estabilidad y permanencia.

f) Mas para no ser prolijo con Vuestra Excelencia, expondré primero la invención del primer arquitecto de la catedral, y os demostraré claramente cuál fue su intención, afirmando ésta con el edificio comenzado; y haciéndoos entender esto, claramente podréis conocer que el modelo hecho por mí tiene esa simetría, esa correspondencia, esa conformidad que le conviene al edificio comenzado.

g) Qué es un edificio y de dónde derivan las reglas del buen edificio, y cuántas y cuáles son sus partes.

h) O a mí, o a otro que lo demuestre mejor que yo, cogedlo, dejad a un lado cualquier prejuicio.

Traducciones y transcripciones[1]

1. Oh Griegos, yo no pienso que mis hechos os deban ser narrados, puesto que los habéis visto. Diga U[lises] los suyos, pues hace sin testigos aquello que conoce sólo la oscura noche.

2[2]**.** Oh tiempo, consumidor de las cosas, y oh envidiosa antigüedad, tú destruyes todas las co[sas] y todo es consumido por los duros dientes de la vejez, poco a poco con lenta muerte. Helena, cuando se miraba en el espejo, viendo las flácidas arrugas de su rostro formadas por la vejez, llora y piensa para sí por qué fue raptada dos veces.

3. Ea, no me desprecies, que no soy pobre; pobre es quien mucho desea. ¿Dónde me casaré? Donde dentro de poco tú por ti mismo lo sabrás, contesté, dentro de poco.

4[3]**.** Mal haces si alabas y peor si reprendes
cosas que tú bien no entiendes.

5. Cuando Fortuna viene, cógela al vuelo;
de frente, digo, que atrás no tiene pelo.

---

[1] El folio 71 r.a del *Atlántico* es uno de los más antiguos de Leonardo, ya que se remonta al tiempo de su llegada a Milán. Dividido en dos columnas, la de la derecha está casi completamente cubierta por una mancha, pero arriba permite leer nuestro fragmento n.º 3, formado por dos endecasílabos esdrújulos de procedencia desconocida, por el recuerdo inexacto de los versos 67-68 del *Triunfo del Amor* de Petrarca («De aquí a poco has de saberlo / por ti mismo, le dijo, y será de ellos»), seguido de algunas sílabas aparentemente sin sentido: *s mi mi mo mi mi*. La letra no es la acostumbrada de Leonardo; el trazo es mucho más lento, con volutas, que hacen pensar más en un interés caligráfico que por el contenido del texto. Por ello no nos sorprende que ese contenido falte incluso en las últimas sílabas. La otra columna da dos traducciones de las *Metamorfosis* de Ovidio: «Nec memoranda tamen vobis mea facta, Pelasgi, / esse reor: vidistis enim. Sua narret Ulixes / quae sine teste gerit, quorum nox conscia sola est» (L. XIII, vv. 12-15). «Flet quoque, ut in speculo rugas aspexit aniles / Tyndaris, et secum, cur sit bis rapta requirit. / Tempus edax reum, tuque, invidiosa vetustas, / omnia destruitis, vitiataque dentibus aevi / paulatim lenta consumitis omnia morte». (L. XV, vv. 232-236). La traducción del segundo pasaje demuestra una imperfecta familiaridad con la lengua latina, para la que remitimos al citado volumen: Marinoni, *Gli appunti*, etc., pp. 136-137.

[2] El fragmento está precedido por un primer, fatigoso, intento de traducción, anulado por la tachadura. «Oh tiempo consumidor (de todas) de las cosas oh (antigüedad tú devoras lo que se ve y o) envidiosa antigüedad (tú consumes) destruyes y estropeas lo que se ve y lo consumes todo». Sigue el fragmento n.º 2, y luego una variante de la primera frase: «Oh tiempo consumidor de las cosas y oh envidiosa antigüedad por la cual todas las [cosas] son consumidas».

[3] Este dístico y el siguiente se encuentran anotados también en el folio 76 v.a de una

6[4]. Si quieres estar sano, sigue esta norma
no comas sin ganas; cena ligero,
mastica bien, y lo que metes dentro
que esté bien hecho y de sencilla forma.
Quien toma medicinas, mal se informa.
Guárdate de ira y huye el aire denso;
bien estarás cuando la mesa es leve;
al mediodía no caigas en el sueño.
El vino moderado, poco, espeso,
no fuera de comidas y en vacío;
no tardes, ni en letrina gastes tiempo;
Fuérzate poco si haces ejercicio.
Cabeza abajo y el vientre resupino
nunca has de estar, y cúbrete de noche;
La mente posa y tenla siempre alegre.
Huye lujuria y a la dieta atente.
7[5]. Quien pierde el tiempo y virtud no gana
cuanto más piensa, más se apena el alma.
8. Virtud no tiene ni podría tener, quien deja honra por ganar riqueza.
9. No vale la fortuna sin fatiga;
perfecto don no llega sin gran pena;
dichoso es quien la virtud investiga.
10. Pasan nuestros triunfos, nuestras pompas.
11. La gula, el sueño y las ociosas plumas
proscrito han ya toda virtud del mundo,
y así extraviado casi su camino,
costumbre vence ya nuestra natura.
12. Conviene ya que tú el ocio abandones,
dijo el maestro, pues yaciendo en plumas,
fama no llega, ni bajo edredones;
y sin la fama, quien su vida gasta,

---

forma más imprecisa que indica quizá el esfuerzo por traer a la memoria un texto imperfectamente recordado:
«Mal si alabas y peor si reprendes una cosa, aunque no la entiendas.
Mal haces si alabas y peor si reprendes la cosa, digo, aunque no la entiendas.
Mal haces si alabas y peor si reprendes la cosa, cuando no la entiendas bien.
Cuando Fortuna viene, cógela al vuelo; de frente, digo, que atrás no tiene pelo».
[4] Soneto con estrambote de preceptos higiénicos.
[5] Según Uzielli, los n.ºs 7, 8, 9 proceden «de uno de los muchos diccionarios de refranes que circulaban desde el siglo XIV, y que en tiempos de Leonardo andaban también impresos en los libros de primera lectura». El n.º 9 es un verso un poco modificado del *Triunfo del Tiempo* de Petrarca (v. 112), al igual que del *Cancionero* de Petrarca es el n.º 11 (*En vida de Madonna Laura*, 7); el n.º 12 procede de Dante (*Inferno*, XXIV, pp. 46-51).

tal huella en tierra de sí mismo deja,
cual humo en aire, o espuma sobre el agua.
13⁶. TERCETO HECHO PARA LOS CUERPOS REGULARES
Y SUS DERIVADOS:
El dulce fruto bello y su deleite
a buscar al filósofo ha impelido
la causa nuestra por nutrir la mente.
14⁷. Si con tal fuerza amó Petrarca el lauro
fue porque es bueno entre salchicha y tor[do];
yo de sus charlas no puedo hacer tesoro.
15⁸. O si de medio arco hacer se puede
triángulo tal que un recto no tuviese
y de los otros dos un recto no se hiciese.

---

⁶ Es el terceto compuesto por el amigo de Leonardo, Luca Pacioli, y colocado al comienzo de su *De Divina Proportione*, para la cual Leonardo dibujó las ilustraciones.
⁷ Terceto burlesco de procedencia desconocida.
⁸ Dentro de un semicírculo. Los primeros dos versos están tomados del *Paraíso* de Dante (XIII, pp. 101-102): *o se del mezzo cerchio far si puote / triangol sì ch'un retto non avesse [...]* El tercero es un añadido que no respeta las normas métricas.

Apéndice

I

LOS LIBROS DE LEONARDO

El mismo Leonardo se ocupó de redactar en dos momentos diferentes un listado de sus libros que revela en parte las fuentes de su pensamiento y las fases de su formación cultural. Pero sus lecturas no se limitaron ciertamente a los libros consignados en el repertorio, y tampoco podemos decir que todos los volúmenes de la lista hayan sido objeto de su atención. Es probable que algunos hayan entrado casualmente en su biblioteca y que otros representen sólo un programa de lecturas no completado.

De los dos elencos, el más conocido es el del f. 210 r.a del códice Atlántico. Sobre él llevó a cabo un primer estudio bibliográfico Gerolamo D'Adda (*Leonardo da Vinci e la sua libreria*, Milán, 1873), quien notó que Leonardo utilizaba preferentemente traducciones antes que originales en latín. No tuvieron bastante en cuenta esta advertencia P. Duhem (*Études sur Léonard de Vinci. Ce qu'il a lu et ceux qui l'ont lu*, París, 1906-1913), y E. Solmi (*Le fonti dei manoscritti di Leonardo da Vinci*, ibíd., vol. LVIII, 1911), que no dudaron en atribuir a Leonardo minuciosas lecturas de obras escritas en un difícil latín. Y sin embargo Solmi, polemizando con Morandi, había constatado el nivel elemental de los apuntes vincianos de gramática latina. Probablemente creyó que Leonardo había superado rápidamente esa fase inicial y podía afrontar textos mucho más arduos. De modo parecido Marcolongo minimizaba ciertos errores de Leonardo en el terreno matemático (cuando no se negaba a admitirlos), atribuyéndolos a su edad juvenil, y olvidando que casi todos los manuscritos vincianos que han llegado hasta nosotros fueron escritos desde que tenía cuarenta años hasta su muerte. Después de la demostración aportada por nosotros acerca del escaso conocimiento que del latín tuvo Leonardo, quien declaraba abiertamente ser hombre «sin letras», es decir desconocedor del latín, se hizo indispensable una revisión de las lecturas leonardianas. La llevó a cabo Eugenio Garin en una precisa puesta a punto («Il problema delle fonti del pensiero leonardiano», en *Atti del Convegno di Studi Vinciani*, Florencia, 1953, y en *La cultura filosofica del Rinascimento italiano*, Florencia, 1961, pp. 388 ss.) orientando la investigación de las fuentes hacia el ámbito de las traducciones y de una literatura circulante entre gentes «sin letras». En este aspecto también conviene recordar el estudio de Carlo Dionisotti, «Leonardo uomo di lettere», en *Italia Medievale e Umanistica*, 1962. El descubrimiento de los dos códices de Madrid ha traído a la luz un inventario más amplio y reciente de la biblioteca de Leonardo, que data de los años 1503-1504, y fue publicado casi enseguida por Ladislao Reti («The two unpublished manuscripts of Leonardo da Vinci in the Biblioteca Nacional of Madrid», en *The Burlington Magazine*, CX, pp. 10-12; 81-89), acompañado por abundantes indicaciones bibliográficas. Del asunto se ocupó también C. Maccagni en la décima «Lectura Vinciana» (*Riconsiderando il problema delle fonti di Leonardo*, Florencia, 1971) y Auretta Chioatto en su excelente tesis doctoral. Tampoco después de este interesantísimo descubrimiento ha cambiado sustancialmente la valoración del horizonte cultural de Leonardo. Sus intereses son los que ya conocíamos. La literatura poética o narrativa en lengua vulgar es la más bien ingenua de *Geta e Birria* de Burchiello, del *Novellino*, del *Guerrino il Meschino*; más aún, si se han incrementado los títulos de esta naturaleza, han desparecido en cambio Petrarca y el *Morgante*, incluidos en la primera lista. Sin embargo, la importancia del primer elenco es notable, ya sea porque el número de libros asciende a la respetable cifra de 116, ya sea por la presencia de textos difíciles que vuelven a plantear el problema de su utilización por parte de Leonardo. Hay además dos grupos de obras didácticas para el aprendizaje del latín y de las matemáticas, que evidencian el esfuerzo realizado por Leonardo (o al menos sus intereses) en estos terrenos en el último tercio del siglo XV.

Reproducimos a continuación los dos listados anteponiendo a cada título un número progresivo que no existe en el manuscrito, pero nos resulta útil para las referencias que a ellos haremos. Los números de la primera lista se distinguen en el comentario con la letra A para diferenciarlos de los del segundo. Para las indicaciones bibliográficas nos atenemos a los estudios citados más arriba, y en particular a los de Reti y Chioatto, aunque contribuyendo con algún elemento nuestro y con ciertas deducciones.

1. De ábaco
2. Plinio
3. Biblia
4. De Re Militari
5. Deca primera
6. Deca tercera
7. Deca cuarta
8. G[u]idone
9. Piero Crescentio
10. De' Quattro Regi
11. Donato
12. Iustino
13. Guidone
14. Doctrinal
15. Morgante
16. Giovan di Mandinilla
17. De Onesta Voluttà
18. Manganello
19. Crónica de Esidero
20. Epístolas de Ovidio
21. Epístolas del Filelfo
22. Spera

23. Facecias de Poggio
24. De Chiromantia
25. Formulario de Epístolas
26. Fiore di virtù
27. Vita de' filosofi
28. Lapidario
29. Epístolas de Filelfo
30. De la conservation di sanità
31. Cecco d'Ascoli
32. Alberto Magno
33. Rettorica Nova
34. Zibaldone
35. Isopo
36. Salmos
37. De la inmortalidad del alma
38. Burchiello
39. Driadeo
40. Petrarca

Y he aquí el segundo elenco (Madrid II ff. 2v-3r).

MEMORIA DE LOS LIBROS QUE DEJÓ GUARDADOS EN EL ARCÓN

1. Libro de Giorgio Valla
2. Fasciculu medicine, latín
3. Romulion
4. Guidone en cerusia
5. Biblia
6. Primera Deca de Tito Livio
7. Tercera Deca
8. Cuarta Deca
9. Montagnana De orina
10. Burleo
11. Agustín De Civitate Dei
12. Plinio
13. Crónica del mundo
14. Piero Crescencio
15. Herbolario grande
16. Sermones
17. Aquila de Lionardo d'Arezzo
18. Problema de Aristóteles
19. Battista Alberti en arquitectura
20. Isopo en lengua francesa
21. De re militari
22. De' quattro regi
23. Euclides en geometría
24. Vita civile de Matteo Palnieri
25. Geta y Biria
26. Reglas de Perotto
27. Donato vulgar y latino
28. Libro de reglas latinas de Francesco da Urbino
29. Doctrinal latino
30. Obra de San Bernardino da Siena
31. De la memoria local
32. Alcabizio vulgar de Serigatto
33. Prisciano gramático
34. Libro de ábaco mediano
35. Ciriffo Cavalneo
36. Lucano
37. Esopo en verso
38. Galera de los locos
39. Libro de ábaco pintado
40. Novellino de Masuccio
41. Ovidio Metamorfoseos
42. Perspectiva común
43. Proposición de Aristóteles
44. Rettorica nova
45. Atila
46. Alberto de Sajonia
47. Filosofía de Alberto Magno
48. Epístolas de Filelfo
49. Secretos de Alberto Magno
50. Sermones de San Agustín
51. De la inmortalidad del alma
52. Reglas gramaticales, en tabla

53. Fior di virtù
54. Pasión de Cristo
55. Albumasar
56. Libro de medicina de caballos
57. Zibaldone
58. Formulario
59. Clónica de San Esidero
60. Libro de ábaco mediano
61. Vida de los filósofos
62. De tentación, en tabla
63. Fábulas de Esopo
64. Epístolas de Ovidio
65. Donatello
66. De onesta voluttà
67. De Santa Margarita
68. Stefano Prisco da Sonzino
69. Epístolas de Guasparri
70. Sonetos de Burchiello
71. Guerrino
72. Vocabolista en pergamino
73. Sonetos de Micer Guasparri Bisconti (= Visconti)
74. Cecco d'Ascoli
75. Fisonomía de Scoto
76. Calendario
77. Spera mundi
78. De mutatione aeri
79. De natura humana
80. Conservazion di sanità
81. Lapidario
82. Sueños de Daniel
83. 2 Reglas de Domenico Macaneo
84. Vocabolista pequeño
85. Elegancias
86. De chiromantia
87. Del templo de Salomón
88. Cosmografía de Tolomeo
89. Cornazano De re militari, lo tiene Gug[l]ielmo de' Pazzi
90. Libro de ábaco, lo tiene Giovan del Sodo
91. Epístolas de Fallari
92. Vita de San Ambrosio
93. Aritmética del Maestro Luca
94. Donato gramático
95. Cuadrante
96. Cuadratura del círculo
97. Meteura de Aristóteles
98. Manganello
99. Francesco da Siena
100. Libro de antigüedades
101. Libro de Amadio
102. Libro de anatomía

ARCA EN EL MONASTERIO

103. Un libro de ingenios con la muerte por fuera
104. Un libro de caballos esbozados para el cartón
105. Un libro de medida de Battista Alberti
106. Libro de Filón De acque
107. Librito viejo de aritmética
108. Libro de mis vocablos
109. Libro de Urbino matemático
110. Euclides vulgar, es decir, los 3 primeros libros
111. Libro de ábaco de Sassetto
112. Libro donde se cortan las cuerdas de las naves
113. Libro de ábaco de Milán grande en tabla
114. De la armadura del caballo
115. De Chiromantia de Milán
116. Libro viejo de Amelia

A los cuarenta títulos de la primera lista han de restarse una o dos unidades, ya que se repiten dos veces *Epístolas de Filelfo* y probablemente

Guidone, no siendo verosímil que, tratándose de dos autores distintos, Leonardo los haya nombrado de la misma forma. De los treinta y ocho títulos, en la segunda lista han desaparecido Justino, Morgante, Giovan di Mandinilla, Facecias de Poggio, Salmos, Burchiello, Driadeo, Petrarca. El nuevo elenco permite en algún caso identificar mejor las obras gracias a alguna integración; así *en cerusia*, añadido a *Guidone*, que en el primer repertorio era sólo un nombre, nos dirige con mayor seguridad a una sola obra; y *latino* añadido a *Doctrinal* despeja bastantes dudas.

Para completar los títulos citados por Leonardo con algunas indicaciones bibliográficas, procederemos por grupos de libros de tema análogo.

Comenzaremos por las gramáticas latinas. Las *Reglas de Perotto* (26) son los *Rudimenta grammatices* de Perotti; *Donato gramático* (94, 11A) y *Donatello* (65) nos llevan, en cambio, al *Ars Maior* de Donato y al más difundido *Donatus minor sive de octo partibus orationis*, que tuvo muchas ediciones; el *Donato vulgar y latino* (27) es con toda probabilidad *Donatus latine et italice*, Venecia 1499, una edición de la «Ianua» comentada y traducida palabra por palabra. —El n.º 33 *Prisciano* re refiere a una de las ediciones del famoso gramático, *De partibus orationis*. —Demasiado vaga la indicación *Reglas gramaticales en tabla* (52), ya que con el título *Regulae grammaticales* se publicaron diversas obras, entre ellas la de Guarino Veronese y en Florencia la de Gaspare Massari. —Por lo que respecta a las *reglas latinas de Francesco da Urbino* (28) no sabemos si se trata de un Francesco da Urbino o de un libro procedente de la biblioteca ducal de Urbino. —Además de las gramáticas, aparecen registradas obras retóricas como la *Rettorica nova* (44, 33A), que algunos identifican con la obra de Lorenzo Guglielmo di Saona, otros con el conocidísimo *Fiore di Rettorica* de fray Guidotto da Bologna. —El n.º 68 deforma el nombre de Stefano Flisco, autor de la obra *Synonima seu variationes sententiarum* editada varias veces en Roma, Milán y Venecia. Tenemos, por último, dos vocabularios: el *Vocabolista pequeño* (84) nos recuerda el *Vocabolista vulgar y latino* citado en la cubierta del ms. F, y fácilmente identificable con el *Vocabolista ecclesiastico* de G. Bernardo Savonese (Milán 1480, 1489); Florencia 1496); el *Vocabolista en pergamino* (72) podría ser un manuscrito en pergamino o bien un volumen encuadernado así; ha hecho pensar en el *Catholicon* de G. Balbi citado por Leonardo en el ms. I 239r, pero no se puede asegurar.

El n.º 85 *Elegancias* ha hecho pensar en el *Opus elegantiarum linguae latinae* de Lorenzo Valla; pero Maccagni prefiere las *Elegantiolae seu elegantiae minores* de Agostino Dati, muchas veces editadas, por adaptarse mejor a los intereses de Leonardo, y Chioatto observa que entre las obras menores se encuentran también las *Elegantiarum viginti praecepta ad perpulchras conficiendas epistolas*, editadas muchas veces en Colonia, París, Daventry, Lipsia, y las *Elegantiae terminorum ex Laurentio Valla et quo-*

rundam aliorum secundum ordinem alphabeti collectae, Daventry 1490, 1497. Todos estos títulos indican que Leonardo se esforzó por «tener letras», pero no aclaran cuáles fueron los resultados de su esfuerzo. El examen de todos sus manuscritos no ofrece pruebas de un conocimiento seguro del latín. Es más, no podemos creer que se dedicara a la lectura del «Doctrinal» de Alejandro de Villadieu (29?) o de las «Elegantiae»; mientras que es probable que haya utilizado el *Vocabulista* de Savonese para superar alguna momentánea dificultad. Su conocimiento del latín debía de ser, como el de muchos otros hombres «sin letras», intuitivo y empírico. Por esta razón Luca Pacioli, que escribía una *Summa Arithmetica* para los hombres «prácticos» y «sin letras», no dudaba en encabezar todos los párrafos con un título latino, o en introducir extensas citas de autores latinos.

Otro grupo de libros se refiere a la aritmética y a la geometría. Hay nada menos que seis de ábaco: uno *grande en tabla* (113), dos medianos (34, 60), uno ilustrado (39), dos sin otra indicación que los nombres de las personas que los «tienen» (90, 111) y creemos que el n.º 1A es uno de los seis del segundo listado. Opino que la identificación de estos libros representa un esfuerzo inútil, ya que son demasiadas las posibilidades abiertas con obras tan elementales y divulgadas. —Lo mismo vale para el *Librito viejo de aritmética* (107). —Tampoco del libro de *Urbino matemático* (109) puede decirse nada preciso, salvo que el nombre de Urbino aparece más veces en este elenco y hace pensar en la biblioteca ducal. Fácil resulta en cambio la identificación de la *aritmética del maestro Luca* (93), es decir la *Summa de Arithmetica Geometria Proportioni et Proportionalità* de Luca Pacioli (Venecia 1494), que Leonardo había comprado por 119 sueldos (Atl. 104 ra), estudiado y resumido. Los ff. 69 r-v, a-b del códice Atlántico contienen un resumen de los capítulos de la *Summa* dedicados a las fracciones; los ff. 46v-50r del ms. Madrid II contienen un resumen del tratadillo sobre las proporciones y proporcionalidades inserto en la *Summa*, del que derivan asimismo los dibujos de la tabla pitagórica (48v) y del árbol de las proporciones (78r).

Para la geometría tenemos *Euclides en geometría* (23) y *Euclides vulgar* (110), pero limitado a los primeros tres libros. El primero es sin duda la edición de los *Elementa geometrie cum Campani annotationibus* (Venecia 1482, o bien Vicenza 1491), el segundo es probablemente un manuscrito para el cual cfr. el Apéndice II. —Que la *Cuadratura del círculo* (96) sea el conocido tratado de Arquímedes es posible, pero podría ser también otra cosa, como el tratado sobre la *Quadratura circuli per lunulas*, cuyo dibujo fundamental aparece en el ms. K, 61r. Tal dibujo podría también proceder del *Libro de Giorgio Valla*, es decir del *De expetendis et fugiendis rebus* (Venecia 1501), una voluminosa enciclopedia que en 49 libros trata de aritmética, música, geometría, astrología, fisiología, medicina, gramática, dialéctica, poética, retórica, filosofía moral, economía, etc. La variedad y amplitud de los temas allí incluidos ha hecho pensar que Leonardo haya estudiado largamente esta gruesa obra, que sin embargo está escrita en un latín bastante difícil, si no imposible, para un hombre «sin letras». Entre los papeles de Leonardo se encuentra (cod. Arundel ff. 178v-179v) la traducción de una página que refiere la solución dada por los antiguos al problema de la duplicación del cubo. Es probable que Leonardo se hiciera traducir (¿por Pacioli?) algunas páginas, pero hemos de considerar con mucha cautela la hipótesis de muy vastas lecturas. —De León Battista Alberti hallamos en el elenco *un libro de medida* (105) generalmente identificado con *Ex ludis rerum mathematicarum* manuscrito (fue impreso en *Le opere volgari* de L. B. Alberti, Florencia 1843-1849), citado por Leonardo también en otra parte (Arundel f. 66r) y que contiene la solución de varios problemas de medida.

El vivo interés de Leonardo por la medicina y la anatomía está presente en otro grupo de libros El n.º 2 *Fasciculu medicine* es el *Fasciculus medicine* de John Ketham (Venecia 1491, 1495) traducido al italiano en 1493. Leonardo cita el texto latino con la omisión de la *s*, que no es un simple despiste, sino originado por su forma descuidada de tratar el latín, visible también en el «De mutatione aeri» y en otros lugares. —El n.º 75 es el *Liber phisionomie* del astrólogo Miguel Scoto, varias veces impreso desde 1477. —El n.º 4 *Guidone en cerusia* es la obra de Guidonis de Cauliaco, *Cyrugia* (Venecia 1498), ya conocida en la traducción italiana *Collectorio di tutte le cose notabili spectanti all'arte Cyrurgica* o también *Inventario overo Collectorio che apartien a la parte de la Cirogia* (Venecia 1840, 1493). —El n.º 9 *Montagnana de orina* es el *Tractatus de urinarum iudiciis* de Bartolomeo Montagnana (Padua 1487). —Sobre el n.º 80 *Conservazion di sanità* (también 30A) las opiniones son diversas dada la abundancia de títulos análogos, entre los que recordamos Ugo Benzi, *Tractato utilissimo circa la conservazion de la sanitade* (Milán 1481), Arnaldus de Villanova et Johannes Mediolanensis, *Regimen sanitatis Salernitanum* (numerosas ediciones), Antonius Gazius, *De conservatione sanitatis* (Venecia 1491, 1500), Benedictus de Nursia, *Libellus de conservatione sanitatis* (numerosas ediciones), Bartolomeo Montagnana, *Tractatus aureus de conservanda sanitate corporum* (s.l. 1476, 1497). —Para el n.º 102 *Libro de anatomía* se puede indicar tanto Alessandro Benedetto, *Anatomice sive historia corporis humani libri V* (Venecia 1498, 1502) recordado por Leonardo también en el ms. F: «Anatomia Alessandro Benedetto», como la *Anathomia Mundini* (numerosas ediciones) o bien Mondino de' Luzzi, varias veces recordado por Leonardo en los ff. de Windsor: «Tú, Mondino, que dices...» (f. 12281), «Dice Mondino que los músculos...» (f. 19017). —Para el n.º 56 *Libro de medicina de caballos* se recuerda P. Vegezio Renato, *Libro di medicina di cavalli, muli et asini, chiamato Mascalcia*, que, sin embargo, fue impreso sólo en 1528, aunque Leonardo habría podido disponer de una copia manuscrita; en alternativa, Giordano Ruffo, *Libro de la natura de cavalli e el modo di rilevarli, medicarli e domarli* (varias ediciones). —Para el n.º 79 *De natura humana*, sólo Chioatto ha sabido indicar una obra del mismo titulo: Antonio Zeno, *De natura humana*, Venecia 1491. —Para el n.º 57 (34A), aunque el título *Zibaldone*[1] puede ser genérico, se piensa en la *Opera del excellentissimo physico magistrato Cibaldone electa fuori de libri autentici di medicina utilissimi a conservarsi sano* (varias ediciones en las que el autor es nombrado como «lo Almansore chiamato Cibaldone»). —Tal vez pertenezca a este grupo también el misterioso *Libro viejo de Amelia* (116) para el cual sólo Chioatto ha conseguido encontrar una tenue relación con una obra propuesta por d'Adda para el Alberto Magno del cod. Atlántico. En el *libro chiamato della vita, costumi, natura et omne altra cosa pertinente tanto alla conservatione della sanità dell'omo quanto alle cause et cose humane composto per Alberto Magno* ha anotado que fue impreso en Nápoles en 1478 «ope et impensa Magnifici Domini Bernardini de Gerardini *de Amelia*, militis, comitis Palatini[...]», detalle no desdeñable.

Agruparemos ahora los libros de ciencia o filosofía natural. Para el n.º 46 *Alberto de Sajonia* se proponen las *Quaestiones in Aristotelis De coelo et mundo* (Pavía 1482, Venecia 1492, 1497) o bien el *Tractatus proportionum*, pero Leonardo cita el primero también en el ms. I 130v y en el ms. F, donde aparece asimismo citado *Albertuccio e'l Marliano De calculatione*. —De Alberto Magno se cita en el n.º 47 la *Filosofía* que será la *Summa naturalium sive opus aggregationis seu secretorum de virtutibus herbarum et animalium quorundam*, reimpreso varias veces con modificaciones en el título, y especialmente a la traducción toscana del mismo: *Libro de la virtude de le herbe et prede quale fece Alberto Magno vulgare[...] insieme con il tractato degli secreti de la natura humana* (Bolonia 1494, Nápoles 1495). Menos probable el *De secretis mulierum et virorum* del mismo autor. —El n.º 12, *Plinio*, es la *Historia naturale tradocta di lingua latina in fiorentino per C. Landino* (Venecia 1476, 1481, 1489), del que Leonardo tomó varias ideas para lo que hemos llamado «Bestiario». —Otras sugerencias para el mismo fin extrajo de *L'Acerba*, conocido poema científico de Cecco D'Ascoli (74) y del *Fiore di virtù* (53) *che tratta di tutti i vitii humani et come si deve acquistar la virtù*[2] (Venecia 1471, 1474, 1477, 1488). —No ofrece problemas la *Cosmografía de Tolomeo* (88) impresa numerosas veces en el siglo XV y citada por Leonardo cuatro veces en sus escritos (H 6 r, W 12592r, 19061r, 19104v). —El n.º 78 *De mutatione aeri* debería referirse a una obra de Firman de

---

[1] Libro de apuntes, Miscelánea (N. del T.).

[2] *Flor de virtudes, que trata de todos los vicios humanos y de cómo se debe adquirir la virtud* (N. del T.).

Beauval *Tractatus Firmini de mutatione aeris*, editado en Venecia en 1485 con el título *Repertorium de mutatione aeris*, más bien que al tratado análogo de Japhar. —*Albumasar* (55) es el astrónomo árabe Abū Màshar Giàfar, del que se habían publicado las obras *Flores astrologiae* (Augusta 1488, 1495, Venecia 1500); *De magnis coniunctionibus, annorum revolutionibus ac eorum profectionibus* (Augusta 1488); *Introductorium in astronomia Albumasaris Abalachi* (Augusta 1489, 1495). —También el *Alcabizio* (32) sería un astrólogo árabe: *Introductorium Alchabitii Arabici ad scientiam judicialem astronomiae* (Bolonia 1473, Venecia 1482, 1491), pero Leonardo dice *Alcabizio vulgar del Serigatto*, nombre por él recordado también en el códice Arundel 190v: «Muestra al Serigatto el libro y que te dé la regla del reloj anillo». De Francesco Serigatti se conoce una obra *De ortu et occasu signorum*, escrita en 1500 pero impresa en 1531. Leonardo podía tener una copia manuscrita y «Alcabizio» sería en tal caso un nombre genérico. —Al campo astronómico debería pertenecer igualmente el n.º 76 *Calendario*, obra de Regiomontano, aparecido también en lengua italiana (Venecia 1476); y el n.º 95 *Cuadrante* que, según Reti siguiendo a Otto Kurz, sería *El cuadrante de Israel* de Jacob ben Machis ben Tibbon, impreso sólo en 1922 en Florencia, pero Chioatto recuerda oportunamente la cita de Leonardo en el cod. Atl. 12va «Cuadrante de Carlo Marmocchi», que podría ser el dueño o el autor de un manuscrito con ese título. —El n.º 77 *Spera mundi* completa la indicación de 22A, y en lugar del *Libro della Sfera* de Leonardo Dati, pensamos ahora en la *Sphaera mundi* de Giovanni Sacrobosco, editada muchas veces en el siglo XV. Sin embargo, cuando en 1508 Leonardo escribe en el ms. F 4v «La Esfera y Marullo alaban con muchos otros el sol», la alusión podrá referirse a Dati que contiene siete estrofas de himno al sol, ausentes en Sacrobosco. —El n.º 106 *Libro de Filone de acque* nos llevaría a Filón de Bizancio, de quien Mascagni señala la existencia de una versión latina en un manuscrito del British Museum. —El *Piero Crescentio* del n.º 14 y 9A es el autor de un tratado de agricultura *Opus ruralium commodorum* (Augusta 1471, Lovaina 1474, 1478, Argentina 1486) traducido al italiano (Florencia 1478, Vicenza 1490, Venecia 1495). —*Herbolario grande* (15) es una indicación demasiado genérica que abre distintas posibilidades: *Herbarius* de Petrus Schoffer (Moganza 1484), *Herbarius Pataviae* (Passavii 1485, 1486), de la que debía de haber una traducción, más tarde editado en 1522, en Venecia, con el título *Herbolario volgare*; el *Herbarium di Apuleio di Madaura* (Roma 1480); el *Herbarium seu de virtutibus herbarum*, Vicenza 1491; y la obra del mismo título de Arnoldo de Villa Nova (Venecia 1499). —También el *Lapidario* (81, 28A, recordado asimismo en el cod. Trivulziano 2r) constituye una indicación demasiado genérica que ha hecho pensar en la obra de Alberto Magno *Mineralium libri V* (Pavía 1491, Venecia 1495) o en una traducción italiana del *De lapidibus* de Marbodeo, o bien en un *Lapidarium* editado en Venecia hacia 1490. —Claramente identificable es, en cambio, el n.º 66 (17A) *De onesta voluttà*, es decir el *Opusculum de obsoniis ac honesta voluptate* de Bartolomeo Sacchi llamado el Platina (Venecia 1487, 1495, 1500), recordado también en los Cuadernos de Anatomía f. 14r: «Como escribió Platina y los otros autores del gusto». —El n.º 31 *De la memoria local* se refiere a uno de los numerosos tratados renacentistas de mnemotécnica. ¿A cuál? Entre las diferentes propuestas, nos atrae: *Questa si è una bellissima memoria locale et modo di habituare tante cosse quanto l'homo vorrà [...]* Milán, ca 1485. ¿De dónde vendrán las dos *Reglas de Domenico Macaneo* (83)? ¿Se trata de Domenico Maccagni, *Chorographia Verbani lacus* (Milán 1490)? Observa Chioatto que las distintas «quaestiunculae» que forman el apéndice de esta obra podrían tener alguna relación con las dos reglas. —¿A qué se refieren los números 18 *Problema d'Aristotele*, y 43 *Prepositione d'Aristotile*? Los títulos parecidos son bastantes: Teodoro Gaza, *Traductio nova problematum Aristotelis* (Mantua 1473, 1475, Roma 1475), Pietro da Abano, *Expositio problematum Aristotelis* (Venecia 1482); *Incipiunt prepositiones universales Aristotelis [...]* Venecia, ca 1475; Theophilus de Ferraris, *Propositiones ex omnibus Aristotelis libris philosophicis [...]*, Venecia 1493; *Incipit prologus de propositionibus universalibus Aristotelis*, Bolonia 1488; *Propositiones Aristotelis*, Venecia, s.a.; *Propositiones universales extractae ex variis operibus Aristotelis*, s.l. 1478—. De Aristóteles la *Meteura* (97) aparece precisada en el cod. Atlántico 97va como la *Meteura de Aristóteles vulgar* (cfr. también cod. Arundel 190v, 191r; F reverso de la cubierta), que debía de estar manuscrita, ya que la traducción de los *Libri Metheororum* (Padua 1474) se imprimió en Padua en 1554. En el mismo códice Atl. 97v.a de Aristóteles se cita el *De celo e mondo*, del que se conoce la edición latina de Lipsia s.a. —El n.º 10 *Burleo* hace pensar en el filósofo aristotélico inglés Walter Burley (Burleigh) latinizado en Burlaeus (1274-1345), cuya *Expositio in octo volumina Aristotelis de Physico auditu* fue impresa en Padua en 1476, Venecia 1482, etc., pero también el *De vita et moribus philosophorum et poetarum* había tenido varias ediciones y además una traducción italiana en 1475. —El n.º 61 *Vita de' filosofi* es la traducción italiana de la obra de Diógenes Laercio: *Libro de la vita de' philosophi et delle loro elegantissime sententie extracto da D. Laertio et da altri antiquissimi auctori*, Venecia 1480. —Segura es también la indicación del n.º 11 *Agustín De civitate Dei*, que podía estar en latín, como parece deducirse del título, o en italiano (*Quest'è il libro di S. Agustino De la città di Dio il quale è diviso in XXII libri*, 1475). —Sobre el n.º 51 (37A) *De la inmortalidad del alma* se puede discutir. Su tradicional identificación con *Theologia Platonica sive de animarum immortalitate* de Marsilio Ficino (Florencia 1482) ha sido sustituida por varios estudiosos con *De la immortalità de l'anima elegantissimo dialogo vulgare ornatissimo* de Giacomo Canfora, que tuvo numerosas ediciones, aduciendo como justificación la dificultad del texto ficiniano, que en el primer elenco del cod. Atlántico parecía demasiado aislado en medio de libros accesibles a cualquier lector de modesta cultura. Sin embargo, el nuevo elenco madrileño ha modificado el cuadro general y otros libros de no menor dificultad han quitado valor a esta argumentación, sin contar el hecho de que la presencia de un libro en una casa no significa que haya sido leído y utilizado. Pero hay más: mientras que hemos demostrado que Leonardo conocía ciertamente algunas páginas de la obra ficiniana, no se ha probado aún que conociese el pío diálogo en italiano. —El n.º 24 *Vita civile di Matteo Palnieri,* distracción por *Palmieri,* nos dice que Leonardo poseía la obra manuscrita, dado que fue impresa sólo en 1529.

Al arte militar se refieren los números 21, *De re militari* de Roberto Valturio, en la traducción toscana de Ramusio, y el n.º 89, *Poema dell'arte militare del excellentissimo poeta Antonio Cornazano,* Venecia 1493.

Entramos en el campo puramente literario con Esopo, presente en tres ejemplares: *Esopo en lengua francesa* (20) para el que se recuerdan *Les fables de Esope,* Lyon 1484, 1486 o *Le subtilles fables d'Esope,* ibíd 1493; *Esopo en verso* (37) y *Fábulas de Esopo* (63) donde es realmente difícil elegir entre las muchas ediciones y traducciones existentes del célebre texto. —También *Lucano* (36) está presente en una de las numerosas ediciones de la *Pharsalia* en latín o en una traducción italiana, como la editada *in vulgari sermone metrico per [...] L. de Montichiello,* Milán 1492, Venecia 1492. —De Ovidio el n.º 41 indica las *Metamorfosis* y el n.º 64 las *Pistole* (= Epístolas), con una edición cuyo título coincide: *Le Pistole d'Ovidio,* Nápoles 1474, aunque podría también referirse a *Le epistole di Ovidio volgarizzate in rima da Domenico Monticello,* Brescia 1489, 1491. Solmi preferiría pensar en las *Pistole* de Luca Pulci (Florencia 1481), porque son prácticamente una versión de las *Heroides.* —Precisamente de Luca Pulci tenemos el n.º 35, el *Ciriffo Calvaneo* y en el n.º 39A el *Driadeo,* ambas en octavas, con numerosas ediciones en el siglo XV. —De Luigi Pulci el n.º 15A cita el *Morgante,* ya mencionado en el cod. Trivulziano 2r. —*Petrarca* aparece nombrado sólo en el Atlántico (10A), pero no sabemos si se trata del *Canzoniere* o de los *Trionfi.* —Parece que Leonardo tenía cierta simpatía por el genéro epistolar. Además de las de Ovidio, poseía las Epístolas de *Fallari* (91, pero en el cod. Atl. 234v dice *Pistole di Falaride*), es decir *Phalaridis tyranni Agrigentini Epistule* (Nápoles 1472, Roma 1475, Venecia 1481, Milán 1484, Florencia 1488) de las que había dos traducciones italianas, una de G. Andrea Ferabos y otra de B. Fonzio. —El título *Pistole del Filelfo* (48) está repetido dos veces en el elenco del Atlántico, lo que ha hecho pensar en dos libros diferentes: los *Epistolarum libri XVI* de Francesco Filelfo, con numerosas reimpresiones, y el *Novum epistolarium sive ars scribendi epistolas* de Giovan Maria Filelfo, también reeditado numerosas veces; pero es muy probable que se tratase de una repetición debida a un descuido. —Entre tantas «pístolas» no podía faltar un *Formulario de pístolas* (25A, 58), es decir *Formulario di pistole vulgare missive e responsive et altri fiori de ornati parlamenti a lo excelso et illustrissimo principe Hercule da Esti [...]*, si no fuera que con ese mismo título hay dos obras de dos distintos autores: Cristoforo Landino, «ciudadano de Florencia» y «Bartolomeo miniaturista», ambas con numerosas ediciones. —Tenemos también las *Epístolas de Guasparri* (69), en que se ha pretendido ver las *Epistulae* de Gasparino Barzizza, olvidando que Leonardo suele citar nombre y apellido o bien sólo el apellido, y parece difícil admitir que Barzizza sea indicado con «Guasparri». —Viene a confirmarlo el n.º 73 *Sonetos de micer Guasparri Visconti*, es decir los *Rithmi* de Gasparre Visconti, poeta de la corte sforzesca, impresos en Milán en 1493. —Están asimismo los *Sonetos de Burchiello* (70 y 38A): *Incomenciano li sonetti del Burchiello fiorentino faceto et eloquente in dire cancioni et sonetti sfogiati*, con muchas ediciones desde 1475 en adelante. —Sólo en el primer listado encontramos, en cambio, las *Facecias de Poggio* (23A), es decir *Facetie di Poggio fiorentino traducte de latino in vulgare ornatissimo*, Venecia 1483(?), 1500. —El n.º 38 *Galea de matti* debería ser *Das Narrenschiff* de Sebastian Brandt en la traducción francesa *Le nef des folz du monde*, realizada en verso por Ioce Bade (París 1497) y en prosa por Jean Drouyn; pero se había hecho también una versión latina *Stultifera navis [...] per Iacobum Locher*, Basilea 1497, etc. —El n.º 25 *Geta y Birria* (Venecia 1477, 1478, Florencia 1483) de Filippo o Ghigo Brunelleschi y Domenico da Prato, poema narrativo en octavas derivado de la comedia *Anfitrión* de Plauto; y debía de ser muy conocida si Maquiavelo en la carta a Vettori de 13 de diciembre de 1513 se comparaba a sí mismo con «Geta, cuando volvía del puerto con los libros de Anphitrión». —El n.º 40 *Novellino de Masuccio* es la conocida obra de Masuccio Guardati Salernitano (Nápoles 1476, etc.). —En cambio el n.º 98 (18A) *Manganello* es una obrita rara, en trece capítulos, impresa dos veces en el siglo XVI, de un anónimo milanés que dice inspirarse en Juvenal (Sátira VI) y en el Corbaccio: sátira violenta contra las mujeres (y a favor de la homosexualidad), que según parece llevó a la duquesa de Ferrara a ordenar que se ajusticiase a su autor. —El n.º 71 *Guerrino* se refiere a una de las numerosas ediciones de *Guerrino detto il Meschino* de Andrea da Barberino. —El n.º 45 *Atila* se refiere a una menos conocida novela de caballerías: *La historia di Atila detto flagellum Dei* (Venecia 1472, etc.) de Nicolò da Casola. —Más amplia la indicación del n.º 17 *Aquila de Leonardo de Arezzo*, es decir el *Aquila composta per miser Leonardo Aretino et da ipso translata da latino in volgare sermone*, Nápoles 1492, etc. —El n.º 22 (10A) *De quattro regi* es evidentemente *Il Quadriregio del decorso della vita umana, ovvero libro de' Regni* de Federico Frezzi (Perugia 1481, etc.).

La historia está presente con las decas *primera, tercera, cuarta* (n.ᵒˢ 6, 7, 8 – 5A, 6A, 7A) de Tito Livio, casi seguramente en traducción italiana, publicada por primera vez en Roma en 1476. Aquí debemos pensar en una edición en tres tomos separados, como la veneciana de 1478 «por m. Antonio de Bolonia». —También el n.º 3 *Romulion* está dedicado a la historia romana hasta Diocleciano, es decir *Il Romuleo* de Benvenuto de' Rambaldi da Imola (1338-1390) pero que no se imprimió hasta 1867. (Por escrúpulo Chioatto recuerda también la *Apologia contra Cornelium Vitelium* de Paulus Romuleius, Roma y Venecia 1482.) —El n.º 12A *Iustino* es el «Giustino, compilador de las historias escritas por Troco Pompeo», severamente criticado por Leonardo (véase aquí p. 112) y que poseía probablemente en la versión italiana de Girolamo Squarzafico, cuyo *explicit* reza: «Acaba el libro de Giustino, compilador de Trogo Pompeyo puesto diligentemente en materna lengua», Venecia 1477. —El n.º 59 *Clónica de San Esidero* (19A *Crónica de Esidero*), es, con varias deformaciones dialectales (*Clonica, Esidero*), una traducción de la obra de San Isidoro de Sevilla, que narra la historia universal desde los orígenes hasta el 515 d.C. El *incipit* de la edición de Ascoli (1477) dice: *Comensa la cronica de Sancto Isidero Menore*, etc. —Está también la *Crónica del mundo* (13) que es probablemente la traducción italiana del *Suplementum chronicarum* (Venecia 1483, etc.) cuyo *incipit* reza: «Crónica de todo el mundo vulgar» (Venecia 1481, 1488).

Nos ocuparemos ahora de libros de contenido religioso. Para el n.º 5 *Biblia* (pagada 61 sueldos según la nota de gastos en Atl. 104ra) y para los *Sermones* (16), para los que se han recordado las *Prediche di fra Ruberto vulghare* (Florencia 1491), las de Savonarola (Florencia 1495), las *Homeliae* de San Gregorio Magno (Milán 1479), los *Sermoni morali* de San Bernardo (Milán 1494) o los *Sermoni devotissimi* del mismo (Florencia 1495). —Dificultades parecidas plantea el n.º 30 de la *Obra de S. Bernardino de Siena*, porque no sabemos si se trata de un manuscrito o de los *Sermones de Evangelio eterno* (Basilea 1490) o bien del tratado *De vita christiana* (ca 1473) o de *La confessione volgare* (Pescia 1485). —Más restringidas las opciones para el n.º 92 *Vida de S. Ambrosio*, donde Reti propone *La vita et li miracoli del beatissimo Ambrogio* de Paolino da Nola (Milán 1492). —Para los *Sermones de S. Agustín* (50) se recuerda *Sermoni dello egregio doctore divo Aurelio Augustino* [...] Florencia 1493. —Para el *De civitate Dei* (11) del mismo, que tuvo numerosas ediciones en latín a las que parece referirse el título registrado por Leonardo, no olvidaremos las diversas ediciones en italiano. —¿A qué *Pasión de Cristo* se puede referir el n.º 54? Estaba la bastante conocida de Nicolò Cicerchia (Florencia 1485, 1490), la de Giuliano Dati (hacia 1500) y la de Bernardo Pulci (Bolonia 1489, Florencia 1490, etc.). —El n.º 67 *De Santa Margarita* ¿será la *Rappresentazione e festa di S. Margharita* (Florencia 1500) propuesta por Reti, o la *Leggenda di S. Margherita*, incunable sin fecha ni lugar, recordada por

Chioatto? —La cual es también la única en intentar una identificación del n.º 62 *De tentatión, en tabla* con el *Liber de tentationibus diaboli* de J. Gerson (Estocolmo 1495). —El n.º 101 *Libro de Amadio* es sin duda la *Vita del beato Amadio Ispano*, Milán 1486 (cfr. *Incunaboli dell'Ambrosiana*, ed. de F. Valsecchi, Venecia 1972, n.º 69).

El n.º 82 *Sueños de Daniel* es un libro para la interpretación de los sueños, *Somniorum expositio* («Danielis somniorum expositoris veridici libellus incipit», Augusta 1477, etc.), traducido al italiano como *Il sogno di Daniello* (Bolonia 1491, Florencia 1495). —Lo acompañan los n.ºˢ 86, 24A *De Chiromantia de Milán*, generalmente reconducidos a la *Chyromantica scientia naturalis* difundida en numerosas ediciones (Padua 1481, etc.); pero descartando como muy improbable la propuesta de D'Adda de identificarla con la obra alemana *Die Kunts Cyromantia* de Hartlieb, no debemos olvidar el texto italiano de la *Chiromantia* sacado de *la excellentissima scola de philosophi* (Roma 1481) y el *De Chiromanthia libri III* de Antioco Tiberti (Bolonia 1494) ni el *Opus rarissimum de Chiromanthiae facultate* de Andrea Corvi da Mirandola (s.l., s.a.).

Un pequeño grupo de títulos nos acerca a los problemas propios del arte de Leonardo. Ante todo el n.º 19 *Batista Alberti en arquitectura* es el *De re aedificatoria* (Florencia 1485) del que es probable que Leonardo poseyera una traducción italiana. —Del n.º 99 *Francesco da Siena* existe aún hoy la copia poseída y anotada por Leonardo en el cod. Ashburnhamiano 361 de la Biblioteca Laurenziana de Florencia, es decir el *Trattato d'architettura civile e militare* de Francesco di Giorgio Martini. —El n.º 42 *Perspectiva común* es la *Prospectiva communis* de John Peckam, obispo de Canterbury y discípulo de San Buenaventura, en la edición «castigata per Facium Cardanum» (Milán, s.a.), padre de Gerolamo Cardano. La traducción italiana del proemio de esta obra está reproducida en el capítulo «Proemios» en el n.º 15. —No ha sido identificado por ahora el n.º 87 *Del templo de Salomón*, que según Chioatto podría ser un tratadillo sobre el famoso templo desde el punto de vista arquitectónico. —El n.º 100 *Libro de antigüedades* debería de ser *Antiquarie prospettiche Romane composte per prospectivo Melanese depictore* (incunable sin l. ni fecha), que fue reproducido por Govi (en «Atti della R. Accademia dei Lincei» 1875-1876), cuyo autor ha sido identificado por G. De Angelis D'Ossat (en *Palladio* 1966, pp. 83-112) como Bramante, que lo dedicó a Leonardo y sin duda le regaló este ejemplar. El cual fue visto por el autor de un libro de dibujos falsamente atribuido a Bramante, mientras que es más probablemente de Bramantino, y se encuentra en la Biblioteca Ambrosiana, donde en el n.º 57, bajo un dibujo, el autor escribe en su tosco vulgar: «éste es un templo lo cual estaba en uno libero (= un libro) que tiene Maestro Lionardo que fue sacado en Roma y el cual no había encontrado yo» (cfr. C. Pedretti, *Leonardo da Vinci inedito*, Florencia 1968, p. 16).

Algunos títulos se refieren a libros del mismo Leonardo. El n.º 108 *Libro de mis vocablos* es ciertamente un cuaderno personal, pero no el Trivulziano propuesto por Reti, ya sea porque este manuscrito contiene, además de las listas de palabras, otros temas muy importantes, ya sea porque Leonardo siguió recogiendo vocablos durante varios años, después de haber escrito el Trivulziano. Debe de ser, pues, un cuaderno donde las palabras, recogidas desordenadamente en varios manuscritos, habían sido reordenadas probablemente por orden alfabético, y depuradas de repeticiones e incongruencias ortográficas, lo cual lo hacía precioso para el autor, que lo cita, mientras olvida tantos otros libros suyos. —El n.º 104 *Un libro de caballos esbozados para el cartón*, tratándose con seguridad del cartón para la *Batalla de Anghiari*, no puede no ser obra de Leonardo. —También el n.º 114 *De la armadura del caballo*, según Reti, debe de ser un manuscrito vinciano que Reti identifica con el fascículo de diecisiete hojas, todas dedicadas a la fusión del caballo de bronce, encuadernado en España junto con el Madrid II. Añado que dichos folios constituyen probablemente el resto de un cuaderno más amplio. —El n.º 103 *Un libro de ingenios con la muerte por fuera* debía de tratar sobre máquinas («ingenios»), por lo que Parronchi («La biblioteca de Leonardo», en *La Nazione*, 6 de mayo de 1967) propuso su identificación con el mismo manuscrito, Madrid I, pero la coincidencia del título con el manuscrito no es del todo satisfactoria. Y navegamos en la oscuridad también con el n.º 112 *Libro donde se cortan las cuerdas de las naves*.

El n.º 16A *Giovan di Mandinilla* (falsa grafía por *Mandavilla* = John Mandeville) es el *Tractato delle più maravigliose cosse e più notabili che si trovano in le parte del mondo vedute e collecte sotto brevità in el presente compendio del strenuissimo Cavalier Speron d'oro Johanne da Mandavilla*, Milán 1480 y numerosas otras ediciones. Es probablemente la fuente de las noticias sobre los caníbales contenidas en el «Discurso contra los compendiadores».

II

LEONARDO Y EUCLIDES

La presencia de Euclides en la biblioteca personal de Leonardo está documentada en el Apéndice I, pero el simple elenco de libros poseídos por Leonardo es poco significativo si no se comprueban las relaciones reales entre su pensamiento y el contenido de esos libros. Estamos ahora en condiciones de ilustrar al menos en parte esas relaciones, habiendo identificado muchas páginas que atestiguan el estudio de Euclides por parte de Leonardo. A lo ya dicho sobre la cultura de Leonardo, añadiremos ahora otras noticias sobre sus conocimientos de la ciencia geométrica[1].

Los manuscritos vincianos más antiguos (B, Trivulziano, Anatomía B, A, C, Madrid I, H y parte de los Forster) se ocupan principalmente de problemas relativos a la pintura, a la anatomía, a la medicina, a la mecánica, a la física, a la ciencia «de ponderibus», así como a cuestiones lingüísticas. Escasean, en cambio, las páginas dedicadas a la geometría, si se tiene en cuenta que los apuntes sobre la perspectiva del manuscrito C se refieren esencialmente a problemas de perspectiva aérea, sombras y luces, proyecciones de rayos luminosos, sin un sistemático empleo de teoremas geométricos. Pero desde 1496 en adelante, es decir desde el encuentro con Luca Pacioli en la corte milanesa, los papeles leonardianos dan cada vez mayor espacio a la geometría. De Pacioli, amigo y maestro, Leonardo aceptó la invitación a dibujar los famosos «cuerpos» o poliedros regulares para ilustrar el tratado *De Divina Proportione*, un trabajo que, además de la lectura y comprensión del texto, requería ampliar en profundidad las escasas nociones de geometría que Leonardo poseía hasta aquel momento. Y ahí reside el significado de los manuscritos M e I, que prueban el estudio sistemático de los primeros libros euclídeos entre 1497 y 1499. El primer fascículo del ms. M está completamente dedicado a las primeras cuarenta y dos proposiciones del primer libro de los *Elementos*; el ms. I completa el estudio del primer libro y de un grupo de

---

[1] Para más informaciones sobre la mátemática leonardiana, véanse de quien esto escribe «Le operazioni aritmetiche nei manoscritti vinciani», en *Raccolta Vinciana* XIX (1962) pp. 1-60; «La teoria dei numeri frazionari nei manoscritti vinciani», en *Raccolta Vinciana* XX (1964), pp. 111-196; «L'aritmetica di Leonardo», en *Periodici di Matematiche*, diciembre de 1968, pp. 543-558; «Mathematics», en el artículo *Leonardo da Vinci* del *Dictionary of Scientific Biography*, Nueva York, 1974; «Leonardo, Luca Pacioli e il "De ludo geometrico"», en *Atti dell'Accademia Petrarca di Lettere, Arti e Scienze di Arezzo*, vol. XL, años 1970-1972.

enunciados de los libros segundo y tercero. Ambos manuscritos se detienen también en algunas proposiciones del libro décimo. Es interesante sobre todo el aspecto de estos apuntes, que confirman el carácter autodidacta del estudio vinciano y presuponen la colaboración de un hombre de letras para la comprensión del texto estudiado. En efecto, Leonardo manejaba una de las dos ediciones del siglo XV de los *Elementos*, traducidos en latín y comentados por Campano. Alguna de las pocas palabras que acompañan los dibujos está precisamente en latín (*conclusio, propositum*, M 19r, o casi: *linia, una*, 20r), pero en el mismo ms. I Leonardo transcribe de la gramática de Perotti algunas nociones elementales de latín. En tales condiciones no podía afrontar por sí solo el difícil latín de Campano. Sabemos además que cuando Leonardo tiene al alcance un texto en lengua italiana, transcribe, aunque sea de forma resumida, frases enteras y períodos. Veremos en los mss. posteriores, como K y Madrid II, escritos cuando disponía de un Euclides traducido y limitado a los primeros tres libros, que copió en limpio páginas enteras. Aquí, en cambio, o falta el texto, o se reduce a algún fragmento de un discurso oral o mental, del que el papel conserva sólo el correspondiente dibujo. Euclides no es nunca nombrado, pero de vez en cuando aparece junto al dibujo un número que, tras paciente búsqueda, resulta corresponder al del enunciado de Euclides que está estudiando en ese momento. Hallado el hilo de la madeja, es fácil entender que *9.ª del 1.º* en el f. 18v de M significa «nona proposición del primer libro de los *Elementos*», que encaja a la perfección con los tres pequeños dibujos adyacentes, del mismo modo que el número *10*, escrito sobre una línea horizontal bajo la que aparece un triángulo equilátero con relativa altura trazada hasta la base, corresponde a la décima del primero que enseña a «proposita recta linea eam per aequalia secare». No hay duda de que el título que encabeza la primera página del manuscrito *Letione 3.ª del primo*, se refiere a Euclides, al igual que en el f. 6v *La 3.ª letione del 10*.

Un puntual, escrupuloso, cotejo entre los dos textos nos permite seguir en Euclides el lógico desarrollo de los apuntes leonardianos. Esto nos da la certeza de poder captar el significado de una simple línea, de una única palabra, incluso allí donde la interpretación de tales líneas o palabras, aisladas del conjunto, sería una empresa desesperada. He aquí algún ejemplo.

En el f. 19v la página contiene sólo estos escritos:

ángulos contrapuestos

APÉNDICE 185

Dice Euclides I 15 «Omnium duarum linearum se invicem secantium omnes *anguli contra se positi* aequales».

El f. 29v no contiene ninguna palabra, sino sólo estos dibujos:

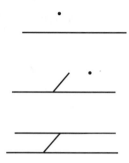

Ya que en las páginas anteriores hemos seguido el rastro del estudio del primer libro hasta la proposición 30 incluida, leamos ahora el texto de la treinta y uno: «A puncto extra lineam dato linee proposite equidistantem ducere», es decir, dado un punto y una línea, llevar desde ese punto una paralela a dicha línea. Se trata de una línea transversal que forma un cierto ángulo con la línea dada: desde el punto se traza una línea que forme con la transversal un ángulo igual al anterior.

También algunas hojas del códice Atlántico, todas ellas casi de las mismas dimensiones (salvo diferencias de pocos milímetros) y coetáneas del ms. M, contienen apuntes análogos del primer libro de los *Elementos*. El f. 173rc contiene la primera proposición y en el reverso la 12, que está repetida en el f. 169vb, cuyo recto contiene las proposiciones 17, 18, 19, 20, mientras que la 7 y la 14 se encuentran en el f. 169 vc. El f. 184va contiene en cambio II 4, 6[2]. El método es idéntico al descrito, pero en alguna página denota un perfeccionamiento considerable. Mientras que en las páginas hasta ahora citadas el apunte parece representar una primera aproximación a la página euclídea, en alguna del Atlántico asistimos a una nueva reflexión sobre la materia y al propósito de representarla de forma más sistemática, es decir ordenada y completa. Véase el f. 177 vd, que aquí reproducimos:

---

[2] En el restaurado Códice Atlántico el folio 474 b corresponde al viejo f. 173 rc, el f. 462 b corresponde al antiguo f. 169 rc, que tenía en el reverso el n.º 169 vb, el f. 506 a corresponde al antiguo 184 va, y el 506 b al 184 vb.

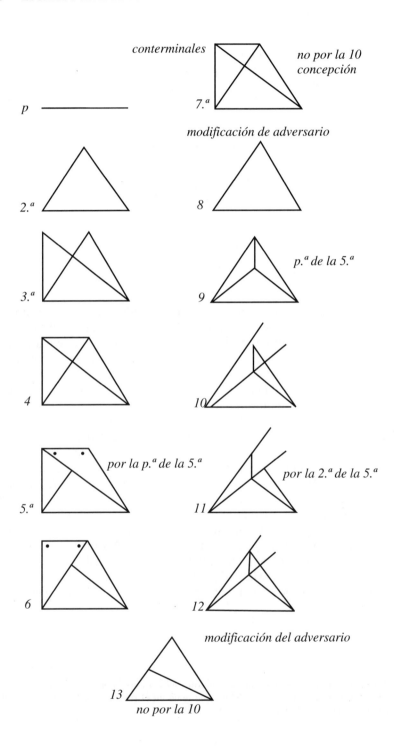

La página sería indescifrable sin la ayuda de la proposición I 7 de Euclides, según la cual, dadas dos líneas que, partiendo de los extremos de una tercera, se unen en un punto, es imposible trazar desde los mismos extremos y por el mismo lado otras dos líneas iguales a las ya dadas (*conterminalibus* equales), que se unan en un punto distinto del anterior. Del enunciado de la proposición Leonardo transcribe una sola palabra: *conterminales*. La demostración empieza en Euclides con las palabras «*Sit linea AB*» y Leonardo traza la *p*(rimera) figura, una línea horizontal; «*protrahantur due linee[...] in puncto C*», y Leonardo lo ejecuta con la segunda figura (2.ª), y nótese que descuida sistemáticamente las letras del alfabeto. Prosigue la demostración por absurdo demoliendo una tras otra dos hipótesis al trazar primero dos líneas que se intersectan con las anteriores, y luego sin intersección. En el primer caso se obtienen dos triángulos de la misma altura: se unen los dos vértices (C y D en Euclides), cosa que Leonardo hace en la cuarta figura. Admitiendo por absurdo que las dos nuevas líneas sean iguales a las anteriores (AC = AD), tendremos a la izquierda un triángulo isósceles con dos ángulos iguales («*ACD equalis angulo ADC por 5*», dice Euclides). Leonardo no emplea letras pero pone en evidencia el triángulo a la derecha, dejándolo vacío, marca con dos puntos los dos ángulos presuntamente iguales, y añade «por la primera de la quinta» siendo más preciso que su fuente, ya que el enunciado de la quinta se compone, en efecto, de dos partes. El razonamiento se repite para el triángulo de la izquierda, que en la sexta figura recibe el mismo tratamiento. «*Sequitur* —dice Euclides— *angulum BCD esse maiorem ACD, partem scilicet toto, quod est impossibile*». Leonardo sintetiza el proceso en la séptima figura y en la frase «no, por la décima concepción», que afirma precisamente: «*omne totum est maius sua parte*».

Se procede luego al examen de la segunda hipótesis que pone el segundo punto sobre el primero. Leonardo, en la octava figura, empieza otra vez desde el principio, volviendo a dibujar el triángulo, y advirtiendo que se modifica la hipótesis que hay que confutar («modificación de adversario»), y por tanto realiza la figura 9 con los dos triángulos uno dentro de otro. También en este caso los dos triángulos de la izquierda y de la derecha deberían ser, por la hipótesis absurda, isósceles con los dos ángulos de la base iguales «por la primera parte de la quinta» proposición, mientras que son visiblemente distintos, uno agudo y el otro obtuso (Leonardo, por distracción, marca con un punto un solo ángulo en cada triángulo).

La segunda parte del enunciado de la quinta («*per secundam partem eiusdem*», dice Euclides) afirma que, prolongando bajo la base los lados iguales de un triángulo isósceles, se forman bajo dicha base dos ángulos iguales entre sí. Con las figuras *10, 11, 12* Leonardo considera estos ángulos bajo las bases de los dos triángulos presuntamente isósceles, pero por otra distracción la figura 12 es igual que la 10, al prolongar los lados del mismo triángulo en vez de los del opuesto. En cualquier caso la conclusión es la misma: «no, por la décima (conclusión)». La demostración podría seguir planteando otros casos. En efecto, el texto euclideo propone como tercera hipótesis que el punto esté dentro del triángulo, pero «*eodem modo deducetur adversarius ad inconveniens si D punctus cadat in triangulum ABC et cetera*». Y aquí también Leonardo se limita a realizar la decimotercera figura con la indicación «modificación de adversario»).

La tendencia a sustituir el discurso oral con la imagen visual, se manifiesta aquí con mayor evidencia al tratar una materia más idónea para esa trasformación. Esta tendencia alcanza su ápice en el f. 169rb del Atlántico, que presenta en dos columnas los cinco postulados («peticiones») y las nociones comunes («concepciones») sin emplear una sola palabra. En el ms. M hallamos la traducción en lengua vulgar de estos textos tan importantes y tan frecuentemente citados en las demostraciones geométricas; aquí, en cambio, estos conceptos fundamentales son reducidos a simples dibujos. Damos sólo el texto de las «peticiones».

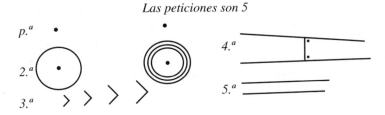

Las peticiones son 5

El gráfico pretende recordar que: 1.º entre punto y punto siempre se puede trazar una línea recta, 2.º «que sobre un centro se puede trazar un círculo de la dimensión que se quiera», 3.º «que todos los ángulos rectos son iguales entre sí», 4.º «*Si recta linea super duas lineas rectas ceciderit duoque anguli ex una parte duobus rectis angulis minores fuerint, istas duas lineas in eandem partem protractas procul dubio coniunctim ire*» (así Euclides; la traducción de Leonardo en M 5v no es estilísticamente demasiado brillante: «Cuando una línea recta caiga sobre dos líneas rectas y los dos ángulos de un lado sean menores que dos ángulos rectos, y esas dos líneas son llevadas a ese lado, sin duda se unirán»), 5.º «dos líneas rectas no incluyen superficie». Lo mismo podría decirse acerca de la segunda columna que recoge las «concepciones», que son once, mientras que en Euclides y en M 16r son nueve, pero Campano en su comentario añade dos a las nueve euclideas y Leonardo lo sigue fielmente.

Estos esquemas sin palabras no exponen una argumentación, sino que sirven para recordar rápidamente, de forma sintética, lo que en un primer momento fue asimilado con lentitud, de forma analítica. Ninguno de estos apuntes de geometría, ni los más sumarios y desordenados, ni los más sintéticos y ordenados, podría servir para una persona distinta de la que los escribió; lo que confirma su finalidad autodidáctica. Queda algo por aclarar sobre la relación de Leonardo con el difícil latín de Campano. Nosotros pensamos que su amigo e inspirador Luca Pacioli, además de estimular y encaminar a Leonardo a estos estudios, lo ayudó también personalmente en la lectura y comprensión del texto. El mismo Pacioli recuerda más de una vez con cálidas palabras los años entre 1496 y 1499, pasados en la corte sforzesca junto a Leonardo, y haber estado con él también en los años inmediatamente sucesivos a la caída de Ludovico el Moro. No nos parece, pues, casual que Leonardo prosiga el estudio de Euclides al menos hasta 1504-1505. El primero de los manuscritos K contiene, retrocediendo desde el final (f. 48v) hasta el f. 16r, una serie completa de apuntes que abarcan los libros quinto y sexto de los *Elementos*. En muchos casos los apuntes leonardianos parecen una simple copia de las figuras situadas en los márgenes del incunable, pero no hay duda de que, mientras copia, Leonardo medita y aprende. En esta época, sin embargo, posee ya la traducción italiana de los primeros tres libros de los *Elementos*, y ello explica tal vez por qué las citas textuales de ese libro aumentan en cantidad y calidad. Los ff. 140v.138v del ms. Madrid II nos ofrecen en elegante, cuidada escritura, el texto italiano de las páginas iniciales de los *Elementos*: Definiciones, Peticiones, Concepciones y la primera proposición. De la misma calidad nos parece la versión de las primeras definiciones y de las proposiciones 36, 37, 41 del primer libro en K.

En el transcurso de ocho, nueve años, Leonardo ha estudiado los primeros seis libros de los *Elementos* y parte del décimo. A medida que este estudio consolidaba su ciencia geométrica, le reforzaba también la esperanza de realizar un sueño, nacido quizá de la lectura de un tratadillo de León Battista Alberti *De lunularum quadratura*[3], donde se polemizaba contra quien, de la imposibilidad de cuadrar el círculo, deducía también la de cuadrar las superficies contenidas en líneas curvas. Aristóteles afirma que «quadratura circuli est scibilis, sed non scita, quia est in potentia naturae». Ahora bien, añade Alberti, si nosotros «tuviésemos investigadores competentes», del mismo modo que la cuadratura del círculo existe en potencia en la naturaleza, «así también ocurriría en la de los hombres». En los últimos quince o veinte años de su vida, Leonardo, estudió intensamente el problema de la cuadratura del círculo[4], que creyó haber resuelto «la noche

---

[3] L. B. Alberti, *Opera inedita... curante A. Mancini*, Florentiae 1900, p. 365.
[4] Se proponía escribir varios libros o capítulos sobre temas de esta naturaleza. Uno de los títulos más significativos es *De ludo geometrico* (que recuerda, pero sólo por la analogía del título, los *Ludi matematici* de L. B. Alberti), que aspiraba a ser un libro «en el cual se exponen infinitas variedades de cuadraturas de superficies de lados curvos. Cuadrar es el fin de todo trabajo sobre las superficies geométricas. Toda superficie aspira a su cuadratura, tanto delimitada por líneas curvas, como por líneas rectas. Y ya que de las delimitadas por

de San Andrés» de 1504. Del mismo modo anotó (W 19145) que había resuelto, el último domingo de abril de 1509, a las 22 horas, el problema de la cuadratura del ángulo de dos lados curvos. Tuvo, pues, momentos de intensa satisfacción, como cuando logró superar a los antiguos perfeccionando la solución por ellos dada al problema de la duplicación del cubo: «[...] donde los antiguos [...] hallaban la dudosa situación de la cuerda, aquí se hace lo contrario [...]» (Atl. 218vb). Pero Euclides ya está lejos. Aquel gran libro le sirvió para consolidar su formación científica; los problemas más apasionantes para su investigación, en cambio, van más allá de Euclides, porque su vocación era abrir vías nuevas. Como quiera que se juzguen los resultados y el significado de su gran aventura en los campos de la Geometría, es indudable que se proponía una meta alta y difícil.

---

líneas curvas, se tiene poco conocimiento, yo me he esforzado con nueva ciencia en exponerlas mediante varias reglas que han descubierto nuevas noticias, como se demostrará en el transcurso de la obra, en la cual infinitas variedades de superficies curvilíneas se reducen en breve a su cuadratura, cuya cuadratura es el fin de la ciencia geométrica» (Atl. 99vb).

Tabla de los manuscritos

Sigla	Denominación	Sede	Fecha
A	Códice A	Institut de France, París	1492
B	Códice B	ibíd.	1487
C	Códice C	ibíd.	1490
D	Códice D	ibíd.	1505
E	Códice E	ibíd.	1513-1514
F	Códice F	ibíd.	1508-1509
G	Códice G	ibíd.	1510-1516
H	Códice H[1]	ibíd.	1493-1494
I	Códice I	ibíd.	1497-1499
K	Códice K	ibíd.	1504
L	Códice L	ibíd.	1504-1509
M	Códice M	ibíd.	1509-1512
Ash I	Ashburnhamiano 2038	ibíd.	1497-1502
Ash II	Ashburnhamiano 2037	ibíd.	1496-1499
Tr	Codice Trivulziano	Castillo Sforza, Milán	= A
Atl	Códice Atlántico	Bibl. Ambrosiana, Milán	= B
VU	Códice sobre el Vuelo de las Aves	Bibl. Nacional de Turín	1489
Ar	Códice Arundel 263	British Museum, Londres	1478-1518
For I	Códice Forster I	Victoria & Albert Museum, Londres	1505
For II	Forster II		
For III	Forster III	Leicester Library, Norfolk	1505
Lei	Leicester	Royal Library	1490
W	Folios de Windsor	Windsor	1495-1497
An A	Folios de Anatomía A	ibíd.	1495
An B	Folios de Anatomía B	ibíd.	1490-1493
QA 1.VI	Cuadernos de Anatomía	ibíd.	1504-1506
Madrid I	Madrid 8937	Biblioteca Nacional de Madrid	1493-1497 1503-1505
Madrid II	Madrid 8936	ibíd.	1493

---

[1] Los códices H y K están formados por tres diferentes mss. cada uno; los códices I, Forster I, II y Madrid II están formados por dos mss. diferentes cada uno.

A estos manuscritos han de añadirse unos treinta folios sueltos repartidos entre varias bibliotecas. De ellas se da aquí la lista con las siglas asignadas por Richter, que adoptamos también nosotros con el fin de homologarnos a las referencias habituales:

Para las ediciones de dichos folios, remitimos a lo dicho en las pp. 31-32 y añadimos: K. Clark-C. Pedretti, *The Drawings of Leonardo da Vinci in the Collection of Her Majesty*

Sigla	Descripción	Sede
FU	2 hojas sueltas	Uffizi, Florencia
V	5 hojas sueltas	Accademia, Venecia
Mi.A	folio único	Ambrosiana, Milán
Mch.	folio único	Pinacoteca, Munich
P	folio único en el Cód. Vallardi	Louvre, París
PA	folio único	École de Beaux Arts, París
Br. M. P.	4 hojas sueltas	British Museum, Point Room
BB	2 hojas sueltas	Bonnat Bequest, Bayona
Ox.	3 hojas sueltas	Library of Christ Church, Oxford
Md.	folio único	Archivo Palatino, Módena
FL	Apostillas en Cód. de Francesco di Giorgio	Laurenziana, Florencia
Wr.	folio único	Schloss Museum, Weimar
NY	folio único	Metropolitan Museum, Nueva York
PHN	folio único	Ex colección Príncipe H. de Holanda
Mo.	folio único	Ex colección Morrison
GH	folio único	Colección Autógrafos Geigy Hagenbach, Basilea

---

the Queen at Windsor Castle, Londres, 1969, 3 vols.; S. Colwin, *Drawings of the old masters in the University Galleries and in the Library of Christ Church College at Oxford*, Oxford, 1907. Entre las antologías recordamos sólo las más citadas: J. P. Richter, *The literary works of Leonardo da Vinci compiled and edited from the original manuscripts*, 2 vols., 3.ª ed., Londres, (1.ª ed. 1883), 1970; G. Fumagalli, *Leonardo «omo sanza lettere»*, Florencia, 1939; E. Mc Curdy, *The notebooks of Leonardo da Vinci, arranged rendered into English and introduced by E.M.C.*, Londres, 1938, 2 vols. Traducción francesa: *Les carnets de Léonard de Vinci*, París, 4.ª ed., 1942; A. M. Brizio, *Scritti scelti di Leonardo da Vinci*, Turín, 1952. De las dos compilaciones póstumas, *Trattato della Pittura* y *Del moto e misura delle acque*, citamos las ediciones fundamentales: *Il codice Urbinate 1270 della Vaticana, raccogliente di mano d'un discepolo di Leonardo da Vinci appunti sul Trattato della Pittura*, ed. de H. Ludwig, Viena, 1882; *Del moto e misura delle acque: appunti raccolti dai manoscritti vinciani da Luigi Maria Arconati*, ed. de E. Carusi y A. Favaro, Bolonia, 1923.

Tabla de referencias

De todos los escritos reproducidos en el presente volumen se da a continuación la indicación de los manuscritos y los folios de los que se han extraído, mediante las siglas catalogadas en la anterior *Tabla de los manuscritos*.

PENSAMIENTOS

1	H 67 r	36	Tr 36 v
2	H 89 v	37	Tr 38 r
3	H 141 r	38	Tr 40 v
4	I 130 r	39	Atl. 118 r.a
4	I 18 r	40	For III 14 r
6	Ash I 34r	41	For III 20 v
7	G 49 r	42	For III 38 r
8	G 96 v	43	For III 43 v
9	G 47 r	44-47	H 16 v
10	G 8 r	48-49	H 17 v
11	F 5 v	50	H 32 r
12	F 96 v	51	H 32 r
13	Atl 86 r.a	52	H 48 v
14	Atl 147 v.a	53	H 60 v
14bis	Madrid I f.g.	54-55	H 98 r
15	Atl 154 r.b-r.c	56-58	H 118 r
16	Atl 299 r.b	59-63	H 48 v
17	Atl 204 v.a	64-69	H 119 r
18	Ar 32 v	70	H 139 v
19	Ar 57 r	71	H 33 v
20	Ar 174 v	72	Ash I r4 v
21-22	Ar 175 v	73-74	Atl 4 r.b
23-25	Ar 191 r	75	Atl 12 v.a
26	Ar 204 v	76	Atl 39 v.c
27	Ar 180 v	77	Atl 112 r.a
28	Tr 6 r	78	Atl 29 v.a
29	Tr 7 v	79-84	Atl 76 v.a
30	Tr 11 v	85	Atl 109 v.a
31	Tr 20 v	86	Atl 231 v.a
32	Tr 29 r	87	Atl 117 v.b
33	Tr 14 r	88	Atl 71 v.a
34	Tr 33 r	89-90	Atl 252 r.a
35	Tr 34 v	91	Atl 76 r.a

92-93	Atl 358 v.a	37-43	Ar 42 v
94	Atl 382 v.a	44	For III 2 r
95-97	Atl 289 v.c	45-46	For III 21 r
98	Tr 1 v	47	For III 27 r
99	Tr 2 v	48	For III 30 r
100	Tr 27 r	49-51	For III 44 v
101	Tr 23 v	52	For III 47 r
102-103	Tr 14 v	53	For III 47 v
104-105	Tr 34 v	54	L cop. v
106	For II 41 v		
107	For III 17 v	\multicolumn{2}{l}{BESTIARIO}
108	For III 29 r		
109	For III 55 r	1	H 5 r
110	For III 66 v	2-4	H 5 v
111	For III 74 v	5-6	H 6 r
112	VU 11 r	7-8	H 6 v
113	W 12495 v	9-10	H 7 r
114	W 12351 r	11-12	H 7 v
115	W 12642 v	13-15	H 8 r
116	M 58 v	16-17	H 8 v
117	M 4 v	18-19	H 9 r
118	L 90 v	20-22	H 9 v
119	QA I 1	23-24	H 10 r
120-121	B 2 v	25-27	H 10 v
122	Atl 260 r.a	28-29	H 11 r
123-125	An B 21 v	30-32	H 11 v
126	Atl 76 r.a	33-35	H 12 r
127	L 72 v	36-37	H 12 v
128	K 1 r	38-40	H 13 r
		41-44	H 13 v
\multicolumn{2}{l}{FÁBULAS}	45-48	H 14 r
		49-51	H 14 v
1-6	Atl 67 r.a	52-54	H 15 r
7-9	Atl 67 r.b	55-56	H 17 r
10	Atl 67 v.a	57-58	H 17 v
11-20	Atl 67 v.b	59	H 18 r
21-25	Atl 76 r.a	60-61	H 18 v
26	Atl 116 v.b	62	H 19 r – 20 v
27	Atl 117 r.b	63	H 20 v – 21 r
28	Atl 119 r.a	64-65	H 21 r
29-30	Atl 175 v.a	66	H 21 v
31-32	Atl 257 r.b	67-69	H 22 r
33	Atl 299 v.b	70	H 22 v
34	H 44 r	71	H 22 v – 23 r
35	H 51 v	72	H 23 r
35 bis	H 48 v	73	H 23 v
36	H 112 v	74	H 24 r

TABLA DE REFERENCIAS 195

75-77	H 24 v
78-80	H 25 r
81	H 25 v
82	H 25 v – 26 r
83	H 26 r
84-86	H 26 v
87-92	H 27 r
93-94	H 27 v
95	H 48 v
96	NY

PROFECÍAS

1-3	I 63 r
4-9	I 63 v
10-14	I 64 r
15-21	I 64 v
22-25	I 65 r
26-30	I 65 v
31-35	I 66 r
36-39	I 66 v
40-41	I 67 r
42	I 39 v
43	I 138 v
44-45	I 139 r
46-108	Atl 370 r.a
109-122	Atl 370 v.a
123-134	Atl 145 r.a
135	Atl 145 v.a
136-140	Atl 37 v.c
141	Atl 367 v.b
142	Atl 384 v.a
143-144	Atl 129 v.a
145-156	Ar 42 v
157-159	Ar 212 v
160	For II 9 v
161-162	For II 34 r
163	For II 52 v
164	For II 61 v
165	K 50 v
166	L 91 r
167	Atl 80 v.a
168	I 56 r
169	I 122 v
170-171	Atl 348 r.a
172	W 12587 r
173	Madrid I 191 v
174	Madrid II 141 r

FACECIAS

1	Atl 13 r.d
2-5	Atl 76 v.a
6	Atl 67 r.a
7-8	Atl 119 r.a
9	Atl 150 v.b
10	Atl 300 v
11-12	M 58 v
13	Tr 40 v
14	For II 30 v
15	For II 34 r
16	For III 34 v
17	C 19 v
18	F cop. v
19-20	W 12351 r
21	H 62 v
22	Atl 313 r.b
23	Madrid II 21 v
24	Madrid II 65 r
25	Madrid II 77 v
26	Madrid II 126 v

PROEMIOS

1-2	Atl 117 r.b
3-8	Atl 119 v.a
9	Atl 337 r.b
10	QA IV 10 r
11-12	Atl 76 r.a
13	F 27 v
14	QA II 16 r
15	Atl 203 r.a
16	QA I 13 v
17	QA II 1 r
18	QA II 5 v
19	QA III 3 v
20	An A 2 r
21	Madrid I f.g.r
22	For II 92 v
23	Madrid I 87 v

Dos obras de arte y un descubrimiento

1. Madrid I f.g.r
2. Madrid II 1 r
3. Madrid II 112 r

Discurso contra los compendiadores

1. QA I 4 r
2. QA I 4 v
3. QA II 14 r

Contra el nigromante y el alquimista

1. B 4 v
2. An B 28 v
3. An B 31 v
4-5. An B 31 r
6-8. An B 30 v
9. Atl 190 v.b
10. QA I 13 v
11. Atl 76 v.a

Disputa «pro» y «contra» la ley de la Naturaleza

Ar 156 v

Esbozo para una demostración

1. Atl 270 v.c
2. Atl 270 v.b

El primer vuelo

V.U. cop.2 v

El diluvio

1. W 12665 r
2. W 12665 v
3. G 6 v
4. Atl 354 v.b
5. Atl 155 r.c
6. Atl 155 r.b

Caverna

Ar 155 r

El monstruo marino

1. Ar 158 r
2. Atl 265 r.a

La morada de Venus

1. W 12591 r
2. W 12591 v

El gigante

1. Atl 311 r.a
2. Atl 96 v.b
3. I 139 r

Al Diodario de Soría

1. Atl 145 v.a
2-3. Atl 145 v.b
4. Atl 214 v.d

Cartas

1. Atl 391 r.a
2. Atl 315 v.a
3. Atl 335 v.a
4. Atl 234 v.c
5. Md
6. Atl 214 v.a

7	Atl 202 v.a		TRADUCCIONES
8	Atl 62 v.a		Y TRANSCRIPCIONES
9	Atl 247 v.b		
10	Atl 389 v.d	1-3	Atl 71 r.a
11	Atl 182 v.c	4-5	Atl 289 v.c
12	Atl 92 r.b	6	Atl 78 v.b
13	H 137 r	7-12	W 12349 v
14-16	Atl 372 v.a	13	M 80 v
17	Atl 323 r.b	14	Tr 1 v
18	Atl 270 r.c	15	Ar 33 v